아키텍처를 알아야 앱 개발이 보인다

Dagger2, Jetpack, RxJava를 통한 안드로이드 클린 코드 설계

서문

지난 몇 년간 IT 관련 학과 학생이나 재직자들을 대상으로 앱 개발 강의를 하면서 대부분의 앱 개발자들이 공통으로 바라는 점이 있다는 것을 느꼈습니다. 첫 번째는 모두 좋은 기업에 취업하거나 이직을 하고 싶어 한다는 것이고, 두 번째는 성능, 안정성, 유지 보수 등의 측면에서 더 나은 앱을 만들고 싶어 한다는 것입니다.

취업 시장에서 요구하는 자격 요건 또는 더 나은 앱을 만들기 위한 기술들은 분명히 존재합니다. Dagger, Jetpack, RxJava 등과 같은 기술들이 공통으로 이에 해당하는데, 이러한 기술들은 가파른 학습 곡선을 갖기 때문에 개발자들이 배우는 것을 시작하기도 전에 망설이거나 공부하다가 중도 포기하곤 합니다.

앞에서 언급한 기술들은 온-오프라인에서 다양한 교육 자료가 존재하지만, 일부분만을 다루거나 배경지식이 없으면 이해하기 힘든 내용이 많습니다. 비록 이 책에서 모든 내용을 설명하지는 못했지만, 시니어 앱 개발자가 되기 위한 가이드북이 되어줄 수 있도록 노력했습니다. 기술 공식 문서에서는 다루지 않는 개념 및 용어 설명과 실무에서 사용할 수 있는 예제 코드들을 쉽게 설명하고자 했지만, 책을 읽으면서 이해하기 어려운 부분은 언제든지 출판사를 통해 질문해주시면 친절히 답변 드리도록 하겠습니다.

마지막으로 이 책을 만드는 데 도움을 준 사랑하는 아내, 회사 동료 및 모든 사람들에게 감사의 인사를 전합니다.

저자 소개

옥수환

2014년부터 안드로이드 앱 개발을 시작하여 이듬해 핀테크 분야에서 창업했다. 이후에는 웨어러블 및 AR 분야에서 개발하다가 현재는 네이버 밴드에서 안드로이드 앱 개발을 하며 개인 블로그인 찰스의 안드로이드(https://charlezz.com)를 운영하고 있다. 주요 참여 안드로이드 프로젝트로는 모바일 영수증, 모바일 간편 결제 TwoBill, 현대 제네시스 Virtual Guide, 웨어러블 Revelio 런처, 샤넬 전시회 AR, 유치원 등·하원 관리 크크맘, AR 영상 통화 Vivar 등이 있다.

베타 리더 리뷰

책을 읽고 마지막 장을 덮을 때에 어설프게 알고 구현했던 아키텍처, Jetpack, RxJava 등에 대한 내용이 정리되는 것 같았습니다. 안드로이드 아키텍처에 대한 내용이나 그것을 구현하기 위한 기술, 노하우가 담긴 책은 찾기가 어려워 보통 블로그나 공식 문서 등을 통해 파편적으로 지식을 습득하게 됩니다.

이제 이 책을 통해서 이제는 한번에 지식을 습득할 수 있을 뿐만 아니라 안드로이드 아키텍처에 대한 기존의 지식들을 정리할 수 있습니다. 아키텍처에 대한 파편화된 지식을 정리하고 싶은 분들, 안드로이드를 배운 뒤 이제 중급 개발자로 올라가고 싶은 분들, 안드로이드 MVVM, MVP로 아키텍처를 설계, 구현하는 노하우를 알고 싶은 분들에게 추천합니다.

박준필

요즘 안드로이드 개발자라면 Dagger2, RxJava, 아키텍처 컴포넌트들은 거의 필수적으로 알아야만 하는 분위기입니다. 하지만 이 라이브러리들의 러닝 커브가 매우 높은데다 생각보다 레퍼런스가 적기 때문에 혼자서 공부하기 벅찬 것이 사실입니다.

이 책에서는 이런 어려운 라이브러리들의 사용법을 쉽게 알려주고 있습니다. 특히 Dagger2에 관련해서는 지금까지 봤던 책 중에 가장 이해가 잘 되었던 것 같습니다. 안드로이드 라이브러리를 공부하는 데 어려움을 겪고 있는 분들에게 이 책이 한 줄기 빛이 될 것이라 생각합니다.

이경석

앱 개발을 할 때 아키텍처를 설계하는 법과 클린 코드를 작성하는데 필요한 기술과 개념을 쉽게 설명하고 있습니다. 단순히 작동만 하는 앱보다는 아키텍처 설계부터 코드 구조까지 배울 수 있기 때문에, 이 책만 있다면 여러분도 훌륭한 프로그래머가 되는 데 도움이 될 것입니다.

이석곤

이 책은 구글에서 권장하는 애플리케이션 아키텍처를 이루는 기술들을 중점으로 설명하고 있습니다. 그중에서도 Dagger2, ViewModel, LiveData, Jetpack, RxJava 등이 잘 설명되어 있습니다. 특히 각각의 기능에 대해서 예제가 어렵지 않고 짧은 호흡으로 잘 구성이 되어 있어서 좋았습니다.

점점 커져가는 프로젝트의 유지 보수로 고민하는 안드로이드 개발자분들, 새로운 기술에 대해서 배우고는 싶은데 마땅한 예제가 없어서 곤란하거나 구글에서 권장하는 아키텍처를 적용하고 싶으신 개발자분들에게 이 책을 추천합니다.

황재원

이미 시중에 나와 있는 안드로이드 앱 개발 서적이 위젯, 멀티미디어 등 앱 구현 자체에 초점을 맞추고 있다면, 본 도서는 Dagger2, RxAndroid, Jetpack 등의 기능을 중심으로 아키텍처 설계 및 유지 보수, 성능에 초점을 맞추는 차별화된 장점을 갖추고 있습니다.

후반부에는 리플렉션, 애노테이션 등 자바의 고급 기술을 정리하고 끝으로 목록형 UI 앱을 구현하며 배운 기술을 총정리합니다. 앱 아키텍처 설계에 대한 안목을 갖추고 싶은 분은 물론 구현에만 급급했던 초·중급 개발자분들께 본 도서를 추천하고 싶습니다.

허민

목차

서문 iv
저자 소개 v
베타 리더 리뷰 vi

CHAPTER 01 안드로이드 애플리케이션 설계 소개   1

1 애플리케이션 설계란? 2
2 애플리케이션의 설계 원칙 3
3 클린 아키텍처 9
4 안드로이드의 특징 12
5 안드로이드 애플리케이션 설계 원칙 13
6 권장하는 애플리케이션 설계 14
7 안드로이드 애플리케이션 설계 패턴 16

CHAPTER 02 Dagger2를 이용한 의존성 주입 기법   27

1 의존성 주입이란? 28
2 의존성 주입의 필요성 29
3 Dagger2란 무엇인가? 33
4 프로젝트에 Dagger 설정하기 35
5 첫 번째 의존성 주입 구현하기 36
6 모듈 39
7 컴포넌트 43
8 Lazy 주입과 Provider 주입 53

9 한정자 지정하기	56
10 범위 지정하기	60
11 바인딩의 종류	63
12 멀티 바인딩하기	67
13 컴포넌트 간의 의존 관계	78
14 안드로이드와 Dagger2	86

CHAPTER 03 RxJava와 함께하는 반응형 프로그래밍   107

1 RxJava란?	108
2 Observable	114
3 RxJava 연산자	130
4 스케줄러	171
5 배압과 Flowable	175
6 Subject	187

CHAPTER 04 앱 아키텍처를 위한 Jetpack 컴포넌트   197

1 데이터 바인딩	199
2 Lifecycles	250
3 LiveData	259
4 ViewModel	272
5 Room	278
6 Paging	317

7 WorkManager ... 336
8 Navigation Component ... 354

CHAPTER 05 나만 몰랐던 자바의 고급 기술 ... 367

1 리플렉션 ... 368
2 Dynamic proxy ... 379
3 Annotation ... 386
4 Android Lint ... 401

CHAPTER 06 따라 하며 배우는 앱 설계 ... 409

1 목록형 UI를 갖는 앱 ... 410
2 프로젝트 설정하기 ... 414
3 엔터티 정의하기 ... 417
4 Dagger2 설정하기 ... 423
5 Navigation Component 설정하기 ... 435
6 게시 글 화면 구성하기 ... 437
7 게시 글 상세 화면 구성하기 ... 455
8 사용자 정보 화면 구성하기 ... 474

찾아보기 ... 486

아키텍처를 알아야 앱 개발이 보인다

CHAPTER
01

안드로이드 애플리케이션 설계 소개

CHAPTER 01

안드로이드 애플리케이션 설계 소개

1 애플리케이션 설계란?

애플리케이션 설계는 구성 요소들 사이에서 유기적 관계를 표현하고, 요구 사항을 해결하려는 계획 과정 등의 원칙을 나타낸다. 설계에 대한 설명은 주로 텍스트나 그림, 다이어그램을 비롯한 다양한 형식을 취한다.

애플리케이션은 우선 구현되고 나면 변경하는 데 비용이 많이 든다. 시간이 지남에 따라 안드로이드의 정책이 바뀌고, 시장의 요구 사항이 변경되어 애플리케이션에 대한 지속적인 유지 보수가 필요하게 되는데, 이때 애플리케이션도 점점 거대해져 유지 보수비는 점점 커질 수밖에 없다. 잘 설계된 애플리케이션은 유지 보수비를 줄여 주고, 성능, 보안, 안정성 등의 측면에서 많은 이점이 있다.

애플리케이션 설계에는 끊임없는 노력이 필요하다. 변화에 대응하지 않고, 시간이 흐르면 아무리 잘 설계된 앱도 무너질 수밖에 없다. 예를 들어, 안드로이드 앱을 잘 만들어서 배포를 마친 상태인데, 이에 대해 유지 보수를 하지 않는다면 이후에 나오는 안드로이드 플랫폼 버전과 호환되지 않거나 마켓 정책상의 이유로 앱이 제 기능을 하지 못할 것이다. 따라서 애플리케이션 설계에서 가장 중요한 점은 개발자가 이러한 설계 및 유지 보수에 대해서 지속해서 고민하고 발전시키려는 의지다.

2 애플리케이션의 설계 원칙

좋은 애플리케이션 설계를 위해서는 어떠한 원칙을 정하고, 그것을 기반으로 프로그램을 작성한다면 적어도 원칙 없이 작성한 코드보다는 더 나은 결과물을 볼 수 있다.

2000년대 초반 로버트 C. 마틴이 객체 지향 프로그래밍 및 설계에 대한 SOLID라는 5가지 원칙을 소개한 바 있다. SOLID 원칙은 5가지 원칙에서 각 원칙의 머리글자를 따와 만든 명칭이다. 유지 보수와 확장이 쉬운 애플리케이션을 만들려고 할 때 이 원칙을 적용할 수 있다. 코드의 가독성을 높이고 확장이 쉬운 구조를 만드는 지침이다. 각 원칙이 무엇인지 살펴본다.

단일 책임 원칙(Single Responsibility Principle)

객체 지향 프로그래밍에서 단일 책임 원칙(single responsibility principle)이란 모든 클래스는 하나의 책임만 가지며, 클래스는 그 책임을 완전히 캡슐화해야 함을 일컫는다. 클래스가 제공하는 모든 기능은 이 책임과 주의 깊게 부합해야 한다.

단일 책임은 어떤 클래스나 모듈 또는 메서드가 단 하나의 기능을 가져야 한다는 뜻이다. 즉 변경 사항이 발생하더라도 그 변경 사항에 대한 책임이 있는 부분만 수정하면 된다. 예를 들어서 특정 데이터를 분석하고 서버에 전송하는 모듈을 생각해 보면, 이 모듈은 두 가지 이유로 변경될 수 있다. 첫 번째로 데이터를 분석하는 알고리즘 때문에 변경될 수 있다. 두 번째로 서버에 전송하는 형식 때문에 변경될 수 있다. 단일 책임 원칙에 의하면 이 문제의 두 측면이 실제로 분리된 두 책임 때문이며, 따라서 분리된 클래스나 모듈로 나누어야 한다. 다른 시기에 다른 이유로 변경되어야 하는 두 가지를 묶는 것은 나쁜 설계일 수 있다.

한 클래스를 한 관심사에 집중하도록 유지하는 것이 중요한 이유는, 이것이 클래스를 더욱 튼튼하게 하기 때문이다. 앞서 든 예를 계속 살펴보면, 편집 과정에 변경이 일어나면, 같은 클래스의 일부로 있는 출력 코드가 망가질 위험이 대단히 높다.

개방-폐쇄 원칙(Open Closed Principle)

개방-폐쇄 원칙(OCP, Open-Closed Principle)은 소프트웨어가 확장에 대해서는 열려 있어야 하고, 수정에 대해서는 닫혀 있어야 한다는 원칙이다.

어떠한 내용을 수정하기 위해 연관된 다른 코드나 모듈까지 수정하는 것은 어렵고 난감하다. 개방-폐쇄 원칙은 시스템의 구조를 올바르게 구성하여 변경 사항이 발생하더라도 다른 코드나 모듈에 영향이 없도록 하는 것이다. 개방-폐쇄 원칙이 잘 적용된 경우, 새로운 기능을 추가하거나 기존 기능을 변경하기가 용이해진다.

개방-폐쇄 원칙은 객체 지향 프로그래밍의 핵심 원칙이라고 할 수 있다. 개방-폐쇄 원칙을 따르지 않는다고 해서 객체 지향 언어 구현이 불가능한 것은 아니지만, 이 원칙을 무시하고 프로그래밍을 한다면 객체 지향 프로그래밍의 가장 큰 장점인 유연성, 재사용성, 유지 보수성 등을 결코 얻을 수 없다. 따라서 객체 지향 프로그래밍 언어에서 개방-폐쇄 원칙은 반드시 지켜야 할 기본적인 원칙이다.

리스코프 치환 원칙(Liskov Substitution Principle)

치환성은 객체 지향 프로그래밍 원칙이다. 클래스 S가 클래스 T의 자식 클래스라면 별다른 변경 없이 부모 클래스 T를 자식 클래스 S로 치환할 수 있어야 한다는 원칙이다. 즉 다운 캐스팅된 인스턴스가 논리적으로 그 역할이 문제없어야 한다.

리스코프의 원칙은 객체 지향 프로그래밍 특징에 관한 몇 가지 표준적인 요구 사항을 강제한다.

- 하위 클래스에서 메서드 파라미터의 반공변성
- 하위 클래스에서 반환형의 공변성
- 하위 클래스에서 메서드는 상위 클래스 메서드에서 던져진 예외 사항을 제외하고 새로운 예외 사항을 던지면 안 됨
- 하위 클래스에서 선행 조건은 강화될 수 없음
- 하위 클래스에서 후행 조건은 약화할 수 없음
- 하위형에서 상위형의 불변 조건은 반드시 유지되어야 함

다음과 같이 차례로 상속받는 타입이 있다고 가정한다.

$$A \leftarrow B \leftarrow C$$

```
public class A {}
public class B extends A {}
public class C extends B {}
```

공변성의 예를 들면, List<? extends B>란 B를 상속받는 타입으로 이루어진 리스트가 있다면 List<C>를 사용할 수 있다는 내용이다. 반공변성의 예를 들면, List<? extends B>란 리스트가 있을 때 List<A>를 사용할 수 있다는 것이다. 물론 A의 부모 타입으로도 치환이 가능하다.

불변성은 위의 공변성과 반공변성을 허용하지 않는 경우이다.

인터페이스 분리 원칙(Interface Segregation Principle)

인터페이스 분리 원칙은 어떠한 클래스가 자신이 이용하지 않는 메서드에 의존하지

않아야 한다는 원칙이다. 인터페이스 분리 원칙은 큰 덩어리의 인터페이스들을 구체적이고 작은 단위들로 분리함으로써 클래스들이 꼭 필요한 메서드들만 이용할 수 있게 한다. 이와 같은 작은 단위들을 역할 인터페이스라고도 부른다. 인터페이스 분리 원칙을 통해 시스템의 내부 의존성을 약화해 리팩토링, 수정, 재배포를 쉽게 할 수 있다.

인터페이스 분리 원칙의 이해를 돕기 위해 독수리를 클래스로 표현하는 다음 예제를 살펴보자.

```java
public abstract class Bird {
    abstract void fly();
    abstract void cry();
}


public class Eagle extends Bird {
    @Override
    public void fly() {...}

    @Override
    public void cry() {...}
}
```

Bird라는 추상 클래스를 만들어서 새의 울음소리를 내고 날 수 있는 기능을 가진 메서드를 만든 뒤 Bird를 상속받은 Eagle을 만들었다. 이때 Penguin 클래스를 만든다면 펭귄은 새지만 날지는 못하므로 fly() 메서드를 가지면 ISP 인터페이스 분리 원칙에 어긋날 수 있다. 다음과 같이 코드를 수정할 수 있다.

```java
public abstract class Bird {
    abstract void cry();
}


public interface Flyable {
```

```
    void fly();
}

public abstract class FlyableBird extends Bird implements Flyable {...}

public class Eagle extends FlyableBird {
    @Override
    public void fly() {...}

    @Override
    public void cry() {...}
}

public class Penguin extends Bird {
    @Override
    void cry() {...}
}
```

fly() 메서드를 인터페이스로 분리하고 날 수 있는 새에만 구현함으로써 펭귄은 사용하지 않는 fly() 메서드를 가지지 않을 수 있어 ISP 원칙을 지킬 수 있게 되었다. 펭귄에게 swim() 메서드를 추가하고 싶다면 Swimmable 인터페이스를 만들어 볼 수도 있다.

의존 역전 원칙(Dependency Inversion Principle)

객체 지향 프로그래밍에서 의존 역전 원칙은 모듈들을 분리하는 특정 형식을 지칭한다. 이 원칙을 따르면, 상위 계층이 하위 계층에 의존하는 전통적인 의존 관계를 역전시킴으로써 상위 계층이 하위 계층의 구현으로부터 독립되게 할 수 있다. 이 원칙은 다음과 같은 내용을 담고 있다.

첫째, 상위 모듈은 하위 모듈에 의존해서는 안 된다. 상위 모듈과 하위 모듈 모두 추상화에 의존해야 한다.

둘째, 추상화는 세부 사항에 의존해서는 안 된다. 세부 사항이 추상화에 의존해야 한다.

이 원칙은 '상위와 하위 객체 모두가 동일한 추상화에 의존해야 한다.'는 객체 지향적 설계의 대원칙을 제공한다.

[그림 1-1] 전용 충전기를 갖는 안드로이드 기기의 예시

요즘 안드로이드 기기는 전용 충전기가 따로 없지만 예전 안드로이드가 등장하기 이전의 휴대폰들은 대부분 전용 충전기가 있었다. 전용 충전기, 전용 크레이들이 있어서 다른 기종의 충전기로는 충전을 못 하는 경우가 흔했다. 어떤 기기가 단 한 가지 종류의 전용 충전기에만 충전되고, 다른 충전기는 호환되지 않는다면 이 기기는 전용 충전기에 강한 의존성을 가진다고 말할 수 있다.

다음의 그림을 보면, 어떤 기기는 USB-C 타입 단자라면 어느 제조사의 것을 끼워도 호환이 된다. 전용 충전기가 필요 없으며, 어느 제조사 것을 끼워도 잘 동작한다. 이 기기는 어떤 충전기에 대해 약한 의존성을 가진다고 말할 수 있다. 왜냐하면 꼭 그 충전기가 아니어도 상관없기 때문이다. USB-C라는 규격만 가진 충전기라면 호환되기 때문이다. (여기서 전류 및 기타 스펙은 논외로 한다.) 이때 그림에서 보이는 USB-C 타입이라는 계층을 인터페이스라고 한다. 이렇게 충전기의 단자를 추상화시켜서 기기가 특정 충전기에 의존하던 것을 인터페이스를 통해 의존성을 역전시켰다. 따라서 이제 제조사의 충전기가 USB-C 타입이라는 인터페이스에 의존하게 되었다.

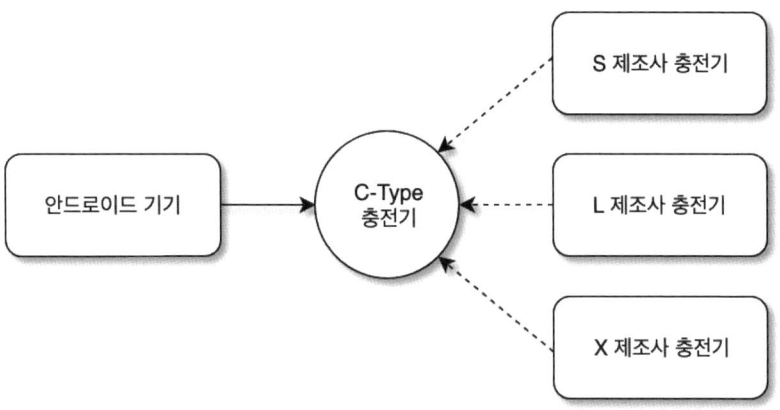

[그림 1-2] USB-C 타입 충전 단자를 갖는 안드로이드 기기의 예시

3 클린 아키텍처

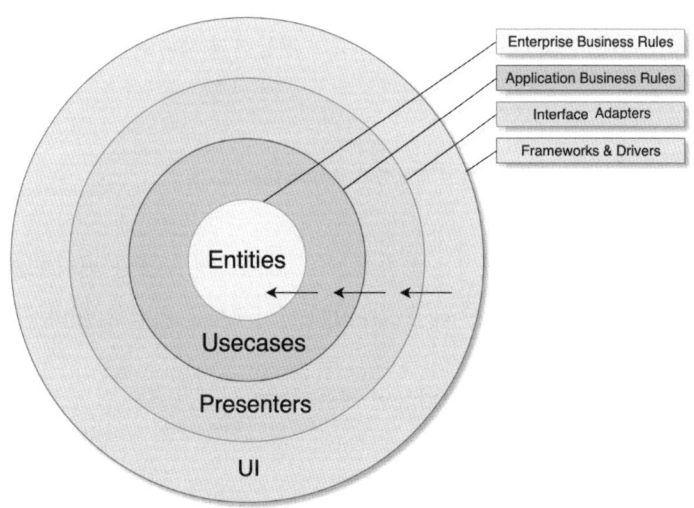

[그림 1-3] 원 바깥에서 원 안으로 들어갈수록 추상화 수준이 높아진다.

클린 아키텍처는 로버트 C. 마틴에 의해 만들어진 철학으로, 소프트웨어의 관심사를 계층별로 분리하는 소프트웨어 디자인 철학이다. 클린 아키텍처의 주요 원칙은 코드

종속성이 외부로부터 내부로 의존한다는 것이다. 내부 계층의 코드는 외부 계층의 기능을 알 수 없다. 외부 계층에 존재하는 변수, 함수 및 클래스(모든 엔터티)는 안쪽 계층에서 다시 등장할 수 없다. 데이터 형식도 계층 간에 별도로 유지하는 것이 좋다.

가운데 원은 가장 추상적인 영역이다. 비즈니스 로직을 포함하고 사용 중인 플랫폼이나 프레임워크에 의존해서는 안 된다. 외부 원은 네트워크 및 데이터베이스의 접근처럼 플랫폼에 특정한 구체적인 구현 세부 사항이 포함된다.

클린 아키텍처를 사용했을 때의 장점은 계층을 분리하고 계층 간의 의존성을 단방향으로 만들기 때문에 코드의 재사용성이 용이해지고, 유닛 테스트가 쉬워진다는 것이다.

기본적인 의존성 규칙은 변함이 없다. 내부 계층은 외부 계층을 알면 안 된다. 이것만 잘 지키면 계층을 몇 개로 나누어도, 어떻게 나누어도 크게 상관없다. 만약 계층이 더 필요하다면 나누어서 관리하면 된다. 의존성 규칙만 잘 지키면 되며, 항상 바깥쪽에서 안쪽으로 참조하며, 안쪽 계층으로 진입할수록 추상화와 캡슐화 수준이 높아진다.

Entities

엔터티는 전사적 비즈니스 규칙을 캡슐화한다. 데이터의 구조나 메서드를 포함하는 객체이다. 전사적으로 많은 다른 애플리케이션 사이에서 사용될 수 있다.

하나의 애플리케이션을 위한 엔터티라면 애플리케이션의 비즈니스 로직을 담고, 가장 일반적이고 상위 수준의 규칙들을 캡슐화한다. 외부에서 무언가 변경되었을 때 가장 최소한의 변경 사항을 가져야만 한다. 예를 들어 화면의 이동, 보안과 관련된 내용이 변경되었을 때도 엔터티 계층은 영향을 받으면 안 된다.

네트워크나 데이터베이스와 관련된 클래스를 작성할 때 POJO와 같은 데이터 클래스를 작성하는데, 그러한 클래스들이 이 계층에 속한다고 볼 수 있다. 이러한 데이터 클래스들은 안드로이드 애플리케이션과 관련된 코드를 포함해서는 안 된다. 순수한 자바 또는 코틀린 코드일 때 유닛 테스트가 수월하다.

Use Cases

유스 케이스 계층에서는 애플리케이션과 관련된 비즈니스 규칙을 포함하고 시스템의 모든 유스 케이스 구현체들을 캡슐화한다. 이러한 유스 케이스들은 엔티티로부터의 데이터 흐름들을 관리하고, 유스 케이스의 목적을 달성하도록 엔티티에 넓고 전사적인 비즈니스 규칙의 사용을 가르친다. 관심사를 분리하여 계층을 분리해 이 계층은 엔터티에 영향을 미치지 않으며, UI나 프레임워크 같은 외부 계층에서도 영향을 받지 않는다.

안드로이드에서는 Model, Repository, Executor 등과 관련된 내용이 이 계층에 속할 수 있다.

- **Model**: 데이터베이스의 질의나 네트워크 요청 등의 비즈니스 로직을 수행한다.
- **Repository**: 내부 DB에 접근하거나 저장 또는 원격 서버의 데이터를 요청하는 역할을 한다. 일반적으로 인터페이스이며 인터페이스를 구현하여 외부 계층의 연결을 느슨하게 한다.
- **Executor**: Repository나 Model과 관련된 작업이 백그라운드에서 작업을 수행할 수 있도록 작업 스레드를 관리하고 제공한다.

Interface Adapters

이 계층은 유스 케이스나 엔티티로부터 얻은 데이터를 가공하는 계층이다. 비즈니스 로직을 수행하여 원하는 결과값을 얻어 UI에 표현하려고 적당한 형식으로 데이터를 변경하며, 아키텍처 디자인 패턴에서 흔히 말하는 Presenter, View, ViewModel, Controller 같은 관심사가 여기에 속한다. 반대로 UI로부터 얻은 데이터를 내부 DB나 원격 서버에 전송할 때도 이 계층에서 데이터를 가공하여 전달한다.

이 계층의 목적은 비즈니스 로직과 프레임워크 코드를 자연스럽게 연결하는 것이다.

Frameworks와 Drivers

가장 바깥쪽 계층으로 일반적으로 안드로이드에서는 UI와 관련된 액티비티, 프래그먼트, 인텐트 전달 그리고 데이터에 접근하고 저장하는 데이터베이스, 콘텐츠 프로바이더가 포함되며, 마지막으로 Retrofit과 같은 네트워크와 관련된 프레임워크 코드가 이곳에 속한다. 일반적인 애플리케이션 개발자가 프레임워크 코드를 수정할 일은 많지 않다.

관심사가 분리된 코드를 사용하면 많은 소프트웨어가 방해받지 않고 특정 문제에 집중할 수 있다. 클린 아키텍처는 SOLID 원칙을 잘 따른 일종의 모범 패턴이다.

클린 아키텍처에 정답은 없다고 생각한다. 상황에 따라 조금씩 다른 형태를 가질 수 있으나 원칙은 변하지 않는다. 원칙만 잘 따르면 많은 문제점을 해결하고 더 나은 산출물을 만들 수 있는 것은 분명하다.

4 안드로이드의 특징

하나의 진입점, 하나의 프로세스에서 실행되는 일반적인 애플리케이션과 달리 안드로이드 애플리케이션은 액티비티, 프래그먼트, 서비스, 브로드캐스트 리시버, 콘텐츠 프로바이더 등의 컴포넌트로 구성되며, 여러 프로세스로 실행될 수 있고, 진입점 또한 다양하다.

안드로이드는 짧은 시간 이내에 여러 애플리케이션과 상호 작용하는 경우가 많다. 예를 들어 SNS 애플리케이션에서 사진을 촬영하여 공유하려고 암시적 인텐트로 카메라 애플리케이션을 호출하여 사진을 찍고, 결과물을 가지고 SNS 애플리케이션으로 돌아오는 경우가 있고, 또 다른 경우는 쇼핑몰 애플리케이션에서 결제를 진행하려고 카드사 애플리케이션을 실행하고 결제가 끝난 뒤 결과 정보를 가지고 쇼핑몰 애플리케이션으로 돌아오는 경우가 있다. 이러한 과정에서 언제든지 전화나 알림 또는 메모리 부족으로 인해 기존에 하던 작업이 방해를 받거나 중단될 수 있다. 사용자는 이러한 내용과 관계없이 하던 작업을 계속하기를 기대하는데, 개발자가 이러한 예외 사항에 대해 처리하지 않는다면 아마 사용자는 다시는 이 애플리케이션을 사용하지 않을지도 모른다.

앞의 예와 같이 안드로이드 컴포넌트는 언제든지 실행되고 메모리 부족과 같은 시스템 조건으로 인해 의도치 않게 종료될 수 있다. 이러한 컴포넌트의 생명 주기는 개발자가 직접 제어하는 것이 아닌 안드로이드 시스템이 제어하기 때문에 데이터 및 상태에 대한 내용을 컴포넌트에 저장하는 것은 위험하다.

5 안드로이드 애플리케이션 설계 원칙

초보 개발자가 앱을 만들다 보면 액티비티 또는 프래그먼트 같은 UI 컴포넌트에 많은 코드를 작성하기 쉽다. Context, View, 데이터, 시스템 이벤트 등을 쉽게 참조할 수 있어 코드량이 쉽게 거대해진다. UI 컴포넌트에 데이터를 저장하게 된다면 앞에서 말한 예외 사항들에 대응하기도 힘들고, 거대해진 코드량 때문에 코드 가독성 또한 떨어진다. 그러므로 액티비티와 프래그먼트의 클래스 의존성은 최소화하는 것이 좋다.

따라서 가장 중요한 원칙은 관심사 분리다. 애플리케이션을 구별된 부분으로 분리하는 디자인 원칙으로 각 부분은 개개의 관심사를 해결한다. 관심사란 어떠한 상태나 데이터에 영향을 미치는 정보의 집합이다. SOLID 원칙과도 많은 부분이 부합되며, 결국 관심사 분리라는 것은 클래스 간의 강한 의존성을 느슨하게 하면서 모듈화시킨다. 모듈이란 것은 다른 모듈로부터 독립적이며 영역에 따라 다른 역할을 한다는 의미이다. 이렇게 관심사 분리를 통해 모듈화를 성공적으로 마치면 애플리케이션의 설계, 배포, 유닛 테스트와 같은 일부의 관점에서 더 높은 자유도가 생긴다. 코드 또한 단순화되고 유지 보수 측면에서 더 적은 비용이 들어간다. 관심사가 잘 분리될 때 독립적인 개발과 재사용성도 증대하므로, 생산성 또한 향상되는 효과를 누릴 수 있다.

관심사의 분리는 추상화의 일종이다. 대부분의 추상화에서처럼 인터페이스의 추가는 필수이며 실행에 쓰이는 더 순수한 코드가 있는 것이 일반적이다.

6 권장하는 애플리케이션 설계

구글에서는 다음과 같은 관심사 분리를 통해 애플리케이션을 설계하는 것을 권장한다.

액티비티 또는 프래그먼트는 단지 ViewModel만을 참조한다. ViewModel만 참조하여 ViewModel에서 하위 계층의 의존성이 어떻게 변경되든 Activity나 Fragment는 관심이 없다. ViewModel은 Repository라는 저장소를 참조하고 이 저장소로부터 UI 컴포넌트가 화면을 구성하는 데 필요한 데이터를 불러온다. 데이터를 불러와 LiveData라는 데이터의 변화를 감지할 수 있는 형태로 관리한다. 저장소는 두 가지 타입의 모델을 참조하는데, 한 가지는 네트워크 연결이 필요 없는 내부 모델이고, 다른 하나는 우리가 일반적으로 서버에서 데이터를 불러오는 네트워크가 필요한 원격 모델이다.

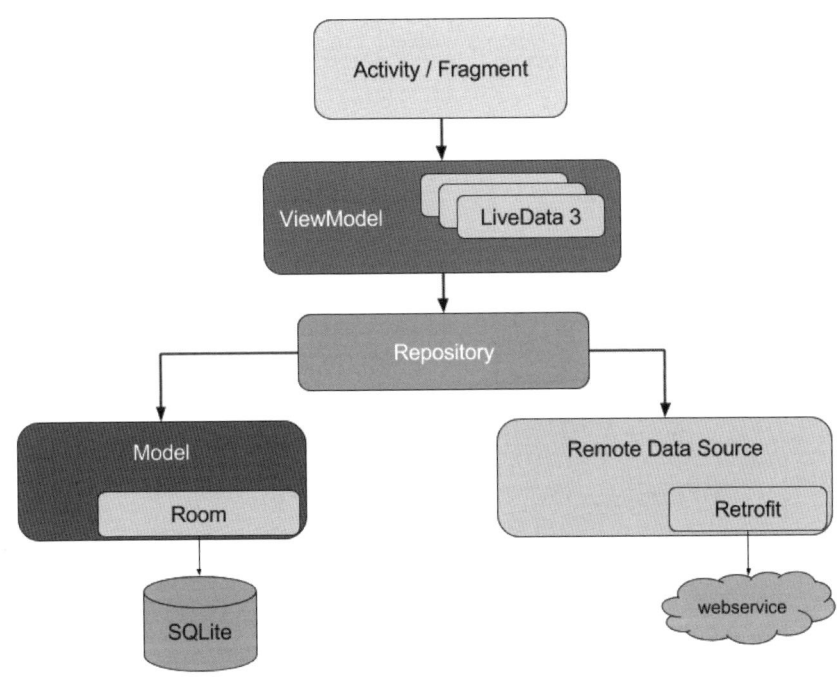

[그림 1-4] 구글에서 권장하는 안드로이드 설계 다이어그램

내부 모델은 일반적으로 데이터베이스를 지칭한다. 안드로이드에서 자주 사용하는 데이터베이스 관리 시스템은 프레임워크에 포함된 SQLite나 SQLite 기반의 Room 또는 범용적으로 많이 사용되는 Realm 등이 될 수 있다.

원격 모델은 일반적으로는 Http 통신이 될 수 있으며, OkHttp 또는 Retrofit과 같은 라이브러리가 주로 서버와의 통신에 사용된다.

내부 모델 또는 원격 모델을 통해 얻은 데이터는 ViewModel에 관리하며 데이터의 변경이 감지되는 대로 UI 컴포넌트의 바인딩된 뷰에 나타낸다. 사용자 경험을 증대시키도록 일반적으로 서버에서 얻은 데이터는 내부 데이터베이스에 저장하여 불러온다.

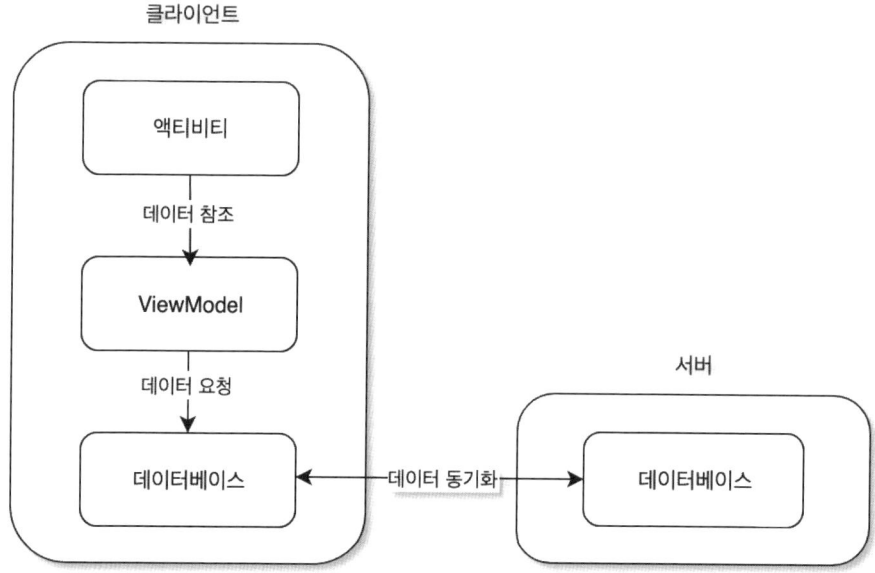

[그림 1-5] ViewModel을 사용하는 앱의 Workflow

ViewModel이라는 것은 내부 데이터베이스만을 항상 참조하고, 클라이언트의 데이터베이스와 서버의 데이터베이스가 요청으로 비동기적으로 동기화한다. 이렇게 되면 전파 수신 약전계*에서도 애플리케이션은 원활히 동작할 수 있고, 네트워크 상황이 좋아지는 대로 다시 최신의 데이터로 UI 컴포넌트를 갱신할 수 있다.

7 안드로이드 애플리케이션 설계 패턴

안드로이드의 등장 초기에는 애플리케이션 설계에 대한 관심이 현재와는 상대적으로 적었다. 시간이 지나고 애플리케이션의 성숙과 함께 유지 보수비에 대한 관심이 높아지면서, 이제 막 시작한 프로젝트도 애플리케이션 설계에 대해 고민하게 되었다. 최근

---

* 오프라인 혹은 느린 네트워크 상황

에 구글에서도 애플리케이션 설계에 관한 지침, 라이브러리 및 예제를 제공하면서 상황이 많이 좋아졌다. 하지만 여전히 개발자들 사이에서는 어떤 방식의 설계가 더 좋은지에 대한 논의가 활발히 이루어지고 있다.

일반적으로 안드로이드 애플리케이션을 설계하는 패턴에는 여러 가지 종류가 있다. 그중 가장 많이 사용되고 비교되는 MVC, MVP, MVVM 디자인 패턴에 대해서 알아본다. 전체 예제 코드는 https://github.com/charlezz/finalarchitecture에서 확인할 수 있다.

MVC 디자인 패턴

MVC 디자인 패턴은 애플리케이션 구조를 모델(Model), 뷰(View), 컨트롤러(Controller) 세 가지 주요 측면으로 관심사를 분리한다. 안드로이드에서의 MVC 패턴은 안드로이드 플랫폼의 등장 초기에 애플리케이션을 개발할 때, 어떻게 애플리케이션을 설계해야 하나에 관한 질문들이 자연스럽게 제기되었고, 그 당시 스프링을 비롯한 웹에서 사용하는 가장 유명한 UI 패턴이 MVC라, 많은 개발자는 안드로이드에도 MVC 패턴을 자연스럽게 적용해 왔다.

모델의 역할

애플리케이션의 비즈니스 로직과 사용되는 데이터를 다루는 영역이다. 표현되는 형식에 의존적이지 않고, 사용자에게 보이지 않아 어떻게 보일지를 신경 쓰지 않아도 된다. 일반적으로 비즈니스 데이터는 DBMS에 의해 관리되고 몇몇 함수를 통해 데이터를 제공하거나 입력, 수정 등을 하는 역할을 한다. 안드로이드에서는 데이터베이스의 Entity를 담당하는 POJO 클래스를 포함한 SQLite, Room, Realm 등이 될 수 있다.

뷰의 역할

사용자에게 표현되는 영역이다. 모델로부터 얻은 데이터를 뷰에서 표현하며, 안드로이드에서는 Activity, Fragment가 뷰의 역할을 한다.

컨트롤러의 역할

모델과 뷰에 의존한다. 뷰로부터 입력을 받거나 특정 이벤트가 발생할 때 모델 또는 뷰를 변경할 수 있다. 예를 들어 전화번호부 애플리케이션에서 전화번호를 등록한다고 할 때 사용자가 입력한 전화번호 및 기타 정보를 뷰로부터 입력받으면 컨트롤러는 해당 데이터를 모델로 전달하여 데이터베이스에 입력한다. 이때 모델의 상태가 바뀌면 모델은 등록된 뷰에 자신의 상태가 바뀌었다는 것을 알리고 뷰는 거기에 맞게 사용자에게 모델의 상태를 보여 준다. MVC 디자인 패턴에서 Activity와 Fragment는 뷰의 역할을 하지만 컨트롤러의 역할을 하기도 한다.

다음의 그림은 Model-View-Controller의 구조 다이어그램이다.

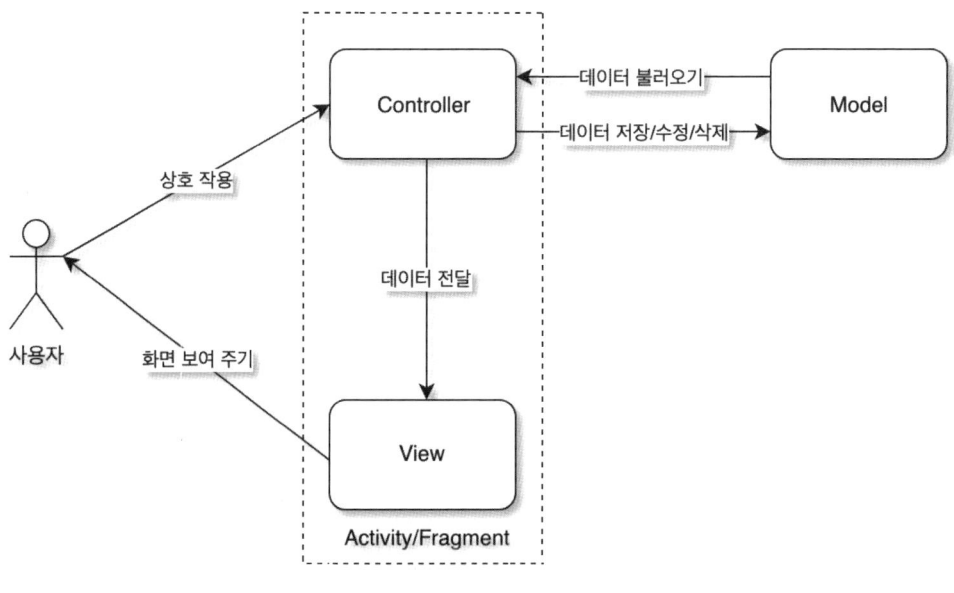

[그림 1-6] MVC 다이어그램

컨트롤러는 뷰와 모델에 의존하며, 뷰는 모델의 상태 변화에 따라 능동적으로 대응할 수 있다.

MVC 디자인 패턴의 장단점

MVC의 가장 큰 장점은 직관적이라는 것이다. 모델에서 데이터를 얻어서 뷰에 표현하고 이 모든 것을 컨트롤러가 중개한다. 구조가 단순하고 직관적이라, MVC를 잘 모르더라도 쉽게 받아들이고 적용할 수 있다.

규모가 작은 애플리케이션에 MVC 디자인 패턴 적용 시 개발 기간이 짧아지고, 거의 모든 코드가 액티비티나 프래그먼트 같은 컨트롤러에 작성되는 경향이 있어 코드를 파악하기가 쉽다. 하지만, 액티비티 또는 프래그먼트가 뷰와 컨트롤러의 역할을 겸하는 구조라 코드량이 점진적으로 증가할 수밖에 없고, 그로 인해 하나의 액티비티 또는 프래그먼트 클래스에서 수천 줄이 넘는 코드가 작성되기도 한다. 이렇게 많은 코드가 하나의 클래스에 작성되면 스파게티 코드가 되기 쉬워, 시간이 지남에 따라 유지 보수비가 증가한다.

컨트롤러는 뷰와 모델에 의존적이고, 뷰는 모델에 의존적이라 결합도가 높아 유닛 테스트가 거의 불가능하다.

MVP 디자인 패턴

MVC 디자인 패턴에서는 UI와 비즈니스 로직이 Activity와 Fragment에 공존했다. MVP 디자인 패턴에서는 MVC와는 비슷하지만 Activity와 Fragment의 UI 그리고 비즈니스 로직을 분리하는 데 집중하므로 데이터의 흐름이 약간 다르다.

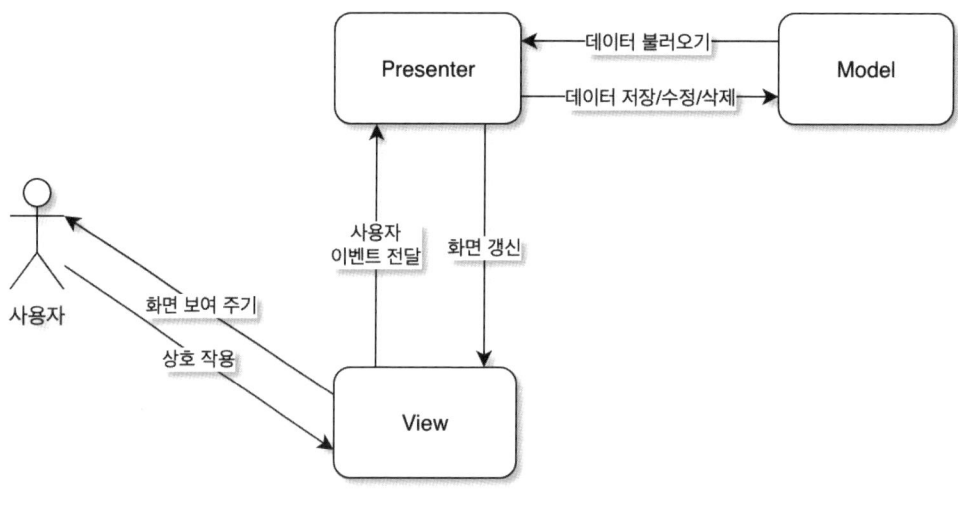

[그림 1-7] MVP 다이어그램

앞의 그림을 보면, Model과 View의 역할은 MVC 디자인 패턴과 동일하다. MVP 디자인 패턴에서는 Controller 대신 Presenter라는 개념을 통해 UI 코드와 비즈니스 로직을 분리하여 유닛 테스트를 할 수 있게 되었다.

MVP 디자인 패턴의 장단점

Presenter는 View와 Model의 인스턴스를 가지며 이 둘을 연결해 주는 역할을 하므로 Presenter와 View는 1:1 관계를 갖는다.

MVP 디자인 패턴의 장점은 View와 Model 간의 의존성이 없고, UI와 비즈니스 로직을 분리해 유닛 테스트가 수월해진다. 하지만 View와 Presenter 간의 의존성이 높고, 1:1 관계를 유지해야 해서 Presenter를 재사용할 수 없어, View가 늘어날 때마다 Presenter도 같이 늘어나 클래스가 많아진다. 또한 애플리케이션의 기능이 추가될수록 Presenter가 거대해지는 단점이 있다.

MVP 디자인 패턴 구현하기

Contract Class 만들기

MVP 디자인 패턴에서 먼저 해야 할 일은 구성 요소의 역할과 관계의 정의이다. 구성 요소는 보통 View와 Presenter 정도만 정의한다. Model은 Contract 클래스에 포함해도 되지만 보통 Repository 패턴으로 따로 정의하여 Presenter를 구현할 때 포함한다.

```java
public class MainContract {
    public interface View{
        void showPersonList(List<Person> personList);
        void notifyDataChanged();
    }
    public interface Presenter{
        void load();
        void addPerson(Person person);
        void removePerson(Person person);
    }
}
```

Presenter Class 만들기

View가 해야 할 역할은 크게 두 가지다.

- View 인터페이스에 정의된 메서드를 재정의하여 데이터를 화면에 나타낸다.
- Presenter에 생명 주기 또는 클릭 이벤트에 대한 내용을 통지한다.

일반적으로 View 인터페이스의 구현은 Activity 또는 Fragment에서 이루어진다.

앞의 예제 코드의 MainContract.View는 오로지 계약된 MainContract.Presenter에만 참조된다.

```java
public class MainPresenter implements MainContract.Presenter{

    private Database database;
    private MainContract.View view;

    public MainPresenter(Database database, MainContract.View view){
        this.database = database;
        this.view = view;
        this.database.setOnDatabaseListener(new Database.
        DatabaseListener() {
            @Override
            public void onChanged() {
                MainPresenter.this.view.notifyDataChanged();
            }
        });
    }


    @Override
    public void load() {
        view.showPersonList(database.getPersonList());
    }

    @Override
    public void addPerson(Person person) {
        database.add(person);
    }

    @Override
    public void removePerson(Person person) {
        database.remove(person);
    }
}
```

MVVM 디자인 패턴

MVP 디자인 패턴에서는 Presenter가 View에 어떤 일을 요청하는지 명백하게 확인할 수 있었다. 하지만 View와 Presenter가 강하게 결합하여 있다는 문제점이 있었다. MVVM 디자인 패턴에서는 데이터 바인딩 및 LiveData 또는 RxJava와 같은 Observable 타입을 이용하여 Presenter와 View 사이에서 강하게 연결되었던 점을 끊는 데 집중한다. 이때 Presenter 대신 ViewModel이라는 구성 요소를 사용한다. ViewModel은 View에 표현할 데이터를 Observable 타입으로 관리하며, View들이 ViewModel에 데이터를 구독 요청하여 화면에 나타내는 것이 핵심이다. 그러므로 ViewModel과 View는 1:N의 관계가 있다.

ViewModel이 View에 대한 의존성을 갖지 않고 느슨하게 연결되도록, Data Binding 라이브러리가 필수적으로 사용된다.

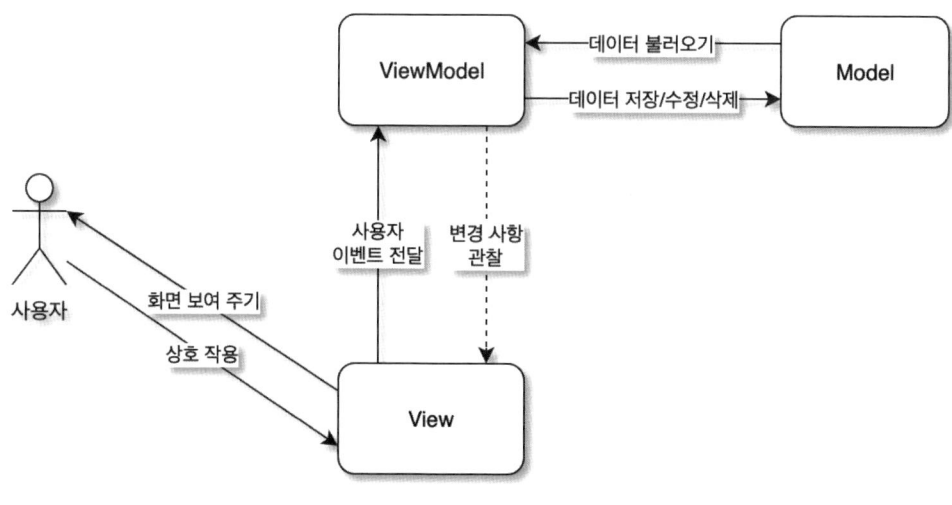

[그림 1-8] MVVM 디자인 패턴 다이어그램

생명 주기 또는 사용자와의 상호 작용 등을 통해 ViewModel은 Model에 데이터를 요청한다. Model로부터 받은 데이터를 가공하여 Observable한 타입의 형태로

ViewModel에 저장한다. View와 ViewModel은 Data Binding이 이루어져야 하며, 데이터의 상태가 변경되면 해당 데이터를 구독하는 View들에 변경 사항을 통지하여 View가 갱신될 수 있도록 한다.

ViewModel 구현하기

ViewModel을 먼저 설계해 본다. MainViewModel은 데이터 바인딩 패키지로부터 BaseObservable을 상속해 데이터에 반응하여 View를 갱신할 수 있도록 설계했다.

MainViewModel이 Person 목록을 가지고 있고, View와 관련된 코드들을 참조하지 않는 것이 MVVM 디자인 패턴의 핵심이다.

```java
public class MainViewModel extends BaseObservable {

    private Database database;

    private List<Person> items = new ArrayList<>();

    public MainViewModel(Database database){
        this.database = database;
        this.database.setOnDatabaseListener(new Database.DatabaseListener() {
            @Override
            public void onChanged() {
                load();
            }
        });
    }

    public void load(){
        items.clear();
        items.addAll(database.getPersonList());
        notifyChange();
    }
```

```java
    public void addPerson(Person person){
        database.add(person);
    }

    public void removePerson(Person person){
        database.remove(person);
    }

    public List<Person> getItems(){
        return items;
    }
}
```

CHAPTER
02

Dagger2를 이용한
의존성 주입 기법

CHAPTER 02

Dagger2를 이용한 의존성 주입 기법

1 의존성 주입이란?

소프트웨어 공학에서 말하는 의존성 주입(DI, Dependency Injection)이란 하나의 객체에 다른 객체의 의존성을 제공하는 기술을 말한다. DI를 그대로 번역한 의존성 주입이라는 용어를 사용하다 보니 의존성 주입이라는 단어를 처음 접한 개발자에게는 어렵게 느껴질 수 있다. 의존성(Dependency)과 주입(Injection)이라는 단어를 나누어서 생각하면 좀 더 이해하기 쉽다.

의존성은 객체 지향에서 두 클래스 간의 관계이다. 일반적으로 둘 중 하나가 다른 하나를 필요로 한다. 조립식 컴퓨터를 생각하며 다음 의존 관계에 대한 예제를 살펴본다.

```java
public class CPU { }

public class Computer {

    private CPU cpu;

    public Computer(){
        cpu = new CPU();
```

        }
}

컴퓨터에 포함되는 CPU가 컴퓨터가 생성되는 단계부터 단단히 결합한 모습을 보인다. 다른 CPU로 업그레이드하고 싶어도 변경할 수가 없다. 이를 "Computer가 CPU에 의존성을 갖는다."라고 할 수 있다.

주입은 생성자나 메서드 등을 통해 외부로부터 생성된 객체를 전달받는 것을 의미한다. 다음 예제를 살펴본다.

```
public class Computer {

    private CPU cpu;

    public void setCPU(CPU cpu){
        this.cpu = cpu;
    }
}
```

setCPU(CPU) 메서드를 통해 외부로부터 생성된 객체를 전달받아 멤버 변수에 넣는다.

앞에서 설명한 의존성과 주입을 합쳐 보면 "의존 관계에 있는 클래스의 객체를 외부로부터 생성하여 주입받는다."라고 말할 수 있다.

2 의존성 주입의 필요성

의존성 주입이 무엇인지에 대해서 알아보았지만 아직 의존성 주입이 무엇인지 이해가 되지 않고, 의존성 주입을 꼭 해야 하는가에 대한 의문점이 생길 수도 있다. 의존성 주입의 필요성에 대해 알아보고 의존성 주입에 대한 이해도를 높여 본다.

변경의 전이

다시 한 번 컴퓨터와 CPU의 관계를 확인해 본다. 'Computer'는 'CPU'라는 한 가지 타입에 의존한다. 하지만 사용자는 다른 타입의 CPU를 사용하는 것을 원할 수 있다. 예를 들어 A사의 CPU로 컴퓨터를 조립하기를 원한다면 기존 CPU 클래스명을 A_CPU로 변경하거나 새로 만들어야 한다. 하나의 클래스를 변경하거나 새로 만드는 것은 어렵지 않다. 여기서 문제점은 CPU 클래스를 의존하던 Computer 클래스도 같이 변경해야 한다는 점이다.

```
public class Computer {

    private A_CPU cpu; //변경됨

    public Computer(){
        cpu = new A_CPU(); //변경됨
    }

}
```

하나의 클래스를 변경함으로써 다른 의존 관계까지 변경 사항이 전이된다.

이를 해결할 방법은 Computer가 의존하는 CPU를 interface로 만드는 것이다. CPU를 구현한 어떤 클래스 간에 Computer의 CPU로 기능할 수 있다.

```
public interface CPU {...}

public class A_CPU implements CPU {...}

public class Computer {
```

```
    private CPU cpu;

    public Computer(){
        cpu = new A_CPU();
        //cpu = new I_CPU();
    }
}
```

하지만 여전히 문제점은 남아 있다. CPU를 인터페이스로 변경함에 따라 변경의 전이를 최소화했지만, Computer 클래스에서 CPU 객체를 생성하고 관리해 I 회사의 CPU를 사용한다면 또다시 Computer 클래스를 변경해야 한다.

제어의 역전(IoC, Inversion of Control)

제어의 역전은 어떠한 일을 수행하도록 만들어진 프레임워크에 제어권을 위임함으로써 관심사를 분리하는 것을 의미한다. 제어의 역전을 통해 앞의 코드들의 문제점을 해결해 본다.

```
public class Computer {

    private CPU cpu;

    public Computer(){}

    public Computer(CPU cpu){
        this.cpu = cpu;
    }

    public void setCPU(CPU cpu){
        this.cpu = cpu;
    }
}
```

```
}
public static void main(String[] args) {
    CPU cpu = new I_CPU;
    Computer computer1 = new Computer(cpu);
    //또는
    Computer computer2 = new Computer();
    computer2.setCPU(cpu);
}
```

Computer 클래스의 생성자에서 CPU 객체를 만들지 않고, 외부로부터 CPU 객체를 생성한 뒤 Computer 생성자 또는 메서드의 매개 변수로 객체를 제공한다. 기존에는 Computer가 CPU의 객체를 생성하고 관리했으나 개선된 코드에서는 CPU 객체의 생성 및 관리를 외부에 위임했다. 이를 제어의 역전이라고 한다. 제어의 역전을 통해 결합도를 약하게 만들었고, Computer는 이제 CPU의 변경 사항에 의해 내부 필드나 메서드 매개 변수를 변경하지 않아도 된다.

의존성 주입의 장단점

의존성 주입은 다음과 같은 장점이 있다.

- 의존성 주입은 인터페이스를 기반으로 설계되며, 코드를 유연하게 한다.
- 주입하는 코드만 따로 변경하기 쉬워 리팩토링이 수월하다.
- 의존성 주입을 사용하는 결과로 stub나 mock 객체를 사용하여 단위 테스트를 하기가 더욱 쉬워진다. 의존성 주입의 가장 큰 장점으로 꼽힌다.
- 클래스 간의 결합도를 느슨하게 한다.
- 인터페이스를 기반으로 설계하므로 여러 개발자가 서로 사용하는 클래스를 독립적으로 개발할 수 있다. 즉, 클래스 간에 의존하는 인터페이스만 알면 된다.

반면에 의존성 주입을 사용하면 다음과 같은 단점이 있다.

- 간단한 프로그램을 만들 때는 번거롭다.
- 의존성 주입은 동작과 구성을 분리해 코드를 추적하기 어렵게 하고, 가독성을 떨어뜨릴 수 있다. 즉, 개발자는 더 많은 파일을 참조해야만 한다.
- Dagger2와 같은 의존성 주입 프레임워크는 컴파일 타임에 애노테이션 프로세서를 이용하여 파일을 생성하므로 빌드에 시간이 조금 더 소요된다.

짧은 기간 개발하고, 더는 유지 보수를 안 하는 간단한 프로그램을 만드는 경우에는 의존성 주입의 사용을 굳이 추천하지 않는다. 왜냐하면 의존성 주입을 하려고 인터페이스 기반으로 설계하고, 의존성 주입 프레임워크의 설정 등이 생산성을 떨어뜨리기 때문이다. 하지만 일반적인 상용 애플리케이션을 만들고, 지속해서 유지 보수를 할 경우에는 오히려 생산성을 향상한다.

의존성 주입을 사용하는 경우 코드 추적이 힘들어지고, 대표적 의존성 주입 도구인 Dagger2 사용 시 빌드 시간이 조금 더 소요된다는 단점도 있다. 하지만 적응하고 나면 코드 추적은 그렇게 어렵지 않고, Dagger2를 사용하여 다른 부분에서 크게 시간을 절약할 수 있어 오히려 Dagger2를 사용하지 않는 것보다 사용하는 편이 시간을 더 절약할 수 있다.

3 Dagger2란 무엇인가?

Dagger2는 자바와 안드로이드를 위한 강력하고 빠른 의존성 주입 프레임워크다. 리플렉션을 사용하지 않고, 런 타임에 바이트 코드도 생성하지 않는 것이 특징이다. 컴파일 타임에 애노테이션 프로세서에 의해 의존성 주입과 관련된 모든 코드를 분석하고 자바 소스 코드를 생성한다.

Dagger가 등장하기 전 자바 진영에서 쓰이던 Guice가 있었으나 리플렉션을 사용하고, 런 타임에 오브젝트 그래프를 구성하는 등 성능에 악영향을 끼치는 요소가 많았다. 결국 애노테이션을 기반으로 코드를 생성하며, Guice와 비슷한 API를 갖지만 조금 더 빠른 Dagger1이 2012년 Square사에 의해 등장한다. 이후 Square사의 Dagger 최초 개발자와 구글의 코어 라이브러리 팀이 Dagger2를 만들고 현재까지 빠르게 발전시켜 왔다.

Dagger를 프로젝트에 적용한다는 것은 쉬운 일이 아니다. 가파른 학습 곡선으로 인해 배우려다가 중도 포기하는 경우도 있다. 아마도 다음과 같은 이유로 인해 Dagger가 어렵다고 느낄 것 같다.

- 애노테이션 기반의 코드 생성 방식이 익숙하지 않은 사람은 내부가 어떤 식으로 동작하는지 유추하기 힘들다.
- 다른 DI 라이브러리보다 공부해야 할 부분이 더 많다.
- Component, Subcomponent, Module 등과 같은 Dagger에서만 사용하는 용어로 인해 혼란스럽다.

하나씩 용어와 개념을 익히면 그렇게 어려운 일도 아니니 시작하기도 전에 너무 겁먹지 않도록 한다.

Dagger의 장점을 정리하자면 다음과 같다.

- 자원 공유의 단순화. 지정된 범위의 생명 주기 내에서 동일 인스턴스를 제공한다.
- 복잡한 의존성을 단순하게 설정함. 애플리케이션이 커질수록 많은 의존성을 갖는데 Dagger는 이를 쉽게 제어해 준다.
- 유닛 테스트를 쉽게 도와준다.
- 자동 코드 생성. 생성된 코드는 명확하고 디버깅이 가능하다.

- Dagger2는 난독화 문제가 없다. Dagger1은 리플렉션의 사용으로 인해 런타임에 성능 및 난독화와 관련된 문제가 발생했다.
- 라이브러리 크기가 작다.

4 프로젝트에 Dagger 설정하기

안드로이드 스튜디오 프로젝트에서 Dagger를 적용하려는 모듈의 build.gradle에 다음과 같은 내용을 추가한다.

▼ app/build.gradle

```
dependencies {
    implementation 'com.google.dagger:dagger-android:2.27'
    implementation 'com.google.dagger:dagger-android-support:2.27'
    annotationProcessor 'com.google.dagger:dagger-android-processor:2.27'
    annotationProcessor 'com.google.dagger:dagger-compiler:2.27'
}
```

몇몇 프로젝트에서는 하위의 의존하는 모듈을 참조하려고 implementation 대신 api를 사용해야 할 수도 있다.

코틀린 언어를 사용하는 프로젝트에서는 다음과 같이 annotaionProcessor를 kapt로 변경해야 한다.

```
dependencies {
    implementation 'com.google.dagger:dagger-android:2.27'
    implementation 'com.google.dagger:dagger-android-support:2.27'
    kapt 'com.google.dagger:dagger-android-processor:2.27'
    kapt 'com.google.dagger:dagger-compiler:2.27'
}
```

최신 버전의 라이브러리 사용을 권장하며, 2020년 3월 14일 기준으로 2.27 버전이 최신 버전이다. 최신 버전 및 Dagger2에 대해 더 자세한 정보를 얻으려면 https://github.com/google/dagger를 참고한다.

만약 안드로이드 데이터 바인딩 라이브러리를 사용하는 경우 데이터 바인딩 오류가 발생했을 때 javac에 의해 오류 메시지를 출력한다. 데이터 바인딩과 Dagger를 같이 사용하면, Dagger와 관련된 오류 발생 시 데이터 바인딩에 대한 컴파일이 멈추고, 오류 메시지 또한 100줄 이상 출력되므로, 에러 메시지를 더 확인하려면 다음과 같은 코드를 추가로 설정해야 한다.

▼ app/build.gradle
```
android{
    ...
    gradle.projectsEvaluated {
        tasks.withType(JavaCompile) {
            options.compilerArgs << "-Xmaxerrs" << "500"
        }
    }
}
```

찾는 오류 메시지가 500줄 이내에 없다면, "500"을 더 큰 숫자로 변경한다.

5 첫 번째 의존성 주입 구현하기

때로는 이론보다 실습해 익히는 것이 빠를 때도 있다. 간단히 "Hello World" 문자열 주입 예제를 통해 기본적인 Dagger 사용법을 익혀 본다. 한 번에 이해가 되지 않을 수도 있으나 좌절하지 않도록 한다. 주어진 예제들을 천천히 따라가다 보면 감이 잡힐 것이다.

우선 안드로이드 스튜디오를 실행하고, 새로운 안드로이드 프로젝트를 생성한다. 앞의 '프로젝트에 Dagger 설정하기'를 참고하여 app 모듈에 Dagger2를 적용한다.

프로젝트에 Dagger의 설정을 끝냈다면 이제 "Hello World" 문자열을 제공할 모듈을 만들 차례다. 다음과 같은 MyModule 클래스를 작성한다.

```
@Module
public class MyModule {
    @Provides
    String provideHelloWorld(){
        return "Hello World";
    }
}
```

앞에서 언급했듯이 Dagger는 컴파일 타임의 의존성 주입에 필요한 애노테이션을 읽고 의존성 주입에 필요한 클래스 파일들을 생성한다. Dagger는 컴파일 타임에 @Module과 @Provides 애노테이션을 읽고 의존성 주입에 필요한 파일들을 생성한다.

각각의 애노테이션의 용법에 대해 간단히 설명하자면, @Module은 의존성을 제공하는 클래스에 붙이고, @Provides는 의존성을 제공하는 메서드에 붙인다고 생각하면 된다. 그러므로 MyModule 클래스는 의존성을 제공하는 클래스이고, provideHelloWorld() 메서드는 String 타입의 Hello World 문자열을 제공하는 것을 뜻한다. @Module과 @Provides에 대해서는 뒤에서 자세히 설명하겠다.

MyModule 클래스 하나만으로는 별도의 클래스 파일이 생성되지는 않는다. 모듈을 참조하는 컴포넌트가 없기 때문이다. 이제 컴포넌트를 만들어 본다.

```
@Component(modules = MyModule.class)
public interface MyComponent {
    String getString(); //프로비전 메서드, 바인드된 모듈로부터 의존성을 제공
}
```

@Component가 붙은 MyComponent 인터페이스 내에는 제공할 의존성들을 메서드로 정의해야 하며, @Component에 참조된 모듈 클래스로부터 의존성을 제공받는다. 컴포넌트 메서드의 반환형을 보고 모듈과 관계를 맺으므로 바인드된 모듈로부터 해당 반환형을 갖는 메서드를 찾지 못한다면 컴파일 타임에 에러가 발생한다.

Dagger는 컴파일 타임에 @Component를 구현한 클래스를 생성하는데, 이때 클래스의 이름은 'Dagger'라는 접두어가 붙는다. 예를 들어 MyComponent라는 컴포넌트를 만들었다면, Dagger에 의해 생성된 클래스 이름은 DaggerMyComponent가 된다.

이제 Dagger에 의해 생성된 클래스를 통해 의존성을 제공받아 본다.

안드로이드 프레임워크에 대한 의존성이 없으므로, JUnit 테스트 클래스 작성을 통해 의존성이 제대로 제공되는지 확인해 본다.

단위 테스트가 익숙하지 않다면, 안드로이드의 TextView에서 결과를 확인해도 된다.

```java
public class ExampleUnitTest {
    @Test
    public void testHelloWorld(){
        MyComponent myComponent = DaggerMyComponent.create();
        System.out.println("result = "+myComponent.getString());
    }
}
```

▼ 실행 결과

```
result = Hello World
```

Hello World가 출력되었다면 의존성 주입의 구현을 성공한 것이다. 컴포넌트와 모듈만 사용하여 아주 간단한 예제를 만들어 보았다.

6 모듈

모듈은 컴포넌트에 의존성을 제공하는 역할을 한다. 클래스에 @Module 애노테이션을 붙이는 것으로 간단히 모듈 클래스를 만들 수 있다.

프로바이더

모듈 클래스 내에 선언되는 메서드에는 @Provides 애노테이션을 붙이는 것으로 컴파일 타임에 의존성을 제공하는 바인드된 프로바이더를 생성한다. 메서드의 반환형을 보고 컴포넌트 내에서 의존성이 관리되어 중복되는 타입이 하나의 컴포넌트 내에 존재하면 안 된다. 예를 들어 하나의 모듈 또는 서로 다른 모듈 내에 반환형을 String으로 갖는 메서드가 두 개 이상 있으면 컴파일 타임에 에러가 발생한다.

```
@Module
class DuplicationModule {
    @Provides
    String provideHelloWorld() {
        return "Hello World";
    }
    @Provides
    String provideCharles() {
        return "Charles"; //동일한 타입이 2개 이상 존재하므로 에러
    }
}
```

컴포넌트 내 바인드된 메서드의 반환형은 @Provides 메서드의 매개 변수로 사용할 수 있다. 다음 예제를 확인해 본다.

```
@Module
public class MyModule {
    @Provides
```

```
    String provideName(){ //이름 제공
        return "Charles";
    }

    @Provides
    int provideAge() { //나이 제공
        return 100;
    }

    @Provides
    Person providePerson(String name, int age){ //이름, 나이 제공받음
        return new Person(name, age);//name = Charles, age = 100
    }
}
```

providePerson 메서드는 매개 변수로 String 타입과 int 타입을 갖는다. 바로 위에 바인드된 String 타입과 int 타입으로부터 의존성을 제공받아 name은 Charles가 되고 age는 100이 될 것이다. 매개 변수 타입에 맞는 의존성이 컴포넌트 또는 컴포넌트와 바인드된 모듈에 없다면 에러가 발생한다.

모듈 클래스가 추상 클래스인 경우 @Provides 메서드는 static 메서드여야만 한다.

```
@Module
public abstract class MyModule {
    @Provides
    static String provideName(){
        return "Charles";
    }
}
```

Null의 비허용

@Provides 메서드는 null을 반환하는 것을 기본적으로 제한한다. 그러므로 @Provides

메서드에서 null을 반환하는 경우 컴파일 타임에 NullPointerException을 발생시킨다. @Provides 메서드의 반환값이 null인 것을 명시적으로 허용하려면 메서드에 @Nullable을 추가해야 한다. javax.annotation.Nullable과 android.support.annotation.Nullable과 관계없이 적용된다.

@Provides 메서드에 @Nullable이 붙었다면, 의존성을 주입받는 부분에도 마찬가지로 @Nullable을 붙여야 한다. 의존성을 제공하는 쪽, 의존성을 주입받는 쪽이 한 쌍으로 @Nullable 애노테이션이 있어야 하며, 한쪽이라도 없으면 컴파일 타임에 에러가 발생한다.

다음 예제는 null을 주입하는 코드다. 한쪽의 @Nullable을 제거하여 컴파일 에러가 발생하는지 확인해 본다.

```
@Module
public class MyModule {
    ...
    @Provides
    @Nullable //null을 반환할 가능성이 있는 경우
    Integer provideInteger(){
        return null;
    }
}
```

```
@Component(modules = MyModule.class)
public class MyComponent {
    @Nullable // 이 애노테이션이 없으면 에러가 발생한다.
    Integer getInteger();
}
```

프로비전 메서드뿐만 아니라 멤버-인젝션 메서드를 써서 null을 주입하는 경우에도 멤버 변수에 @Nullable을 꼭 붙여야 한다.

모듈의 상속

@Module 애노테이션이 가질 수 있는 속성 중 includes라는 것이 있다. includes에 다른 모듈 클래스들의 배열을 정의하는 것만으로 @Provides 메서드의 상속이 가능하다. 예를 들어 ModuleA와 ModuleB가 존재하고, ModuleB가 ModuleA를 상속하는 코드는 다음과 같다.

```
@Module
public class ModuleA {
    @Provides
    A provideA(){
        return new A();
    }
}
```

```
@Module(includes = ModuleA.class)
public class ModuleB {
    @Provides
    B provideB(){
        return new B();
    }
}
```

컴포넌트를 선언할 때 ModuleB를 참조하는 경우 ModuleA를 상속해 A 타입의 객체도 바인딩된다. 주의해야 할 점은 모듈 간 상속을 할 때 중복되는 타입이 존재하면 안 된다는 것이다. 이 점을 주의해서 모듈을 설계한다면, 보일러 플레이트 코드[*]를 많이 제거할 수 있을 것이다.

---

[*] 상용구 코드라고도 하며 변경 없이 재사용할 수 있는 코드 또는 비슷한 형태로 반복되는 코드를 의미한다.

7 컴포넌트

컴포넌트는 바인딩된 모듈로부터 오브젝트 그래프를 생성하는 핵심적인 역할을 한다. @Component 사용을 통해 컴포넌트를 생성할 수 있으며, @Component 애노테이션은 interface 또는 abstract 클래스에만 붙일 수 있다. 컴파일 타임의 애노테이션 프로세서에 의해 생성된 클래스는 접두어 'Dagger'와 @Component가 붙은 클래스 이름이 합쳐진 형식의 이름을 갖는다.

@Component 속성으로 modules와 dependencies가 있다. 앞에서 살펴보았듯이 modules에는 컴포넌트에 바인드되는 @Module이 지정된 클래스 배열을 선언한다. 모듈이 다른 모듈을 포함하는 경우 컴포넌트에 선언된 모듈뿐만 아니라 포함된 모듈도 컴포넌트에 구현될 수 있도록 해야 한다. dependencies에는 컴포넌트에 다른 컴포넌트의 의존성을 사용하는 경우 클래스 배열을 선언한다.

오브젝트 그래프

Dagger에서는 컴포넌트, 모듈, 객체 등의 관계를 컨테이너 또는 오브젝트 그래프라고 한다. 짧게 표현해서 그래프라고 하는 경우도 있다. Hello World 예제에 대한 오브젝트를 다음과 같이 도식화할 수 있다.

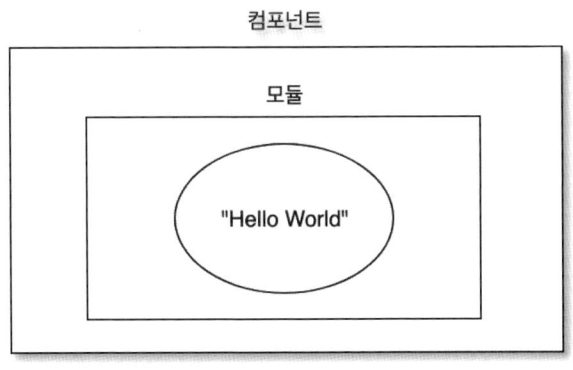

[그림 2-1] 오브젝트 그래프

컴포넌트 메서드

@Component가 붙은 모든 타입은 최소한 하나의 추상적인 메서드를 가져야 한다. 메서드의 이름은 상관없지만, 메서드 매개 변수와 반환형은 규칙을 엄격하게 따라야 한다. 이렇게 정해진 규칙에 따라 프로비전 메서드와 멤버-인젝션 메서드로 구분된다.

프로비전 메서드(Provision methods)

Dagger의 컴포넌트에서 매개 변수를 갖지 않으면서 반환형은 모듈로부터 제공되거나 주입되는 메서드를 프로비전 메서드라고 칭한다.

```
@Component(modules = SomeModule.class)
public interface SomeComponent {
    SomeType getSomeType();
}
```

getSomeType() 메서드를 호출하면 SomeModule로부터 제공받거나 주입받은 SomeType 객체를 반환한다.

멤버-인젝션 메서드(Member-injection methods)

Dagger의 컴포넌트에서는 하나의 매개 변수를 갖는 메서드를 멤버-인젝션 메서드라고 칭한다. 멤버-인젝션 메서드는 void를 반환하거나 빌더 패턴처럼 메서드 체이닝이 가능한 메서드를 만들기 위해 매개 변수 타입을 반환형으로 갖는 메서드로 선언할 수 있다. 다음과 같은 멤버-인젝션 메서드를 컴포넌트 내에 선언할 수 있다.

```
@Component(modules = SomeModule.class)
public interface SomeComponent {
    void injectSomeType(SomeType someType);
```

```
    SomeType injectAndReturnSomeType(SomeType someType);
}
```

앞의 Hello World 예제를 조금 수정하여 멤버-인젝션 메서드를 구현해 본다. 먼저 의존성을 주입받도록 MyClass를 만든다. 의존성 주입을 받을 필드에 @Inject 애노테이션을 붙인다.

```
public class MyClass {
    @Inject
    String str;

    public String getStr(){
        return str;
    }
}
```

MyComponent에도 다음과 같이 멤버-인젝션 메서드를 추가한다.

```
@Component(modules = MyModule.class)
public interface MyComponent {
    void inject(MyClass myClass);
}
```

멤버-인젝션이 잘 되는지 확인하려면 다음과 같이 테스트해 본다.

```
@Test
public void testMemberInjection(){
    MyClass myClass = new MyClass();
    String str = myClass.getStr();
    assertNotNull("조회 결과 null", str);//null이 아님을 확인
    MyComponent myComponent = DaggerMyComponent.create();
    myComponent.inject(myClass);
    str = myClass.getStr();
```

```
    assertEquals("hello world", str); //str = hello world
}
```

MyComponent.inject(MyClass) 메서드를 호출하기 전에는 myClass의 필드가 null 이었다가 메서드 호출 이후에는 "hello world"가 주입된 것을 확인할 수 있다. 멤버-인젝션 메서드에 의해 필드 주입이 일어난 결과다.

매개 변수가 없고 MembersInjector<T>를 반환할 수도 있다. 이 경우에는 반환된 MembersInjector 객체의 injectmembers(T) 메서드를 호출하면 멤버-인젝션 메서드와 동일한 작업을 수행한다.

컴포넌트에 다음과 같이 MembersInjector를 반환하는 메서드를 추가한 뒤 테스트해 본다.

```
@Component(modules = MyModule.class)
public interface MyComponent {
    ...
    MembersInjector<MyClass> getInjector();
}

@Test
public void testMemberInjector(){
    MyClass myClass = new MyClass();
    String str = myClass.getStr();
    System.out.println("result = "+str);//str = null
    MyComponent myComponent = DaggerMyComponent.create();
    MembersInjector<MyClass> injector = myComponent.getInjector();
    injector.injectMembers(myClass);
    str = myClass.getStr();
    System.out.println("result = "+str);//str = null
}
```

▼ 실행 결과

```
result = null
result = Charles
```

의존성 주입하기

Dagger에서는 3가지 의존성 주입 방법을 제공한다.

- 필드 주입
- 생성자 주입
- 메서드 주입

@Inject 애노테이션이 붙은 필드, 메서드 또는 생성자에 인스턴스를 주입하는데, 실무에서는 필드 주입과 생성자 주입이 주로 사용된다.

간단한 예제를 통해 필드, 생성자, 메서드 주입을 살펴본다.

```
@Component(modules = PersonModule.class)
public interface PersonComponent {

    PersonA getPersonA();// 프로비전 메서드

    void inject(PersonB personB);// 멤버-인젝션 메서드
}
```

```
@Module
public class PersonModule {

    @Provides
    String provideName(){
        return "Charles";
    }
}
```

```
    @Provides
    int provideAge(){
        return 100;
    }

}

public class PersonA {

    private String name;
    private int age;

    @Inject //생성자 주입
    public PersonA(String name, int age){
        this.name = name;
        this.age = age;
    }

    public String getName() {
        return name;
    }

    public int getAge() {
        return age;
    }
}

public class PersonB {
    @Inject // 필드 주입
    String name;

    private int age;

    @Inject // 메서드 주입
    public void setAge(int age){
        this.age = age;
```

```
    }

    public String getName() {
        return name;
    }

    public int getAge() {
        return age;
    }
}
```

이름과 나이를 제공하는 PersonModule을 PersonComponent에 추가하고, PersonA 객체를 제공하는 프로비전 메서드와 PersonB에 멤버-인젝션을 하는 메서드를 추가했다. PersonA에는 생성자 주입을 할 것이고, PersonB에는 필드 주입과 메서드 주입을 동시에 수행할 것이다.

```
@Test
public void testInjection(){
    PersonComponent personComponent =
            DaggerPersonComponent.create();

    PersonA personA = personComponent.getPersonA();
    System.out.println(personA.getName()+":"+personA.getAge());

    PersonB personB = new PersonB();
    DaggerPersonComponent.create().inject(personB);
    assertEquals("Charles", personB.getName()); //이름

    assertEquals(100, personB.getAge()); //나이
}
```

▼ 실행 결과

```
Charles:100
Charles:100
```

간단한 예제를 통해 의존성 주입의 3가지 종류를 살펴보았다.

상속된 클래스에 의존성 주입

멤버-인젝션 메서드를 호출할 때 매개 변수 타입에 서브 클래스의 객체를 넣으면 해당 슈퍼 클래스의 @Inject 멤버만 의존성 주입이 이루어진다. 예를 들어 컴포넌트에 멤버-인젝션 메서드인 inject(Self)가 존재하고, Child의 인스턴스를 멤버-인젝션 메서드의 매개 변수로 참조하여 메서드를 호출하면 Child의 인스턴스에는 a와 b만 주입되고 c에는 주입되지 않는 것을 확인할 수 있다.

```
public class Parent {
    @Inject
    A a;
}
```

```
public class Self extends Parent {
    @Inject
    B b;
}
```

```
public class Child extends Self {
    @Inject
    C c;
}
```

컴포넌트 객체 만들기

컴포넌트를 객체화할 때는 주로 생성된 빌더나 팩토리를 통해 만들 수 있다. 컴포넌트 내의 @Component.Builder 또는 @Component.Factory 타입 선언을 통해 빌더 또는 팩토리가 생성되는데, 빌더나 팩토리 애노테이션이 둘 다 존재하지 않으면 Dagger 는 @Component 애노테이션에 선언된 모듈 및 의존성을 참조하여 빌더를 자동으로 생성한다. 앞의 HelloWorld 예제에서도 빌더 및 팩토리를 선언하지 않아 자동으로 빌더를 생성했다. 빌더가 어떻게 생성되는지 궁금하다면, 생성된 DaggerMyComponent의 내부를 살펴보는 것도 좋은 방법이다.

만약 MyComponent의 빌더 구조를 직접 작성해야 한다면 다음과 같이 작성할 수 있다.

```
@Component(modules = MyModule.class)
public interface MyComponent {
    ...
    @Component.Builder
    interface Builder{
        Builder setMyModule(MyModule myModule);
        MyComponent build();
    }
}
```

빌더와 팩토리를 생성하는 규칙은 매우 엄격하며 다음과 같은 조건이 반드시 성립해야 한다.

컴포넌트 빌더를 만드는 조건

- @Component.Builder 애노테이션은 컴포넌트 타입 내에 선언되어야 한다.
- 반드시 매개 변수를 갖지 않고, 컴포넌트 타입 또는 컴포넌트의 슈퍼 타입을 반환하는 추상 메서드를 하나 포함해야 한다. 이를 빌드 메서드(build method)라고 한다.
- 빌드 메서드를 제외한 나머지는 세터 메서드(setter methods)라고 한다.
- @Component 애노테이션에 modules, dependencies로 선언된 요소들은 세터 메서드로 선언해야 한다.

- 세터 메서드는 반드시 하나의 매개 변수만 가져야 하며, 반환형으로는 void, 빌더 또는 빌더의 슈퍼 타입이 될 수 있다.
- 세터 메서드에 @BindsInstance를 붙이면, 해당 컴포넌트에 인스턴스를 넘겨 바인드시킨다.

앞의 조건들을 충족시키는 컴포넌트 빌더의 예시는 다음과 같다.

```java
@Component(modules = {BackendModule.class, FrontendModule.class})
interface MyComponent {
    MyWidget myWidget();

    @Component.Builder
    interface Builder {
        Builder backendModule(BackendModule bm);
        Builder frontendModule(FrontendModule fm);
        @BindsInstance
        Builder foo(Foo foo);
        MyComponent build();
    }
}
```

컴포넌트 팩토리를 만드는 조건

- @Component.Factory 애노테이션은 컴포넌트 타입 내에 선언되어야 한다.
- 컴포넌트 팩토리는 컴포넌트 타입 또는 컴포넌트의 슈퍼 타입을 반환하는 하나의 추상 메서드만 존재해야 한다. 예) newInstance(...)
- 팩토리 메서드에는 @Component 애노테이션에 modules, dependencies로 지정된 속성들을 반드시 매개 변수로 가져야 한다.
- 메서드에 @BindsInstance 애노테이션이 붙은 매개 변수는 해당 컴포넌트에 인스턴스를 넘겨 바인드시킨다.

생성되는 컴포넌트 타입에는 factory()라는 정적 메서드를 갖는데 팩토리 인스턴스를 반환한다. 이 팩토리 인스턴스로 컴포넌트를 초기화할 수 있다.

앞의 조건들을 충족시키는 컴포넌트 팩토리의 예시는 다음과 같다.

```
@Component(modules = {BackendModule.class, FrontendModule.class})
interface MyComponent {
    MyWidget myWidget();

    @Component.Factory
    interface Factory {
        MyComponent newMyComponent(
            BackendModule bm,
            FrontendModule fm,
            @BindsInstance Foo foo);
    }
}
```

8 Lazy 주입과 Provider 주입

Lazy<T> 타입 또는 Provider<T> 타입을 사용한다면, 상황에 따라 의존성 주입의 시점을 늦추거나 새로운 객체를 요청할 수도 있다.

Lazy 주입

객체가 초기화되는 데 시간이 필요하다면 Lazy 주입을 고려해 볼 수 있다. 방법은 간단하다. 바인드된 타입(T)을 제네릭으로 갖는 Lazy<T> 타입을 만들면 된다. Lazy<T>의 get() 메서드를 호출하기까지는 객체가 초기화되는 것을 늦출 수 있다. 다음 예제를 살펴본다.

```java
@Component(modules = CounterModule.class)
public interface CounterComponent {
    void inject(Counter counter);
}
```

```java
@Module
public class CounterModule {
    int next = 100;

    @Provides
    Integer provideInteger() {
        System.out.println("computing...");
        return next++;
    }
}
```

```java
public class Counter {
    @Inject
    Lazy<Integer> lazy;

    public void printLazy(){
        System.out.println("printing...");
        System.out.println(lazy.get());
        System.out.println(lazy.get());
        System.out.println(lazy.get());
    }
}
```

```java
@Test
public void testLazy(){
    CounterComponent component = DaggerCounterComponent.create();
    Counter counter = new Counter();
    component.inject(counter);
    counter.printLazy();
}
```

printLazy()를 호출한 결과는 다음과 같다.

▼ 실행 결과

```
printing...
computing...
100
100
100
```

Provider 주입

매번 새로운 인스턴스를 주입받고 싶다면 Provider<T>를 고려해 볼 수 있다. Lazy와 마찬가지로 바인드된 타입(T)을 제네릭으로 갖는 Provider<T> 타입을 만들면 된다. Provider<T>의 get() 메서드를 호출할 때마다 새로운 객체를 제공받는다. 다음 예제를 살펴본다.

```java
public class Counter {

    @Inject
    Provider<Integer> provider;

    public void printProvider(){
        System.out.println("printing...");
        System.out.println(provider.get());
        System.out.println(provider.get());
        System.out.println(provider.get());
    }
}
```

```java
@Test
public void testProvider(){
    CounterComponent component = DaggerCounterComponent.create();
```

```
    Counter counter = new Counter();
    component.inject(counter);
    counter.printProvider();
}
```

Lazy에서 사용하던 예제에 필드와 메서드만 추가했다. printProvider()를 호출한 결과는 다음과 같다.

▼ 실행 결과

```
printing...
computing...
100
computing...
101
computing...
102
```

매 Provider.get() 메서드 호출 시 새로운 객체를 생성하므로 computing… 문구와 카운트가 1씩 증가하는 결과를 나타낸다.

컴포넌트가 @Singleton과 같은 특정 범위로 지정되었다면, Provider<T>를 사용한다고 하더라도 바인드된 의존성은 싱글턴으로 관리되어 같은 인스턴스를 제공받는다.

9 한정자 지정하기

@Named 사용하기

때로는 반환형으로 바인드된 객체를 식별하기에는 충분하지 않을 수 있다. 예를 들어 하나의 컴포넌트에 바인드되면서 String을 반환하는 @Provides 메서드가 두 개 이상인 경우를 생각해 본다. Dagger 입장에서는 어느 쪽을 바인딩해야 할지 애매모호해져 에러를 발생시킨다. 에러가 발생하는 아래의 예제를 살펴본다.

```java
@Module
public class MyModule{
    @Provides
    String provideHello(){
        return "Hello";
    }

    @Provides
    String provideWorld(){
        return "World";
    }
    //String 타입을 반환하는 메서드가 두 개이므로 에러
}
```

상황에 따라 반환형이 같은 두 개 이상의 @Proivdes 메서드를 바운드해야 할 수도 있다. 그럴 땐 javax.inject 패키지에서 제공하는 @Named 애노테이션을 통해 같은 타입의 의존성을 식별할 수 있다. 사용 방법은 매우 간단하다. @Named 애노테이션의 멤버값에 식별 가능한 문자열을 넣기만 하면 된다.

```java
@Component(modules = MyModule.class)
public interface MyComponent {
    void inject(MyClass myClass);
}
```

```java
@Module
public class MyModule{
    @Provides
    @Named("hello")
    String provideHello(){
        return "Hello";
    }
```

```
    @Provides
    @Named("world")
    String provideWorld(){
        return "World";
    }
}
```

@Named의 속성으로 각각 hello와 world를 지정했다. 이제 같은 타입이지만 한정자로 구분할 수 있게 된 것이다. 의존성을 주입받는 곳에서도 @Named를 다음과 같이 지정해야 한다.

```
public class MyClass{
    @Inject
    @Named("hello")
    String strHello;

    @Inject
    @Named("world")
    String strWorld;

    public String getStrHello() {
        return strHello;
    }

    public String getStrWorld() {
        return strWorld;
    }
}
```

```
@Test
public void myComponent() {
    MyClass myClass = new MyClass();
    DaggerMyComponent.create().inject(myClass);
    System.out.println(myClass.getStrHello());
```

```
        System.out.println(myClass.getStrWorld());
}
```

▼ 실행 결과

```
Hello
World
```

사용자 정의 한정자 만들기

@Named가 아닌 고유 한정자를 만들 때, @Qualifier를 사용하여 직접 한정자를 만들 수도 있다. 다음 예제를 살펴본다.

```
@Qualifier
@Retention(RetentionPolicy.RUNTIME)
public @interface Hello {
}
```

Hello 애노테이션을 정의했으므로 이제 @Named 대신 @Hello를 사용할 수 있다.

```
@Module
public class MyModule{
    @Provides
    @Hello
    String provideHello(){
        return "Hello";
    }

    @Provides
    String provideWorld(){
        return "World";
    }
}
```

```java
public class MyClass{
    @Inject
    @Hello
    String strHello;

    @Inject
    String strWorld;
}
```

```java
@Test
public void myComponent() {
    MyClass myClass = new MyClass();
    DaggerMyComponent.create().inject(myClass);
    System.out.println(myClass.getStrHello());
    System.out.println(myClass.getStrWorld());
}
```

▼ 실행 결과

```
Hello
World
```

10 범위 지정하기

각 컴포넌트는 @Scope 애노테이션과 함께 범위를 지정할 수 있다. 컴포넌트의 구현과 함께 각 컴포넌트 인스턴스는 의존성의 제공 방법에 대한 동일성을 보장받을 수 있다. 쉽게 말해 하나의 인스턴스만 만들어서 참조하는 싱글턴 패턴과 비슷한 개념이지만, 애플리케이션의 생명 주기와 달리 생명 주기를 따로 관리할 수 있다는 점에서 차이가 있다고 볼 수 있다. 예를 들어 안드로이드에서는 애플리케이션, 액티비티, 프래그먼트 인스턴스에 대한 범위 지정을 다르게 관리함으로써 오브젝트 그래프의 생성과 소멸을 각자 관리할 수 있다.

@Singleton 사용하기

일반적으로 @Singleton 애노테이션을 사용하여 범위를 지정하여 객체를 재사용할 수 있다. 다음 @Singleton 애노테이션을 추가한 예제를 살펴본다.

```
@Singleton
@Component(modules = MyModule.class)
public interface MyComponent {
    Object getObject();
}
```

```
@Module
public class MyModule {
    @Provides
    @Singleton
    Object provideObject(){
        return new Object();
    }
}
```

컴포넌트와 @Provides 메서드에 @Singleton을 추가했다. 이제 테스트 코드를 작성하여 동일한 인스턴스를 제공받을 수 있는지 확인해 본다.

```
@Test
public void testObjectIdentity(){
    MyComponent myComponent = DaggerMyComponent.create();
    Object temp1 = myComponent.getObject();
    Object temp2 = myComponent.getObject();
    asertNotNull(temp1);
    asertNotNull(temp2);
    assertSame(temp1, temp2);
}
```

▼ 실행 결과

```
326549596
326549596
true
```

@Reusable 사용하기

@Reusable도 @Singleton을 비롯한 다른 커스텀 스코프와 비슷한 역할을 한다. 특정 컴포넌트 스코프에 종속되지 않아 컴포넌트에 @Reusable을 선언하지 않아도 된다. 이전 객체를 재사용 가능하다면 재사용하고 아니면 새로 생성한다. 즉, 다른 스코프 애노테이션처럼 인스턴스의 동일성을 보장하진 않지만, 항상 동일한 인스턴스를 사용해야 하는 게 아니라면 메모리 관리 측면에서 조금 더 효율적이다.

@Scope 확장하기

다음 예제처럼 커스텀 스코프를 직접 만들어 컴포넌트의 범위를 지정할 수도 있다.

```
@Scope
@Retention(RetentionPolicy.RUNTIME)
public @interface UserScope {
}
```

```
@Module
public class MyModule {
    @Provides
    @UserScope
    Object provideObject(){
        return new Object();
    }
}
```

11 바인딩의 종류

@Binds

@Binds 애노테이션은 모듈 내의 추상 메서드에 붙일 수 있으며, 이 메서드는 반드시 하나의 매개 변수만을 가져야 한다. 매개 변수를 반환형으로 바인드할 수 있으며, @Provides 메서드 대신 좀 더 효율적으로 사용할 수 있다. 다음 예제를 통해 @Binds 용법을 확인할 수 있다.

```
@Binds
abstract Random bindRandom(SecureRandom secureRandom);
```

이미 바인드된 SecureRandom을 Random 타입으로 한 번 더 바인드할 수 있다.

@BindsOptionalOf

@BindsOptionalOf 애노테이션은 모듈 내의 추상 메서드에 붙일 수 있으며, 이 메서드는 매개 변수를 가질 수 없다. void가 아닌 특정 타입을 반환형으로 가져야 하며, 예외 사항을 던질 수도 없다. 다음과 같은 @BindsOptionalOf 메서드가 있다고 가정해 본다.

```
@Module
public abstract class CommonModule {
    @BindsOptionalOf
    abstract String bindsOptionalOfString();
}
```

```
@Module
public class HelloModule {
```

```
    @Provides
    String provideString(){
        return "Hello";
    }
}
```

@BindsOptionalOf 메서드를 통한 의존성의 주입은 다음과 같은 Optional 타입 등으로 주입된다.

```
public class Foo {
    @Inject
    public Optional<String> str; // @Nullable 바인딩은 허용하지 않음

    @Inject
    public Optional<Provider<String>> str2;

    @Inject
    public Optional<Lazy<String>> str3;
}
```

만약 컴포넌트 내에 Foo가 바인드된 적이 있다면 Optional의 상태는 present이고, 그렇지 않다면 absent이다.

이와 같이 어떤 타입의 의존성이 바인드되었는지 여부와 관계없이 @Inject를 이용해 주입할 수 있는 것이 특징이다.

Optional은 null을 포함하는 것을 허용하지 않는다. 그러므로 @Nullable 바인딩에 대해서는 컴파일 타임에 에러를 발생시킨다.

바인드 유무에 따른 Optional 상태 테스트를 위해 두 개의 컴포넌트를 생성해 본다.

```
@Component(modules = {CommonModule.class, HelloModule.class})
public interface StrComponent {
```

```
    void inject(Foo foo);
}

@Component(modules = CommonModule.class)
public interface NoStrComponent {
    void inject(Foo foo);
}
```

하나의 컴포넌트는 String 의존성을 제공하는 HelloModule을 추가하고 다른 하나의 컴포넌트는 HelloModule을 추가하지 않는다.

```
@Test
public void testFoo(){
    Foo foo = new Foo();

    DaggerStrComponent.create().inject(foo);
    System.out.println(foo.str.isPresent());
    System.out.println(foo.str.get());

    DaggerNoStrComponent.create().inject(foo);
    System.out.println(foo.str.isPresent());
    System.out.println(foo.str.get());
}
```

▼ 실행 결과

```
true
Hello
false
java.util.NoSuchElementException: No value present
```

Optional 타입인 foo.str이 String이 바인드되었을 때는 present 상태이고 String이 바인드되지 않았을 때는 absent인 것을 확인할 수 있으며, absent 상태일 때 get() 메서드로 값을 참조하면 에러가 발생하는 것도 확인할 수 있다.

@BindsInstance

@BindsInstance 애노테이션은 컴포넌트 빌더의 세터 메서드 또는 컴포넌트 팩토리의 매개 변수에 붙일 수 있다. 모듈이 아닌 외부로부터 생성된 인스턴스를 빌더 또는 팩토리를 통해 넘겨줌으로써 컴포넌트가 해당 인스턴스를 바인드하게 된다. 이러한 인스턴스들은 모듈로부터 제공되는 인스턴스와 동일하게 @Inject가 붙은 필드, 생성자, 메서드에 주입될 수 있다. 다음 예제를 통해 String 객체가 어떻게 바인드되는지 확인한다.

```
@Component
public interface BindsComponent {
    void inject(Foo foo);
    @Component.Builder
    interface Builder{
        @BindsInstance
        Builder setString(String str);
        BindsComponent build();
    }
}
```

```
public class Foo {
    @Inject
    public String str;
}
```

Builder를 만들고 @BindsInstance가 붙은 setString 세터 메서드를 추가했다. 이 세터 메서드에 외부로부터 생성한 String 객체를 바인드할 것이다. 다음 유닛 테스트를 통해 결과를 확인해 볼 수 있다.

```
@Test
public void testBindsInstance(){
    String hello = "Hello World";
```

```
    Foo foo = new Foo();
    BindsComponent component = DaggerBindsComponent.builder()
            .setString(hello)
            .build();
    component.inject(foo);
    assertEquals("Hello World", foo.str);
}
```

▼ 실행 결과

```
Hello World
```

12 멀티 바인딩하기

Dagger의 멀티 바인딩을 사용하여 여러 모듈에 있는 같은 타입의 객체를 하나의 Set 또는 Map 형태로 관리할 수 있다.

Set 멀티 바인딩

Set로 멀티 바인딩을 구현하려면 @IntoSet과 @ElementsIntoSet 애노테이션을 @Provides 메서드에 함께 사용할 수 있다. 먼저 @IntoSet 예제를 살펴본다.

```
@Module
public class SetModule {
    @Provides
    @IntoSet
    String provideHello(){
        return "Hello";
    }
```

```
    @Provides
    @IntoSet
    String provideWorld(){
        return "World";
    }
}
```

간단히 @IntoSet를 사용하는 것으로 Set<String> 타입으로 멀티 바인딩이 구현된다. 객체를 하나씩 Set에 추가하는 것이 아니라 Set<String>의 일부분을 한꺼번에 추가할 수 있는데, 이때는 @ElementsIntoSet 애노테이션을 사용한다. 다음 예제를 확인해 본다.

```
@Module
public class SetModule {
    ...
    @Provides
    @ElementsIntoSet
    Set<String> provideSet(){
        return new HashSet<>(Arrays.asList("Charles","Runa"));
    }
}
```

Set로 멀티 바인딩이 잘 구현되었는지 확인하려면 다음과 같이 SetComponent와 멀티 바인드된 의존성을 주입하는 Foo 클래스를 만든다.

```
@Component(modules=SetModule.class)
public interface SetComponent {
    void inject(Foo foo);
}

public class Foo {
    @Inject
```

```
    Set<String> strings;

    public void print(){
        for(Iterator itr = strings.iterator(); itr.hasNext();){
            System.out.println(itr.next());
        }
    }
}
```

테스트 코드를 통해 결과를 확인한다.

```
public class MultibindingTest {
    @Test
    public void testMultibindingSet(){
        Foo foo = new Foo();
        DaggerSetComponent.create().inject(foo);
        foo.print();
    }
}
```

▼ 실행 결과

```
Charles
Runa
Hello
World
```

Map 멀티 바인딩

Map으로 멀티 바인딩을 구현하려면 모듈 내의 @Provides 메서드에 @IntoMap을 추가해야 한다. 주의해야 할 점은 Map을 사용하는 데는 키(Key)가 필요해 @IntoMap 애노테이션과 함께 별도의 키 애노테이션을 추가해야 한다.

기본 제공하는 키의 종류

맵을 위한 Dagger에서 기본 제공하는 키로는 @StringKey, @ClassKey, @IntKey, @LongKey가 있다.

다음 예제를 통해 기본적인 키로 어떻게 멀티 바인드를 구현하는지 확인한다.

```java
public class Foo {
}
```

```java
@Module
public class MapModule {

    @Provides
    @IntoMap
    @StringKey("foo")
    static Long provideFooValue() {
        return 100L;
    }

    @Provides
    @IntoMap
    @ClassKey(Foo.class)
    static String provideFooStr() {
        return "Foo String";
    }
}
```

```java
@Component(modules=MapModule.class)
public interface MapComponent {
    Map<String, Long> getLongsByString();
    Map<Class<?>, String> getStringsByClass();
}
```

```java
public class MultibindingMapTest {
    @Test
    public void testMultibindingMap(){
        MapComponent component = DaggerMapComponent.create();
        long value = component.getLongsByString().get("foo");
        String str = component.getStringsByClass().get(Foo.class);

        System.out.println(value);
        System.out.println(str);
    }
}
```

▼ 실행 결과

```
100
Foo String
```

모듈 내의 @Provides 메서드에 붙은 키가 Map의 키가 되고 메서드를 통해 반환되는 값을 통해 한 쌍의 키-값을 이루는 것을 확인할 수 있다.

사용자 정의 키 만들기

만약 기본적으로 제공하는 키가 아닌 여러분이 직접 키를 정의할 수도 있다. 다음 예제와 같이 @MapKey 애노테이션을 통해 사용자 정의 키를 선언해 본다.

```java
public enum Animal {
    CAT, DOG;
}
```

```java
@MapKey
public @interface AnimalKey {
    Animal value();
}
```

```
@MapKey
public @interface NumberKey {
  Class<? extends Number> value();
}
```

AnimalKey와 NumberKey 두 가지 키를 만들었다. AnimalKey는 열거형인 Animal 타입을 속성으로 갖고, NumberKey는 Number 클래스의 서브 클래스 타입을 속성으로 갖는다.

```
@Component(modules = MapModule.class)
public interface MapKeyComponent {
    Map<Animal, String> getStringsByAnimal();

    Map<Class<? extends Number>, String> getStringsByNumber();
}
```

```
@Module
public class MapModule {
    @IntoMap
    @AnimalKey(Animal.CAT)
    @Provides
    String provideCat() {
        return "Meow";
    }

    @IntoMap
    @AnimalKey(Animal.DOG)
    @Provides
    String provideDog() {
        return "Bow-wow";
    }

    @IntoMap
    @NumberKey(Float.class)
    @Provides
```

```
    String provideFloatValue() {
        return "100f";
    }

    @IntoMap
    @NumberKey(Integer.class)
    @Provides
    String provideIntegerValue() {
        return "1";
    }
}
```

다음은 AnimalKey와 NumberKey를 사용하여 멀티 바인드를 하는 예제를 만들고 테스트한 결과다.

```
@Test
public void testCustomMapKey(){
    MapKeyComponent component = DaggerMapKeyComponent.create();
    String cat = component.getStringsByAnimal().get(Animal.CAT);
    String dog = component.getStringsByAnimal().get(Animal.DOG);
    String number =
                component.getStringsByNumber().get(Float.class);
    System.out.println(cat);
    System.out.println(dog);
    System.out.println(number);
}
```

▼ 실행 결과

```
Meow
Bow-wow
100.0f
```

상속된 서브 컴포넌트의 멀티 바인딩

컴포넌트로부터 멀티 바인드된 Set 또는 Map을 서브 컴포넌트도 그대로 물려받을 수 있다. 다음 예제를 통해 서브 컴포넌트가 부모 컴포넌트로부터 멀티 바인드된 의존성을 그대로 물려받는지 확인한다.

```java
@Component(modules = ParentModule.class)
public interface ParentComponent {
    Set<String> strings();
    ChildComponent.Builder childCompBuilder();
}
```

```java
@Module(subcomponents = ChildComponent.class)
public class ParentModule {
    @Provides
    @IntoSet
    String string1() {
        return "parent string 1";
    }

    @Provides
    @IntoSet
    String string2() {
        return "parent string 2";
    }
}
```

```java
@Subcomponent(modules = ChildModule.class)
public interface ChildComponent {
    Set<String> strings();

    @Subcomponent.Builder
    interface Builder{
        ChildComponent build();
```

```java
        }
    }

@Module
public class ChildModule {
    @Provides
    @IntoSet
    String string3() {
        return "child string 1";
    }

    @Provides @IntoSet
    String string4() {
        return "child string 2";
    }
}
```

```java
@Test
public void testMultibindingWithSubcomponent(){
    ParentComponent parentComp = DaggerParentComponent.create();
    ChildComponent childComp = parentComp.childCompBuilder().build();

    System.out.println("List set in Parent");

    Iterator itr = parentComp.strings().iterator();
    while(itr.hasNext()){
        System.out.println(itr.next());
    }

    System.out.println("List set in Child");

    itr = childComp.strings().iterator();
    while(itr.hasNext()){
        System.out.println(itr.next());
    }
}
```

▼ 실행 결과

```
List set in Parent
parent string 1
parent string 2
List set in Child
child string 2
child string 1
parent string 1
parent string 2
```

추상적인 멀티 바인딩 선언하기

컴포넌트는 여러 모듈을 사용할 수 있어 다른 모듈에 의해 멀티 바인드를 사용할 수도 있고 사용하지 않을 수도 있는 경우가 있다. 멀티 바인딩 사용 여부와 관계없이 멀티 바인드를 컴포넌트 내에서 지원하는 @Multibinds 애노테이션을 사용한 멀티 바인딩을 선언할 수 있다.

멀티 바인딩의 선언은 @Multibinds 애노테이션을 사용한다. @Multibinds 애노테이션은 모듈 내의 매개 변수를 갖지 않는 추상 메서드에 사용할 수 있으며, 이 메서드는 반환 타입이 Map 또는 Set여야 한다. 다음 예제를 통해 모듈 내에서 멀티 바인딩을 어떻게 선언하는지 확인할 수 있다.

```
@Module
public abstract class MultibindsModules {
    @Multibinds
    abstract Set<String> strings();
}
```

앞의 모듈을 컴포넌트에 추가하고 선언된 멀티 바인딩 Set를 컴포넌트의 메서드로 추가한다면 다음과 같다.

```
@Component(modules = MultibindsModules.class)
public interface MultibindsComponent {
    Set<String> getStrings();
}
```

해당 컴포넌트를 생성해서 Set의 내용을 조회한 결과는 다음과 같다.

```
@Test
@Test
public void testMultibinds(){
    MultibindsComponent component =
                            DaggerMultibindsComponent.create();
    //비어 있음
    for (String s : component.getStrings()) {
        System.out.println(s);
    }
}
```

▼ 실행 결과

비어 있는 Set이므로 아무것도 출력되지 않는다. 외부로부터 멀티 바인딩된 객체가 컴포넌트의 의존성으로 추가된다면 Set를 조회했을 때 무언가 출력되는 것을 확인할 수도 있다. 비어 있는 Set를 멀티 바인딩한 효과와 같아 다음과 같이 @Multibinds 애노테이션을 사용하지 않고 @ElementsIntoSet만을 사용해서 멀티 바인딩을 선언할 수도 있다.

```
@Module
public abstract class MultibindsModules {
    @Provides
    @ElementsIntoSet
```

```
    static Set<String> emptyStrings(){
        return Collections.emptySet();
    }
}
```

13 컴포넌트 간의 의존 관계

지금까지는 하나의 컴포넌트만 생성하는 예제를 다루었지만, 다수의 컴포넌트를 생성하고 상호 간의 의존 관계를 맺을 수도 있다. Dagger에서는 컴포넌트 간의 의존 관계를 맺는 데 서브 컴포넌트와 컴포넌트 상속 두 가지 방법을 제공한다.

서브 컴포넌트

두 개의 컴포넌트를 연관 짓는 가장 쉬운 방법은 서브 컴포넌트를 선언하는 것이다. 서브 컴포넌트는 컴포넌트와 아주 비슷한 방식으로 동작하지만 상위 컴포넌트 내에 구현된다는 점에서 일반 컴포넌트와 다르다. 여기서 말하는 상위 컴포넌트는 컴포넌트가 될 수도 있고, 서브 컴포넌트가 될 수도 있다. 다시 말하자면 서브 컴포넌트 내에 다른 서브 컴포넌트를 구성하는 것이 가능하다. 서브 컴포넌트는 상위 컴포넌트의 바인딩된 모든 의존성을 제공받는다. 하지만 상위 컴포넌트가 하위 컴포넌트의 의존성을 제공받을 순 없다.

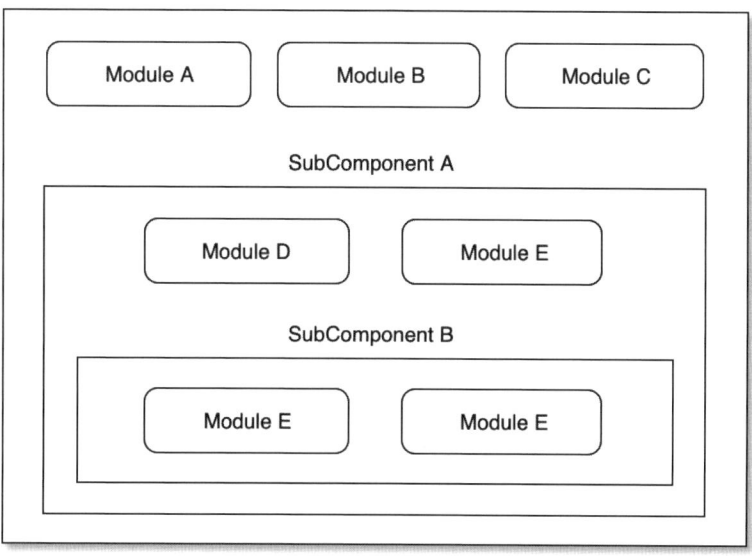

[그림 2-2] 애플리케이션 컴포넌트의 오브젝트 그래프 예시

앞의 그림을 예로 설명하자면 서브 컴포넌트 B는 서브 컴포넌트 A와 컴포넌트가 가진 모듈로부터 의존성을 제공받을 수 있다. 서브 컴포넌트 A는 컴포넌트의 모듈로부터 의존성을 제공받을 수 있지만 서브 컴포넌트 B의 의존성은 제공받지 못한다. 컴포넌트는 서브 컴포넌트들이 가진 의존성을 제공받을 수 없다.

서브 컴포넌트 정의

컴포넌트를 만들 때와 마찬가지로 추상 클래스 또는 인터페이스에 @Component 대신 @Subcomponent를 붙이는 것으로 서브 컴포넌트를 정의할 수 있다. 마찬가지로 @Subcomponent 속성의 modules에 바인딩하려는 모듈 클래스들을 추가한다. 서브 컴포넌트를 만들려면 빌더 또는 팩토리를 반드시 정의해야 한다.

서브 컴포넌트의 이해를 돕고자 서브 컴포넌트를 활용한 카페 예제를 하나 만들어 본다. 카페를 가면 에스프레소 머신이 있고, 이 머신에 커피콩과 물을 더해 커피를 만들 수 있다. 카페 쪽이 컴포넌트가 되고, 에스프레소 머신 쪽이 서브 컴포넌트가 될 것이다. 먼저 서브 컴포넌트를 정의해 본다.

```java
@Subcomponent(modules = MachineModule.class)
public interface MachineComponent {
    Coffee getCoffee();
    void inject(Machine machine);

    @Subcomponent.Builder
    interface Builder{
        Builder setMachineModule(MachineModule coffeeMachineModule);
        MachineComponent build();
    }
}
```

```java
public class Coffee {
    @Inject
    public Coffee(CoffeeBean coffeeBean, Water water){...}
}
```

```java
public class Machine {
    private MachineComponent component;
    public Machine(MachineComponent.Builder builder){
        component = builder.setMachineModule(new MachineModule())
                .build();
        component.inject(this);
    }

    public Coffee extract(){
        return component.getCoffee();
    }
}
```

```java
@Module
public class MachineModule {
```

```
    @Provides
    CoffeeBean provideCoffeeBean(){
        return new CoffeeBean();
    }
}
```

```
public class CoffeeBean {...}
```

Machine을 위한 서브 컴포넌트가 준비되었다.

서브 컴포넌트 추가

서브 컴포넌트인 MachineComponent를 정의했다면 컴포넌트에 서브 컴포넌트로 추가해야 한다. 컴포넌트에 서브 컴포넌트를 추가하려면 컴포넌트가 가진 @Module 의 멤버인 subcomponents에 서브 컴포넌트 클래스를 추가해야 한다. 서브 컴포넌트가 연결되었다면, 연결된 컴포넌트 모듈로부터 서브 컴포넌트의 빌더를 요청할 수 있다.

```
@Component(modules = CafeModule.class)
public interface CafeComponent {
    void inject(Cafe cafe);
}
```

```
public class Cafe{
    @Inject
    Machine coffeeMachine;

    public Cafe(){
        DaggerCafeComponent.create().inject(this);
    }
}
```

```
    public Coffee orderCoffee(){
        return coffeeMachine.extract();
    }
}


@Module(subcomponents = MachineComponent.class)
public class CafeModule {


    @Provides
    Water provideWater(){
        return new Water();
    }

    @Provides
    Machine provideMachine(MachineComponent.Builder builder){
        return new Machine(builder);
    }
}


public class Water {...}
```

컴포넌트에 연결된 CafeModule로부터 Machine을 제공받을 수 있게 되었고, Machine의 생성자 매개 변수로는 서브 컴포넌트로부터 빌더를 제공받아 객체를 생성하는 것을 확인할 수 있다.

이제 카페에 커피를 주문해 본다.

```
public class CoffeeUnitTest {
    @Test
    public void testCafe(){
        Cafe cafe = new Cafe();
        System.out.println(cafe.orderCoffee());
        System.out.println(cafe.orderCoffee());
```

```
        System.out.println(cafe.orderCoffee());
    }
}
```

▼ 실행 결과

com.charlezz.dagger2exam.subcomponent.Coffee@1376c05c
com.charlezz.dagger2exam.subcomponent.Coffee@51521cc1
com.charlezz.dagger2exam.subcomponent.Coffee@1b4fb997

서브 컴포넌트의 특징

앞에서 살펴본 CafeComponent와 MachineComponent의 관계를 오브젝트 그래프로 살펴본다.

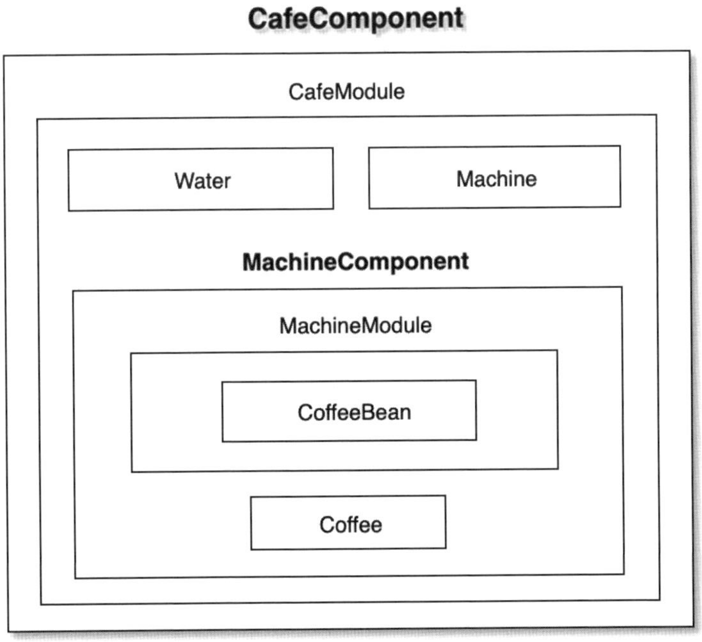

[그림 2-3] CafeComponent 오브젝트 그래프

MachineComponent는 CafeComponent의 일부분으로 CafeComponent가 가진 CafeModule로부터 모듈이 가진 의존성을 제공받을 수 있지만, CafeComponent는 MachineComponent.Builder를 제외하고는 서브 컴포넌트가 가진 모듈의 의존성을 제공받을 수 없다.

서브 컴포넌트는 독립적인 생명 주기를 갖는다. 컴포넌트가 존재하는 동안 서브 컴포넌트는 생성과 소멸을 반복할 수 있는 것이 특징이다. 컴포넌트가 소멸하면 서브 컴포넌트도 같이 소멸한다.

컴포넌트의 상속

서브 컴포넌트는 오브젝트 그래프 내의 하위 그래프를 작성하는 가장 간단한 방법이지만 서브 컴포넌트는 부모 컴포넌트와 밀접하게 연결되어 분리가 어렵다. 서브 컴포넌트의 대안으로 컴포넌트의 상속이 있다. 컴포넌트가 다른 컴포넌트를 상속하는 방법이다. 컴포넌트를 상속하는 방법은 @Component 애노테이션의 dependencies 속성에 상속하려는 컴포넌트의 클래스를 추가하면 된다. 상속한 컴포넌트의 의존성을 사용하려면 상속한 컴포넌트가 해당 의존성을 프로비전 메서드로 반드시 제공해야 한다. 다음 예제를 통해 컴포넌트를 상속하는 방법을 확인한다. 먼저 두 개의 다른 컴포넌트를 준비해야 한다.

```java
@Component(modules = ModuleA.class)
public interface ComponentA {
    String provideString();//프로비전 메서드
}
```

```java
@Module
public class ModuleA {
    @Provides
    String provideString(){
```

```
        return "String from ModuleA";
    }
}
```

```
@Component(
modules = ModuleB.class,
dependencies = ComponentA.class)
public interface ComponentB {
    void inject(Foo foo);
}
```

```
@Module
public class ModuleB {
    @Provides
    Integer provideInteger(){
        return 100;
    }
}
```

```
public class Foo {
    @Inject
    public String str;

    @Inject
    public Integer integer;
}
```

각각의 컴포넌트는 서로 다른 모듈에 의존하고, ComponentB는 ComponentA를 상속하는 모습이다. ComponentA의 프로비전 메서드로 provideString을 선언하였으므로, ComponentB는 ComponentA로부터 String 타입의 의존성을 제공받을 수 있다. 테스트를 통해 컴포넌트 상속이 제대로 이루어졌는지 확인해 본다.

```java
@Test
public void testDependency(){
    Foo foo = new Foo();
    ComponentA componentA = DaggerComponentA.create();
    ComponentB componentB = DaggerComponentB.builder()
            .componentA(componentA)
            .build();
    componentB.inject(foo);
    System.out.println(foo.str);//String From ModuleA
    System.out.println(foo.integer);//100
}
```

▼ 실행 결과

```
String from ModuleA
100
```

14 안드로이드와 Dagger2

안드로이드를 위한 기본적인 접근 방식

안드로이드에 Dagger를 사용하려면 안드로이드의 다음 특성에 대해 먼저 이해해야 한다. 첫째, 안드로이드는 하나의 애플리케이션 내에서 액티비티 또는 서비스 같은 생명 주기를 갖는 컴포넌트로 구성된다. 둘째, 프래그먼트는 단독으로 존재할 수 없으며, 반드시 액티비티 내에 존재한다. 셋째, 애플리케이션을 포함한 액티비티 또는 서비스와 같은 컴포넌트는 시스템에 의해서만 인스턴스화된다.

이 세 가지 특성을 중점으로 고려하여 컴포넌트 그래프를 만들면 다음과 같은 형태를 띤다.

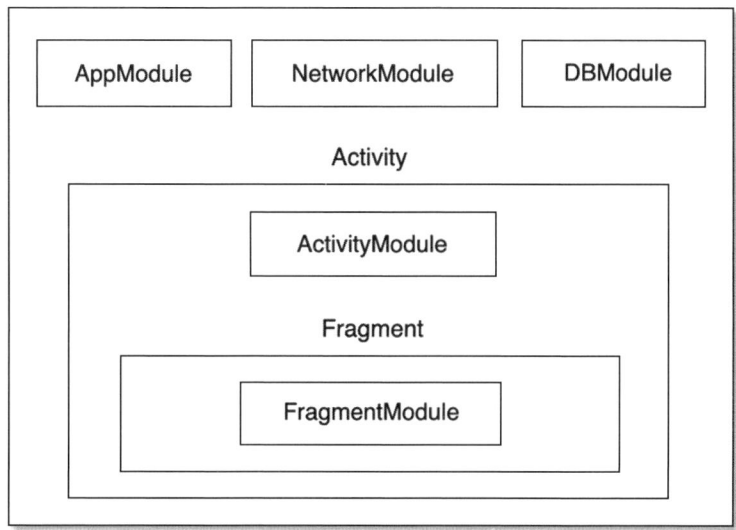

[그림 2-4] 안드로이드 Application Component 예시

애플리케이션의 생명 주기 동안 다양한 액티비티 및 서비스가 생성과 소멸을 반복할 수 있고, 하나의 액티비티 내에서는 마찬가지로 여러 프래그먼트가 생성과 소멸을 반복할 수 있다. 가장 큰 범위인 애플리케이션에서 일어나는 일들이므로 애플리케이션 생명 주기와 Dagger 컴포넌트의 생명 주기를 같이하는 애플리케이션 컴포넌트를 만든다. 액티비티 또는 서비스를 위한 Dagger 컴포넌트는 애플리케이션 컴포넌트의 서브 컴포넌트로 구성하고, 프래그먼트는 액티비티(서브) 컴포넌트의 서브 컴포넌트로 다시 지정한다.

애플리케이션 컴포넌트 생성을 위한 AppComponent 코드는 다음과 같다.

```
@Component(modules = AppModule.class)
@Singleton
public interface AppComponent {
    MainActivityComponent.Builder mainActivityComponentBuilder();
    void inject(App app);
```

```
    @Component.Factory
    interface Factory {
        AppComponent create(
                @BindsInstance App app,
                AppModule appModule
        );
    }
}

@Module(subcomponents = MainActivityComponent.class)
public class AppModule {

    @Provides
    @Singleton
    SharedPreferences provideSharedPreferences(App app){
        return app.getSharedPreferences(
                "default",
                Context.MODE_PRIVATE
        );
    }
}
```

AppComponent는 빌더 또는 팩토리를 통해 생성되는데 AppComponent에서는 팩토리를 정의했다. 팩토리에서 create 메서드의 매개 변수로 애플리케이션 컴포넌트의 모듈로 AppModule과 애플리케이션 클래스인 App을 받는다.

```
public class App extends Application {

    private AppComponent appComponent;

    @Override
    public void onCreate() {
        super.onCreate();
        appComponent = DaggerAppComponent.factory()
```

```
                .create(this, new AppModule());
    }

    public AppComponent getAppComponent(){
        return appComponent;
    }
}
```

App 클래스를 매니페스트에 등록하는 것을 잊지 않도록 한다.

```
<manifest ...>

    <application
            ...
            android:name=".App">
            ...
    </application>

</manifest>
```

애플리케이션 인스턴스는 시스템에 의해서만 생성될 수 있어 애플리케이션이 생성된 후 팩토리의 @BindsInstance 메서드를 통해 오브젝트 그래프에 바인딩한다.

AppModule에서는 애플리케이션의 생명 주기 동안 싱글턴으로 취급할 Shared Preference를 제공하며, 싱글턴이 아닌 매번 인스턴스를 생성하거나 시스템으로부터 가져오고 싶다면 @Singleton 애노테이션을 제거하면 된다.

액티비티를 위한 컴포넌트는 서브 컴포넌트로 구성해야 하므로 서브 컴포넌트의 클래스를 애플리케이션 모듈의 멤버로 추가했다. 서브 컴포넌트와 서브 컴포넌트의 빌더가 정의되었다면, 컴포넌트에서는 서브 컴포넌트의 빌더를 반환하는 프로비전 메서드를 가질 수 있다.

다음 MainActivity를 위한 서브 컴포넌트 클래스를 살펴본다.

```
@Subcomponent(modules = MainActivityModule.class)
@ActivityScope
public interface MainActivityComponent {
    MainFragmentComponent.Builder mainFragmentComponentBuilder();

    void inject(MainActivity activity);

    @Subcomponent.Builder
    interface Builder {
        Builder setModule(MainActivityModule module);
        @BindsInstance
        Builder setActivity(MainActivity activity);
        MainActivityComponent build();
    }

}
```

```
@Module(subcomponents = MainFragmentComponent.class)
public class MainActivityModule {
    @Provides
    @ActivityScope
    String provideActivityName(){
        return MainActivity.class.getSimpleName();
    }

}
```

애플리케이션과 범위를 구분 짓도록 사용자 정의 한정자인 @ActivityScope를 사용했다. 이로써 MainActivityModule 내의 @ActivityScope를 가진 바인딩 메서드들은 액티비티 생명 주기 동안 동일한 인스턴스 제공을 보장받을 수 있다.

애플리케이션과 마찬가지로 액티비티 인스턴스 또한 시스템에 의해서 생성되므로 액티비티의 생명 주기 콜백 내에서 서브 컴포넌트 빌드 시 바인딩할 수 있도록 @Binds

Instance 세터 메서드를 통해 액티비티 인스턴스를 바인딩한다.

액티비티를 위한 컴포넌트 모듈에서는 프래그먼트를 위한 서브 컴포넌트를 추가했다.

```java
public class MainActivity extends AppCompatActivity {

    @Inject
    SharedPreferences sharedPreferences;

    @Inject
    String activityName;

    MainActivityComponent component;

    @Override
    protected void onCreate(Bundle savedInstanceState) {
        super.onCreate(savedInstanceState);
        setContentView(R.layout.activity_main);

        component = ((App)getApplication()).getAppComponent()
                .mainActivityComponentBuilder()
                .setModule(new MainActivityModule())
                .setActivity(this)
                .build();
        component.inject(this);

        getSupportFragmentManager().beginTransaction()
                .replace(R.id.container, new MainFragment())
                .commit();

    }

    public MainActivityComponent getComponent() {
        return component;
    }

}
```

▼ res/layout/activity_main.xml

```xml
<?xml version="1.0" encoding="utf-8"?>
<androidx.constraintlayout.widget.ConstraintLayout
        xmlns:android="http://schemas.android.com/apk/res/android"
        xmlns:app="http://schemas.android.com/apk/res-auto"
        xmlns:tools="http://schemas.android.com/tools"
        android:layout_width="match_parent"
        android:layout_height="match_parent"
        tools:context=".MainActivity">

    <FrameLayout
            android:id="@+id/container"
            android:layout_width="0dp"
            android:layout_height="0dp"
            app:layout_constraintStart_toStartOf="parent"
            app:layout_constraintEnd_toEndOf="parent"
            app:layout_constraintTop_toTopOf="parent"
            app:layout_constraintBottom_toBottomOf="parent"
            />

</androidx.constraintlayout.widget.ConstraintLayout>
```

앞의 코드는 애플리케이션으로부터 AppComponent 인스턴스를 가져와서 MainActivityComponent.Builder를 제공받아 액티비티 모듈과 인스턴스를 바인딩하고 MainActivityComponent를 생성한 뒤 의존성을 주입하는 모습이다. 애플리케이션 컴포넌트로부터 SharedPreference를 주입받고, 액티비티 컴포넌트로부터 String 객체를 주입받았다.

프래그먼트도 액티비티와 동일하게 서브 컴포넌트를 정의한 후 프래그먼트 범위 내에서 의존성을 주입할 수 있다. 다음 프래그먼트 컴포넌트와 모듈 코드를 확인한다.

```java
@FragmentScope
@Subcomponent(modules = MainFragmentModule.class)
public interface MainFragmentComponent {
```

```java
    void inject(MainFragment mainFragment);

    @Subcomponent.Builder
    interface Builder {
        MainFragmentComponent.Builder setModule(MainFragmentModule module);
        @BindsInstance
        MainFragmentComponent.Builder setFragment(MainFragment fragment);
        MainFragmentComponent build();
    }
}


@Module
public class MainFragmentModule {

    @Provides
    @FragmentScope
    Integer provideInt(){
        return new Random().nextInt();
    }
}

public class MainFragment extends Fragment {

    @Inject
    SharedPreferences sharedPreferences;

    @Inject
    String activityName;

    @Inject
    Integer randomNumber;

    @Override
    public void onAttach(Context context) {
        super.onAttach(context);
        if (getActivity() instanceof MainActivity) {
```

```
            ((MainActivity) getActivity()).getComponent()
                    .mainFragmentComponentBuilder()
                    .setModule(new MainFragmentModule())
                    .setFragment(this)
                    .build()
                    .inject(this);

        }

        Log.d("MainFragment", activityName);
        Log.d("MainFragment", "randomNumber = "+randomNumber);
    }
}
```

앱을 빌드하고 실행한 뒤 로그 캣을 확인하면 다음과 같은 로그가 출력된다.

```
D/MainFragment: MainActivity
D/MainFragment: randomNumber = 1541652
```

보일러 플레이트 코드 제거

android.dagger.* 패키지 활용하기

앞에서 안드로이드를 위한 오브젝트 그래프를 설계하는 방법에 대해서 알아보았다. 하지만 여기에는 다음과 같은 문제점들이 있다.

- 비슷한 형태의 반복되는 보일러 플레이트 코드들이 생성된다.
- 리팩토링이 쉽지 않다.
- 멤버 주입 메서드의 매개 변수로 정확한 타입을 알아야 한다.

이러한 문제점들을 해결하도록 Dagger에서는 안드로이드를 위한 dagger.android

패키지를 제공한다. 액티비티에 의존성을 주입한다고 가정하고 기존 코드를 다시 고쳐 본다.

가장 먼저 해야 할 일은 AndroidInjectionModule을 추가하는 것이다. AndroidInjectionModule에는 안드로이드 프레임워크 관련 클래스에 의존성 주입을 위임할 AndroidInjector<?>의 팩토리를 멀티 바인딩으로 관리한다.

AndroidInjectionModule과 AndroidInjector를 구현한 AppComponent의 모습은 다음과 같다.

```
@Singleton
@Component(modules = {AndroidInjectionModule.class, AppModule.class})
public interface AppComponent extends AndroidInjector<App> {

    @Component.Factory
    interface Factory extends AndroidInjector.Factory<App>{

    }
}
```

AndroidInjector는 멤버 인젝션을 위한 inject() 메서드가 포함되고, AndroidInjector.Factory는 App 인스턴스를 그래프에 바인딩하고 Component를 반환하는 create() 메서드가 이미 포함되어 있으므로 별도로 정의할 필요는 없다.

AppModule에서는 MainActivity의 인스턴스에 멤버 인젝션을 담당할 MainActivitySubcomponent를 서브 컴포넌트로 연결한다.

```
@Module(subcomponents = MainActivitySubcomponent.class)
public abstract class AppModule {
    @Named("app")
    @Provides
    @Singleton
```

```
    static String provideString(){
        return "String from AppModule";
    }

    @Binds
    @IntoMap
    @ClassKey(MainActivity.class)
    abstract AndroidInjector.Factory<?> bindAndroidInjectorFactory(MainAct
    ivitySubcomponent.Factory factory);
}
```

@Singleton 스코프에서 의존성을 주입하는지 확인하도록 문자열을 하나 반환하는 프로바이드 메서드를 정의했다.

bindAndroidInjectorFactory 메서드는 AndroidInjectionModule 내부에 있는 Map에 AndroidInjector.Factory를 멀티 바인딩한다. 이로써 서브 컴포넌트들이 편하게 멤버 인젝션을 할 수 있도록 인젝터 팩토리들을 멀티 바인딩으로 관리한다.

```
public class App extends Application implements HasAndroidInjector {

    @Inject
    DispatchingAndroidInjector<Object> dispatchingAndroidInjector;

    @Override
    public void onCreate() {
        super.onCreate();
        DaggerAppComponent.factory()
                .create(this)
                .inject(this);
    }

    @Override
    public AndroidInjector<Object> androidInjector() {
        return dispatchingAndroidInjector;
    }
}
```

MainActivity의 의존성 주입을 담당할 MainActivitySubcomponent와 MainActivity Module을 다음과 같이 선언한다.

```java
@ActivityScope
@Subcomponent(modules = {MainActivityModule.class})
public interface MainActivitySubcomponent extends
AndroidInjector<MainActivity> {

    @Subcomponent.Factory
    interface Factory extends AndroidInjector.Factory<MainActivity>{

    }
}
```

```java
@Module(subcomponents = MainFragmentSubcomponent.class)
public abstract class MainActivityModule {

    @Named("activity")
    @Provides
    @ActivityScope
    static String provideString(){
        return "String from MainActivityModule";
    }

    @Binds
    @IntoMap
    @ClassKey(MainFragment.class)
    abstract AndroidInjector.Factory<?> bindInjectorFactory(MainFragmentSu
    bcomponent.Factory factory);

}
```

MainActivitySubcomponent는 AppComponent에 포함되는 서브 컴포넌트이므로 @Subcomponent 애노테이션을 선언하였다.

MainActivitySubcomponent가 서브 컴포넌트지만 자신의 하위에 다시 서브 컴포넌트를 가질 수 있다. MainFragment에 멤버 인젝션을 하기 위한 MainFragmentSubcomponent를 연결했다.

@ActivityScope에서 문자열을 제공하는 프로바이드 메서드를 하나 선언했으며, 마찬가지로 MainFragment를 위한 인젝터 팩토리를 멀티 바인딩한다.

모든 준비가 끝났다면 액티비티에서 super.onCreate() 메서드를 호출하기 전에 AndroidInjection.inject()를 호출하도록 한다.

```java
public class MainActivity extends AppCompatActivity implements HasAndroidInjector {
    @Inject
    DispatchingAndroidInjector<Object> androidInjector;

    @Inject
    @Named("app")
    String appString;

    @Inject
    @Named("activity")
    String activityString;

    @Override
    protected void onCreate(Bundle savedInstanceState) {
        AndroidInjection.inject(this);
        Log.e("MainActivity", appString);
        Log.e("MainActivity", activityString);
        super.onCreate(savedInstanceState);
        setContentView(R.layout.activity_main);
        getSupportFragmentManager().beginTransaction()
                .replace(R.id.container, new MainFragment())
                .commit();
    }

    @Override
```

```
    public AndroidInjector<Object> androidInjector() {
        return androidInjector;
    }
}
```

AndroidInjection.inject()를 호출하면 App으로부터 DispatchingAndroidInjector<Object>를 얻고 이를 통해 MainActivity에 맞는 AndroidInjector.Factory를 클래스 이름을 통해 찾는다. 팩토리를 통해 생성된 MainActivitySubcomponent는 액티비티에서 호출한 inject()를 통해 의존성 주입이 완료된다.

멤버 인젝션 이후 로그가 잘 출력되는지 확인한다.

프래그먼트의 경우도 액티비티 오브젝트 그래프를 형성하는 것과 다르지 않다. 서브 컴포넌트를 정의하고 액티비티와 똑같은 방식으로 주입하면 된다. MainFragment용 서브 컴포넌트와 모듈을 정의해 본다.

```
@FragmentScope
@Subcomponent(modules = MainFragmentModule.class)
public interface MainFragmentSubcomponent extends
AndroidInjector<MainFragment> {

    @Subcomponent.Factory
    interface Factory extends AndroidInjector.Factory<MainFragment>{
    }
}
```

```
@Module
public class MainFragmentModule {

    @Named("fragment")
    @Provides
    @FragmentScope
    String provideString(){
```

```
        return "String from fragment";
    }

}
```

다만 액티비티는 onCreate() 호출 시점에서 주입하는 데 반해 프래그먼트는 onAttach()에서 super.onAttach()가 호출되기 전에 주입하면 된다. 다음 코드를 확인해 본다.

```java
public class MainFragment extends Fragment {
    @Inject
    @Named("app")
    String appString;

    @Inject
    @Named("activity")
    String activityString;

    @Inject
    @Named("fragment")
    String fragmentString;

    @Override
    public void onAttach(Context context) {
        AndroidSupportInjection.inject(this);
        Log.e("MainFragment", appString);
        Log.e("MainFragment", activityString);
        Log.e("MainFragment", fragmentString);
        super.onAttach(context);
    }
}
```

앱을 빌드 후 실행한 다음 로그가 출력되는지 확인한다.

```
E/MainActivity: String from AppModule
E/MainActivity: String from MainActivityModule
```

```
E/MainFragment: String from AppModule
E/MainFragment: String from MainActivityModule
E/MainFragment: String from fragment
```

@ContributesAndroidInjector 애노테이션 활용하기

만약 서브 컴포넌트의 팩토리가 다른 메서드나 클래스를 상속하지 않는다면 @ContributesAndroidInjector를 활용해 서브 컴포넌트를 정의하는 코드를 대체함으로써 서브 컴포넌트를 위한 보일러 플레이트 코드를 더 줄일 수 있다.

@ContributesAndroidInjector 애노테이션을 활용한 전체 소스 코드를 확인하고 앞에서 다룬 코드와 무엇이 다른지 확인해 본다.

```java
@Singleton
@Component(modules = {AndroidInjectionModule.class, AppModule.class})
public interface AppComponent extends AndroidInjector<App> {

    @Component.Factory
    interface Factory extends AndroidInjector.Factory<App>{

    }
}
```

```java
@Module
public abstract class AppModule {
    @Named("app")
    @Provides
    @Singleton
    static String provideString(){
        return "String from AppModule";
    }

    @ActivityScope
```

```
    @ContributesAndroidInjector(modules = MainActivityModule.class)
    abstract MainActivity mainActivity();
}
```

```
public class App extends DaggerApplication {

    @Override
    protected AndroidInjector<? extends DaggerApplication>
    applicationInjector() {
        return DaggerAppComponent.factory()
                .create(this);
    }
}
```

```
@Module
public abstract class MainActivityModule {

    @Named("activity")
    @Provides
    @ActivityScope
    static String provideString(){
        return "String from MainActivityModule";
    }

    @FragmentScope
    @ContributesAndroidInjector(modules = MainFragmentModule.class)
    abstract MainFragment mainFragment();

}
```

```
public class MainActivity extends DaggerAppCompatActivity {

    @Inject
    @Named("app")
    String appString;
```

```java
    @Inject
    @Named("activity")
    String activityString;

    @Override
    protected void onCreate(Bundle savedInstanceState) {
        AndroidInjection.inject(this);
        Log.e("MainActivity", appString);
        Log.e("MainActivity", activityString);
        super.onCreate(savedInstanceState);
        setContentView(R.layout.activity_main);
        getSupportFragmentManager().beginTransaction()
                .replace(R.id.container, new MainFragment())
                .commit();
    }

}
```

```java
@Module
public class MainFragmentModule {

    @Named("fragment")
    @Provides
    @FragmentScope
    String provideString(){
        return "String from fragment";
    }

}
```

```java
public class MainFragment extends DaggerFragment {
    @Inject
    @Named("app")
    String appString;

    @Inject
```

```java
    @Named("activity")
    String activityString;

    @Inject
    @Named("fragment")
    String fragmentString;

    @Override
    public void onAttach(Context context) {
        AndroidSupportInjection.inject(this);
        Log.e("MainFragment", appString);
        Log.e("MainFragment", activityString);
        Log.e("MainFragment", fragmentString);
        super.onAttach(context);
    }
}
```

우선 서브 컴포넌트를 정의하던 코드들을 모두 제거하고 상위 컴포넌트의 @ContributesAndroidInjector 정의로 대체된 것을 확인할 수 있다.

그 외에도 Application 대신 DaggerApplication을 상속하고, AppCompatActivity 대신 DaggerAppCompatActivity를 상속했다. 마지막으로 Fragment 대신 DaggerFragment를 상속했다. Dagger에서 제공하는 Dagger 베이스 클래스를 상속함으로써 많은 보일러 플레이트 코드를 제거할 수 있다. 만약 베이스 클래스를 기존 프로젝트에 적용할 수 없다면 베이스 클래스 내부를 참조하여 HasAndroidInjector 인터페이스를 직접 구현한다.

Dagger 베이스 클래스

DispatchingAndroidInjector는 AndroidInjector.Factory를 런 타임에 찾도록 HasAndroidInjector를 구현하게 되고, 매번 액티비티 또는 프래그먼트 등에서 AndroidInjection.inject()를 호출하는 것 또한 보일러 플레이트 코드이므로 이를 구

현할 Base 클래스를 작성할 수 있다. Dagger는 이를 기본적으로 android.dagger 패키지에서 제공한다. DaggerApplication 클래스의 예제를 먼저 살펴본다.

```java
public class App extends DaggerApplication{

    @Override
    protected AndroidInjector<? extends DaggerApplication>
    applicationInjector() {
        return DaggerAppComponent.factory().create(this);
    }
}
```

DaggerApplication을 상속한 App 클래스를 작성하면 applicationInjector() 메서드를 구현해야 하는데, 이때 애플리케이션 컴포넌트를 반환시키는 코드를 작성하기만 하면 기존의 모든 코드를 대체할 수 있다.

액티비티 상속 클래스 또한 DaggerActivity 또는 DaggerAppCompatActivity 같은 타입을 사용하면 HasAndroidInjector를 따로 구현할 필요가 없다.

```java
public class MainActivity extends DaggerAppCompatActivity {

    @Inject
    SharedPreferences sharedPreferences;

    @Inject
    String activityName;

    @Override
    protected void onCreate(Bundle savedInstanceState) {
        super.onCreate(savedInstanceState);
        setContentView(R.layout.activity_main);

        getSupportFragmentManager().beginTransaction()
                .replace(R.id.container, new MainFragment())
```

```
                .commit();

    }
}
```

Dagger는 이외에도 다음과 같은 기본 프레임워크 타입을 지원한다.

- DaggerApplication
- DaggerActivity
- DaggerFragment
- DaggerService
- DaggerIntentService
- DaggerBroadcastReceiver
- DaggerContentProvider

DaggerBroadcastReceiver를 사용하는 경우 Androidmanifest.xml에 브로드캐스트 리시버가 등록되어야 하며 직접 리시버 인스턴스를 생성하는 경우 생성자 주입을 사용해야 한다.

CHAPTER 03

RxJava와 함께하는 반응형 프로그래밍

CHAPTER 03
RxJava와 함께하는 반응형 프로그래밍

1 RxJava란?

RxJava란 ReactiveX(Reactive Extensions)를 자바로 구현한 라이브러리다. ReactiveX는 Microsoft사 주도 아래 옵서버 패턴, 이터레이터 패턴, 함수형 프로그래밍의 장점과 개념을 접목한 반응형 프로그래밍 기법을 의미한다. RxJava는 이벤트 처리 및 비동기 처리의 구성에 최적화된 라이브러리다. Observable 추상화 및 관련 상위 함수에 중점을 둔 단일 JAR로 가벼운 라이브러리이며, 현재 Java 6 버전 이후부터 지원하며 Java 이외에도 C++, Swift, C#, JavaScript 등 여러 언어를 지원한다.

RxJava 설정하기

RxJava를 프로젝트에 설정하려면 모듈 레벨의 build.gradle에 다음과 같은 내용을 추가한다.

```
dependencies{
    implementation "io.reactivex.rxjava3:rxjava:3.0.0"
}
```

RxJava의 최신 버전은 https://github.com/ReactiveX/RxJava에서 확인 가능하다.

```
dependencies{
    implementation 'io.reactivex.rxjava3:rxandroid:3.0.0'
    implementation 'io.reactivex.rxjava3:rxjava:3.0.0'
}
```

RxAndroid는 RxJava에 Android용 스케쥴러 등 몇 가지 클래스를 추가해 안드로이드 개발을 쉽게 해주는 역할을 하는 라이브러리다. 이 라이브러리는 새로운 버전의 배포가 드물지만 최신 버전의 RxJava와 함께 사용하는 것을 권장한다.

이 책에 나오는 예제들은 RxJava와 RxAndroid를 적용한 예제로 구성된다.

Java 8 언어 기능 사용하기

안드로이드 스튜디오 3.0 이상에서는 플랫폼 버전에 따라 Java 8 언어 기능을 부분적으로 지원하지만, 람다식 및 메서드 참조 등의 기능은 모든 버전에서 호환된다.

Java 8의 기능을 지원하려면 build.gradle에 다음과 같은 코드를 삽입한다.

```
android {
    ...
    compileOptions {
        sourceCompatibility JavaVersion.VERSION_1_8
        targetCompatibility JavaVersion.VERSION_1_8
    }
    // 코틀린 프로젝트라면 아래 내용도 추가한다.
    kotlinOptions {
        jvmTarget = "1.8"
    }
}
```

반응형 프로그래밍이란?

반응형 프로그래밍(Reactive Programming)이란 주변 환경과 끊임없이 상호 작용을 하는 프로그래밍을 의미하며, 프로그램이 주도하는 것이 아닌 환경이 변하면 이벤트를 받아 동작하도록 만드는 프로그래밍 기법을 말한다. 반응형 프로그램은 외부 요구에 끊임없이 반응하고 처리한다.

명령형 프로그래밍과 반응형 프로그래밍의 차이

프로그래밍 패러다임의 형태에는 여러 가지가 있다. 그중 반응형 프로그래밍과 반대되는 명령형 프로그래밍의 차이를 알아본다.

명령형 프로그래밍은 작성된 코드가 정해진 순서대로 실행되는 방식의 프로그래밍을 의미한다. 코드가 순서대로(Statement by statement) 실행되므로 개념적으로 친밀하고, 직접적으로 구체화하여 이해하기 쉽다. 코드가 순서대로 실행된다는 의미는 개발자가 작성한 조건문, 반복문 또는 함수 호출 등에 의해 컴파일러가 다른 코드로 이동하는 것을 뜻한다. 디버거가 코드의 명령문을 명확하게 가리킬 수 있고 다음 코드 라인이 무엇인지 명확하게 알 수 있다. 다음 예제 코드를 살펴본다.

```java
@Test
public void imperative_programming() {
    ArrayList<Integer> items = new ArrayList<>();
    items.add(1);
    items.add(2);
    items.add(3);
    items.add(4);
    //짝수만 출력
    for (Integer item : items) {
        if (item % 2 == 0) {
            System.out.println(item);
        }
    }
}
```

```
    items.add(5);
    items.add(6);
    items.add(7);
    items.add(8);
}
```

앞의 코드는 다음과 같이 정리할 수 있다.

1. 리스트를 만든다.
2. 리스트에 1부터 4까지 아이템을 순차적으로 추가한다.
3. items라는 리스트를 순회하며, 짝수를 출력한다.
4. 리스트에 5부터 8까지 아이템을 순차적으로 추가한다.

▼ 실행 결과

```
2
4
```

출력 명령 이후 리스트에 아이템을 추가해도 콘솔에는 영향을 끼치지 않는다.

반응형 프로그래밍은 시간순으로 들어오는 모든 데이터의 흐름을 스트림으로 처리하며, 하나의 데이터 흐름은 다른 데이터 흐름으로 변형되기도 하고, 여러 데이터 흐름이 하나의 데이터 흐름으로 변경될 수도 있다. 간단한 예제를 살펴본다.

```
@Test
public void reactive_programming() {
    PublishSubject<Integer> items = PublishSubject.create();
    items.onNext(1);
    items.onNext(2);
    items.onNext(3);
    items.onNext(4);
    //짝수만 출력
    items.filter(item -> item % 2 == 0)
            .subscribe(System.out::println);
```

```
    items.onNext(5);
    items.onNext(6);
    items.onNext(7);
    items.onNext(8);
}
```

앞의 코드는 다음과 같이 정리할 수 있다.

1. 데이터 스트림을 만든다.(PublishSubject)
2. 데이터 스트림에 1부터 4까지 순차적으로 추가한다.
3. 데이터 스트림에서 짝수만 출력하는 데이터 스트림으로 변형한 뒤 구독한다.
4. 데이터 스트림에 5부터 8까지 순차적으로 추가한다.

▼ 실행 결과

```
6
8
```

PublishSubject는 구독 시점 이후의 데이터만 옵서버에 전달한다는 특징이 있어 짝수 6, 8만 출력된다. 구독 시점 이전의 데이터도 출력되길 원한다면, ReplaySubject로 대체할 수 있다.

왜 RxJava를 배워야 할까?

RxJava는 매일 직면하는 많은 이슈에 대한 우아한 해결책을 제시한다. 아마도 개발자들은 동시성 문제, 다중 이벤트 처리, 백그라운드 스레드 처리 등을 다루면서 많은 문제점에 직면하는데, RxJava는 이에 대해 범용적이고 확실한 해결책을 제시한다.

대부분의 사용자들은 애플리케이션이 사용자의 요청에 즉각적으로 반응하길 원하며, 반응성이 느린 앱은 활성 사용자 지표에 영향을 미칠 수 있다. RxJava는 인스타그램과 같은 피드에서 데이터들을 빠르게 처리하고 이와 동시에 데이터들을 병합, 필터링, 분할 및 변환 확장할 방법을 제시한다.

RxJava는 어려운 작업을 쉽게 하며, 기존에 작성한 비즈니스 로직에 새로운 프로세스가 추가되어야 한다는 것을 알게 되어도, 큰 리팩토링 없이 몇 초 만에 변경 사항을 구현할 수도 있다. 애플리케이션이 네트워크 연결과 관련된 문제가 발생했을 때 이에 대해 대기 및 재시도 작업 같은 예외 사항 처리를 추가하는 것도 매우 쉽게 구현할 수 있다. RxJava는 위에서 언급한 모든 문제를 체이닝 가능한 연산자 단위로 처리하므로 어떠한 기능을 추가하거나 제거하는 것이 매우 간단하다. 그러므로 RxJava를 사용하면 프로덕션의 안정성을 유지하면서 애플리케이션을 전략적으로 진화시킬 수 있다.

마블 다이어그램

RxJava에 대한 설명은 흔히 마블 다이어그램과 함께 제공된다. 마블 다이어그램은 반응형 프로그래밍에서 일어나는 비동기적인 데이터 흐름을 시각화한 도표로 내용을 이해하는 데 큰 도움이 된다. 마블 다이어그램을 읽는 방법에 대해 알아보자.

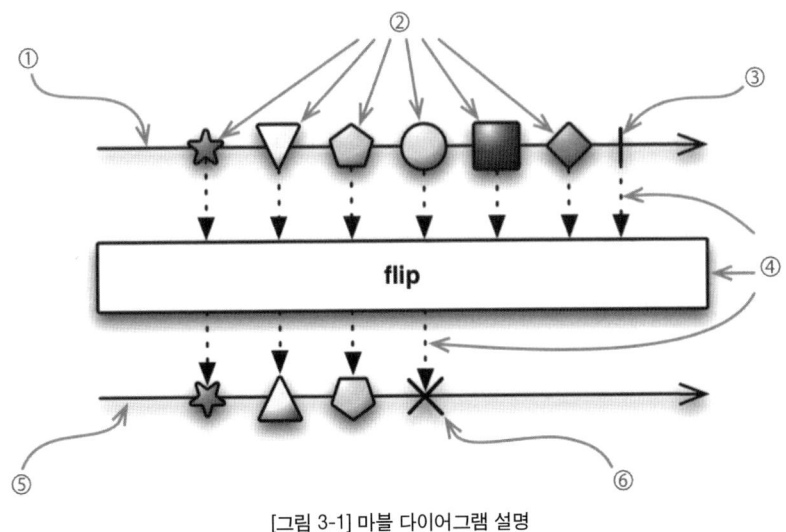

[그림 3-1] 마블 다이어그램 설명

① Observable의 타임 라인, 왼쪽에서 오른쪽으로 시간이 흐름을 의미한다.

② Observable이 순차적으로 발행하는 데이터를 의미한다.

③ Observable이 정상적으로 완료됨을 의미한다.

④ 점선과 박스는 Observable의 변형을 의미하며, 박스 안의 텍스트가 변형의 종류를 의미한다.

⑤ Observable의 변형 결과를 의미한다.

⑥ 만약 Observable이 정상적으로 종료되지 않았다면 X 표시와 함께 에러를 나타낸다.

2 Observable

RxJava에서는 Observable을 구독(subscribe)하는 Observer가 존재하고, Observable이 순차적으로 발행하는 데이터에 대해서 반응한다. Observable은 다음과 같이 3가지 이벤트를 사용하여 동작한다.

- onNext(): 하나의 소스 Observable에서 Observer까지 한 번에 하나씩 순차적으로 데이터를 발행한다.
- onComplete(): 데이터 발행이 끝났음을 알리는 완료 이벤트를 Observer에 전달하여 더는 onNext() 호출이 발생하지 않음을 나타낸다.
- onError(): 오류가 발생했음을 Observer에 전달한다.

이 세 가지 이벤트 메서드들은 Emitter라는 인터페이스에 선언된다. 데이터 및 오류 내용을 발행할 때 null을 발행할 수 없음을 주의한다.

Observable 생성하기

RxJava에서는 연산자(Operator)라고 부르는 여러 정적 메서드를 통해 기존 데이터를 참조하거나 변형하여 Observable을 생성할 수도 있다. RxJava에서는 수백 개의 연산자를 제공하며, 이 책에서는 자주 쓰이는 몇 가지 연산자들에 대해서만 다룰 것이다.

create() 연산자

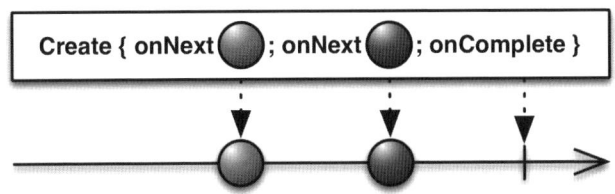

[그림 3-2] create 연산자 마블 다이어그램

Observable.create()를 사용하면 Emitter를 이용하여 직접 아이템을 발행하고, 아이템 발행의 완료 및 오류의 알림을 직접 설정할 수 있다. 다음 예제를 살펴본다.

```
Observable<String> source = Observable.create(emitter -> {
    emitter.onNext("Hello");
    emitter.onNext("World");
    emitter.onComplete();
});
//Consumer를 통해 구독하기
source.subscribe(System.out::println);
```

▼ 실행 결과

```
Hello
World
```

emitter를 통해 문자열 "Hello"와 "World"를 발행했다. Observable을 구독하도록 subscribe() 메서드를 호출하여 Observer 또는 Consumer를 추가할 수 있다. 아이템의 발행이 끝났다면 반드시 onComplete()를 호출해야 한다. onComplete() 호출 후에는 아이템이 추가로 발행하더라도 구독자는 데이터를 통지받지 못한다.

```
Observable<String> source = Observable.create(emitter -> {
    emitter.onNext("Hello");
    emitter.onComplete();
    emitter.onNext("World");
});
source.subscribe(System.out::println);
```

▼ 실행 결과

```
Hello
```

만약 오류가 발생했을 시에는 Emitter를 통해 onError(Throwable)를 호출해야 하며, 구독자는 이를 적절히 처리해야만 한다.

```
Observable<String> source = Observable.create(emitter -> {
    emitter.onNext("Hello");
    emitter.onError(new Throwable());
    emitter.onNext("World");
});
source.subscribe(System.out::println,
    throwable ->System.out.println("Error!!")
);
```

▼ 실행 결과

```
Hello
Error!!
```

간단한 Observable 객체 생성을 통해 아이템을 발행하고 구독하는 예제를 살펴보 았다. 하지만 실제로는 create() 연산자는 개발자가 직접 Emitter를 제어하므로 주의 하여 사용해야 한다. 예를 들어 Observable이 폐기되었을 때 등록된 콜백을 모두 해 제하지 않으면 메모리 누수가 발생하고, BackPressure(배압)를 직접 처리해야 한다. 폐기(Disposable)와 배압에 대한 설명은 뒤에서 다룬다.

just() 연산자

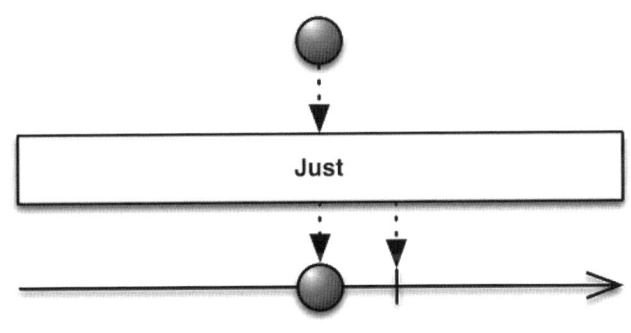

[그림 3-3] just 연산자 마블 다이어그램

just() 연산자는 해당 아이템을 그대로 발행하는 Observable을 생성해 준다. just() 연산자의 인자로 넣은 아이템을 차례로 발행하며, 한 개의 아이템을 넣을 수도 있고, 타입이 같은 여러 개의 아이템을 넣을 수도 있다.

```
Observable<String> source = Observable.just("Hello","World");
source.subscribe(System.out::println);
```

▼ 실행 결과

```
Hello
World
```

RxJava에서는 기본적으로 null을 허용하지 않아, just의 인자로 null을 넣어서는 안 된다. null을 발행하면 오류가 발생한다. 만약 아무런 아이템을 발행하지 않는 빈 Observable을 만들고 싶다면, Observable.empty() 연산자를 사용한다.

간단히 Observable로 변환하기

이미 참조할 수 있는 배열 및 리스트 등의 자료 구조나 Future, Callable 또는 Publisher가 있다면 from으로 시작하는 연산자를 통해 Observable로 변환할 수 있다.

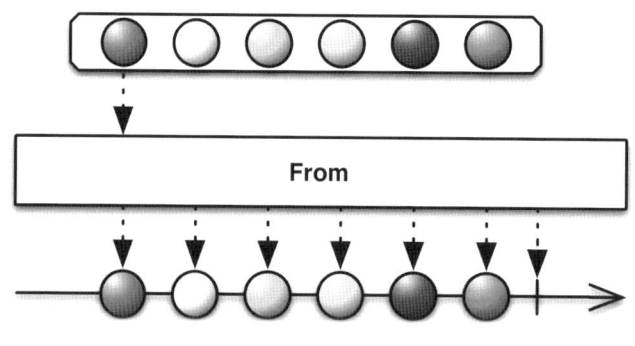

[그림 3-4] from 연산자 마블 다이어그램

다음 표에서 from과 관련된 메서드를 확인해 본다.

연산자 이름	설명
fromArray()	배열을 ObservableSource로 변환하여 아이템을 순차적으로 발행한다.
fromIterable()	ArrayList, HashSet처럼 Iterable을 구현한 모든 객체를 ObservableSource로 변환하여 아이템을 순차적으로 발행한다.
fromFuture()	Future 인터페이스를 지원하는 모든 객체를 ObservableSource로 변환하고 Future.get() 메서드를 호출한 값을 반환한다.
fromPublisher()	Publisher를 Observable로 변환한다.
fromCallable()	Callable을 Observable로 변환한다.

fromArray() 연산자

가지고 있는 아이템들이 배열일 경우에는 fromArray() 연산자를 이용하여 아이템을 순차적으로 발행할 수 있다. 다음 예제를 살펴본다.

```
String[] itemArray = new String[]{"A","B","C"};
Observable source = Observable.fromArray(itemArray);
source.subscribe(System.out::println);
```

▼ 실행 결과

```
A
B
C
```

fromIterable() 연산자

ArrayList, HashSet 등과 같이 일반적으로 Iterable을 구현한 자료 구조 클래스는 fromIterable() 연산자를 통해 쉽게 Observable로 변환이 가능하다. 다음 예제를 살펴본다.

```
ArrayList itemList = new ArrayList();
itemList.add("A");
itemList.add("B");
itemList.add("C");
Observable source = Observable.fromIterable(itemList);
source.subscribe(System.out::println);
```

▼ 실행 결과

```
A
B
C
```

fromFuture() 연산자

Future 인터페이스는 비동기적인 작업의 결과를 구할 때 사용한다. 보통 Executor Service를 통해 비동기적인 작업을 할 때 사용된다. Future 또한 fromFuture() 연산자를 통해 Observable로 변경이 가능하다. Emitter는 Observable 내부에서 Future.get() 메서드를 호출하고, Future의 작업이 끝나기 전까지 스레드는 블로킹된다. 다음 예제를 확인한다.

```
Future<String> future = Executors.newSingleThreadExecutor()
        .submit(() -> {
            Thread.sleep(5000);
            return "Hello World";
        });
Observable source = Observable.fromFuture(future);
source.subscribe(System.out::println); //블로킹되어 기다림
```

▼ 실행 결과

```
Hello World
```

RxJava에서는 Executor를 직접 다루기보다는 RxJava에서 제공하는 스케줄러를 사용하는 것을 권장한다.

fromPublisher() 연산자

Publisher는 잠재적인 아이템 발행을 제공하는 생산자로 Subscriber로부터 요청을 받아 아이템을 발행한다. fromPublisher() 연산자를 통해 Publisher를 Observable로 다음과 같이 변환할 수 있다.

```
Publisher<String> publisher = subscriber -> {
    subscriber.onNext("A");
    subscriber.onNext("B");
```

```
        subscriber.onNext("C");
        subscriber.onComplete();
};
Observable<String> source = Observable.fromPublisher(publisher);
source.subscribe(System.out::println);
```

▼ 실행 결과

```
A
B
C
```

fromCallable() 연산자

Callable 인터페이스는 비동기적인 실행 결과를 반환한다는 점이 Runnable과 다르다. fromCallable() 연산자를 통해 Callable을 Observable로 변환하고, 비동기적으로 아이템을 발행할 수 있다.

```
Callable<String> callable = () -> "Hello World";
Observable source = Observable.fromCallable(callable);
source.subscribe(System.out::println);
```

▼ 실행 결과

```
Hello World
```

다양한 Observable의 형태

지금까지는 Observable에 대해서는 알아보았지만, 사실 Observable 이외에 조금은 특별한 스트림들이 존재한다. 바로 Single, Maybe 그리고 Completable이다. 이들을 초기화하고 연산자를 이용하는 방법은 거의 동일하다. 각각의 특징에 대해서 알아본다.

Single

Single은 Obervable과는 다르게 단 하나의 아이템만을 발행하는 특징이 있다. 그러므로 just() 연산자에는 하나의 인자만을 취할 수 있다.

```
Single.just("Hello World")
      .subscribe(System.out::println);
```

create() 연산자를 사용하는 경우 Emitter를 사용하여 데이터를 발행한다. 데이터를 단 한 번만 발행하므로 onNext()와 onComplete() 메서드를 호출하는 대신 onSuccess(T)로 두 메서드를 한 번에 대체한다.

```
Single.create(emitter -> emitter.onSuccess("Hello"))
      .subscribe(System.out::println);
```

오류를 다루는 경우 Observable의 Emitter와 동일하게 onError()를 호출하여 오류를 구독자들에게 통지할 수 있다.

몇 가지 RxJava의 연산자들은 Observable을 Single로 변환시키곤 한다.

```
Observable<Integer> src = Observable.just(1,2,3);

Single<Boolean> singleSrc1 = src.all(i -> i>0);
Single<Integer> singleSrc2 = src.first(-1);
Single<List<Integer>> singleSrc3 = src.toList();
```

또한 Single도 필요에 따라 Observable로 변환해야 하는 경우가 있다. 그런 경우

toObservable() 연산자를 사용할 수 있다.

```
Single<String> singleSrc = Single.just("Hello World");
Observable<String> observableSrc = singleSrc.toObservable();
```

모든 소스의 경우에 Observable로 변환하는 것뿐만 아니라 to~ 연산자를 이용하면 다른 소스 형태로 바꾸는 것이 가능하다.

Single은 단일 아이템을 발행한다는 점에서 HTTP 요청/응답과 같은 이벤트를 처리하는 경우 자주 사용된다.

Maybe

Maybe는 Single과는 비슷하지만 아이템을 발행하거나 발행하지 않을 수도 있다는 점에서 차이가 있다. 아이템을 발행할 때는 onSuccess(T)를 호출하고, 발행하지 않을 때는 onComplete()를 호출한다. 그러므로 onSuccess()를 호출하는 경우 onComplete()를 호출할 필요는 없다.

```
Maybe.create(emitter -> {
    emitter.onSuccess(100);
    emitter.onComplete(); //무시됨
})
        .doOnSuccess(item-> System.out.println("doOnSuccess1"))
        .doOnComplete(() -> System.out.println("doOnComplete1"))
        .subscribe(System.out::println);

Maybe.create(emitter -> emitter.onComplete())
        .doOnSuccess(item-> System.out.println("doOnSuccess2"))
        .doOnComplete(() -> System.out.println("doOnComplete2"))
        .subscribe(System.out::println);
```

▼ 실행 결과

```
doOnSuccess1
100
doOnComplete2
```

몇 가지 Observable 연산자는 반환 타입을 Maybe로 변환한다. 한 가지 예를 살펴본다.

```
Observable<Integer> src1 = Observable.just(1, 2, 3);
Maybe<Integer> srcMaybe1 = src1.firstElement();
srcMaybe1.subscribe(System.out::println);

Observable<Integer> src2 = Observable.empty();
Maybe<Integer> srcMaybe2 = src2.firstElement();
srcMaybe2.subscribe(System.out::println, throwable -> {},
        () -> System.out.println("onComplete!"));
```

▼ 실행 결과

```
1
onComplete!
```

Completable

Completable은 아이템을 발행하지 않고, 단지 정상적으로 실행이 종료되었는지에 대해 관심을 갖는다. 그러므로 Emitter에서 onNext()나 onSuccess() 같은 메서드는 없고 onComplete()와 onError()만 존재한다. 예제 코드를 확인한다.

```
Completable.create(emitter -> {
    //do something here
    emitter.onComplete();
}).subscribe(()-> System.out.println("completed1"));
```

```
Completable.fromRunnable(() -> {
    //do something here
}).subscribe(()->System.out.println("completed2"));
```

▼ 실행 결과

```
completed1
completed2
```

Cold Observable과 Hot Observable의 차이

Observable을 구현하는 방식에서 Observable과 Observer 사이에 미묘한 동작 차이가 있다. 이를 Cold Observable과 Hot Observable이라고 부른다.

Cold Observable은 지금까지 앞에서 다뤄 왔던 예제들처럼 Observable에 구독을 요청하면 아이템을 발행하기 시작한다. 아이템은 처음부터 끝까지 발행되고, 임의로 종료시키지 않는 이상 여러 번 요청에도 처음부터 끝까지 발행하는 것을 보장한다. interval 연산자를 이용하여 1초마다 아이템을 발행하는 Cold Observable 예제 코드를 살펴본다.

```
Observable src = Observable.interval(1, TimeUnit.SECONDS);
src.subscribe(value->System.out.println("#1: "+value));
Thread.sleep(3000);
src.subscribe(value->System.out.println("#2: "+value));
Thread.sleep(3000);
```

▼ 실행 결과

```
#1: 0
#1: 1
#1: 2
#1: 3
```

```
#2: 0
#1: 4
#2: 1
#1: 5
#2: 2
```

Observable을 구독하고 3초 뒤에 새로운 구독자로 다시 구독했을 때도 처음부터 다시 아이템을 발행하는 것을 볼 수 있다.

반면에 Hot Observable은 아이템 발행이 시작된 이후로 모든 구독자에게 동시에 같은 아이템을 발행한다. 안드로이드에서 브로드캐스트 메시지를 글로벌하게 전송한다고 생각하면 이해하기 쉽다. 만약에 첫 번째 구독자가 아이템을 발행하는 Observable을 구독하고, 몇 초 뒤에 두 번째 구독자가 똑같은 Observable을 구독한다고 가정한다. 이 둘은 같은 아이템을 동시에 수신하지만, 두 번째 구독자는 구독하기 전에 발행된 아이템을 놓칠 수도 있다. 이러한 Hot Observable의 특징을 유념한다.

publish 연산자와 connect 연산자

ConnectableObservable은 Hot Observable을 구현할 수 있도록 도와주는 타입으로 아무 Observable 타입이나 publish 연산자를 이용하여 간단히 ConnectableObservable로 변환할 수 있다. ConnectableObservable은 구독을 요청해도 Observable은 데이터를 발행하지 않는다. connect() 연산자를 호출할 때 비로소 아이템을 발행하기 시작한다. 다음 예제를 확인한다.

```
ConnectableObservable src = Observable.interval(1, TimeUnit.SECONDS).
publish();
src.connect();
src.subscribe(value->System.out.println("#1: "+value));
Thread.sleep(3000);
src.subscribe(value->System.out.println("#2: "+value));
Thread.sleep(3000);
```

▼ 실행 결과

```
#1: 0
#1: 1
#1: 2
#1: 3
#2: 3
#1: 4
#2: 4
#1: 5
#2: 5
```

첫 번째 구독 시에 3초 동안 0부터 2까지 발행하고, 3초 뒤에는 두 번째 구독자가 추가되었는데, 두 번째 구독자는 0~2는 수신하지 못하고 3부터 수신하는 것을 확인할 수 있다.

autoConnect 연산자

autoConnect 연산자는 connect 연산자를 호출하지 않더라도, 구독 시에 즉각 아이템을 발행할 수 있도록 도와주는 연산자다. autoConnect 연산자의 매개 변수는 아이템을 발행하는 구독자 수로, 만약 autoConnect(2)라고 하면, 구독자가 2개 이상 붙어야 아이템을 발행하기 시작한다. 다음 예제 코드를 살펴본다.

```
Observable<Long> src =
        Observable.interval(100, TimeUnit.MILLISECONDS)
        .publish()
        .autoConnect(2);
src.subscribe(i -> System.out.println("A: " + i));
src.subscribe(i -> System.out.println("B: " + i));
Thread.sleep(500);
```

▼ 실행 결과

```
A: 0
B: 0
```

```
A: 1
B: 1
A: 2
B: 2
A: 3
B: 3
A: 4
B: 4
```

만약 src.subscribe()를 한 번만 호출했다면 아이템을 발행하지 않아 콘솔에 아무것도 출력되지 않는다. autoConnect()의 매개 변수로 0 이하를 입력하면 구독자 수와 관계없이 곧바로 아이템 발행을 시작한다.

만약 autoConnect 연산자의 매개 변수를 지정하지 않는다면 autoConnect(1)과 동일하게 동작하며, 구독하자마자 아이템 발행을 시작한다.

Disposable 다루기

앞의 예제들에서 Observable 객체에서 발행하고 싶은 아이템의 정의를 먼저 하고 subscribe() 메서드 호출을 통해 스트림을 생성하고 아이템을 발행하는 간단한 예제들을 살펴보았다. 이전 예제에서는 다루지 않았지만, subscribe() 메서드를 호출하면, 다음과 같이 Disposable 객체를 반환한다.

```
Observable source = Observable.just("A", "B", "C");
Disposable disposable = source.subscribe(o ->
        System.out.println(source)
);
```

유한한 아이템을 발행하는 Observable의 경우 onComplete() 호출로 안전하게 종료된다. 하지만 무한하게 아이템을 발행하거나 오랫동안 실행되는 Observable의 경우에는 사용자의 액션 또는 안드로이드 컴포넌트 생명 주기와 관련해서 이미 활성화되었다면 구독이 더는 필요하지 않을 수 있다. 이럴 때는 메모리 누수 방지를 위해 명시적인 폐기(dispose)가 필요하다.

Disposable.dispose() 메서드를 호출하면 언제든지 아이템 발행을 중단할 수 있다. 다음 나오는 예제는 무한히 아이템을 발행하는 Observable을 중간에 중지하는 모습을 보여 준다.

```
Observable source = Observable.interval(1000, TimeUnit.MILLISECONDS);
// 1초에 한 번씩 아이템을 발행
Disposable disposable = source.subscribe(System.out::println);
new Thread(() -> {
    try {
        Thread.sleep(3500);
    } catch (InterruptedException e) {
        e.printStackTrace();
    }
    disposable.dispose();
}).start();
```

▼ 실행 결과

```
0
1
2
```

interval()은 특정 시간마다 규칙적으로 아이템을 발행하는 연산자다. 1초마다 아이템을 발행하도록 설정하고, 3.5초 뒤에 구독하던 Observable을 dispose()하면 아이템의 발행이 중지되고 모든 리소스가 폐기된다. 리소스가 폐기되었는지 확인하는 데 Disposable.isDisposed() 메서드를 활용할 수 있으며, dispose() 메서드 내부에서 폐기 여부를 체크하므로 isDisposed()의 결과를 확인하고 dispose()를 호출할 필요는 없다. 또한 onComplete()를 명시적으로 호출하거나 호출됨을 보장한다면 dispose()를 호출할 필요는 없다.

CompositeDisposable

만약 구독자가 여러 곳에 있고, 이들을 폐기하려면 각각의 Disposable 객체에 대해서 dispose()를 호출해야만 한다. CompositeDisposable을 이용하면 이들을 한꺼번에 폐기할 수 있다.

```
Observable source = Observable.interval(
        1000, TimeUnit.MILLISECONDS
);
Disposable d1 = source.subscribe(System.out::println);
Disposable d2 = source.subscribe(System.out::println);
Disposable d3 = source.subscribe(System.out::println);
CompositeDisposable cd = new CompositeDisposable();
cd.add(d1);
cd.add(d2);
cd.add(d3);
// 또는
cd.addAll(d1, d2, d3);
// 특정 시점에 폐기하기
cd.dispose();
```

3 RxJava 연산자

RxJava에서는 특정한 작업을 수행하는 메서드를 연산자라고 한다. 대부분의 Observable 연산자는 Observable을 반환하므로 이를 통해 연쇄적인 작업을 차례대로 수행할 수 있다. Observable의 체이닝 순서는 중요하다. 연산자의 결과가 다음 연산자에 영향을 미치기 때문이다.

카테고리별로 연산자를 분류하고, 각 연산자의 기능과 특징들에 대해서 알아본다.

Observable을 생성하는 연산자

앞에서 create()와 just() 연산자를 통해 Observable 객체를 생성하는 방법에 대해서 알아보았다. Observable을 생성하는 다른 연산자들에 대해서도 알아본다.

defer 연산자

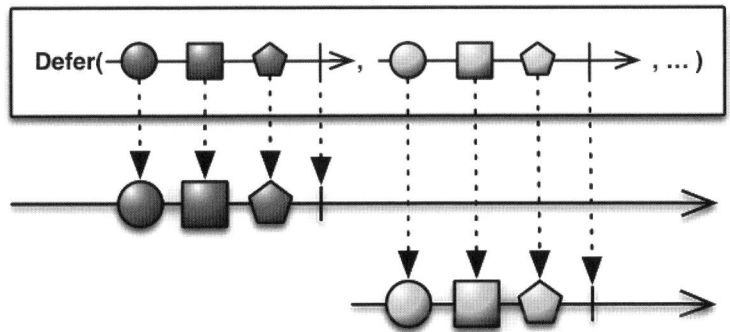

[그림 3-5] defer 연산자 마블 다이어그램

defer 연산자는 옵서버가 구독할 때까지 Observable의 생성을 지연시킨다. subscribe() 메서드를 호출할 때 Observable 아이템을 생성한다. 다음 예제를 확인해 본다.

```
Observable<Long> justSrc = Observable.just(
        System.currentTimeMillis()
);
Observable<Long> deferSrc = Observable.defer(() ->
        Observable.just(System.currentTimeMillis())
);
System.out.println("#1 now  = "+System.currentTimeMillis());
try {
    Thread.sleep(5000);
} catch (InterruptedException e) {
    e.printStackTrace();
```

```
}
System.out.println("#2 now  = "+System.currentTimeMillis());
justSrc.subscribe(time ->
        System.out.println("#1 time = "+time)
);
deferSrc.subscribe(time ->
        System.out.println("#2 time = "+time)
);
```

▼ 실행 결과

```
#1 now  = 1581936258088
#2 now  = 1581936263092
#1 time = 1581936258009
#2 time = 1581936263099
```

just 연산자와 defer 연산자를 통해 현재 시각을 발행하는 두 Observable 객체를 생성했다. Observable 객체를 생성한 뒤에 5000ms 동안 스레드를 지연시킨 뒤 두 객체를 구독한 결과 defer로 만든 Observable을 구독할 때 새로운 Observable 아이템을 발행하여 구독한 시점의 현재 시각과 거의 차이가 없지만, just 연산자로 만든 Observable은 객체를 생성하는 시점의 시간을 발행한다.

구독하기 직전에 Observable을 생성하여 가장 최신의 상태 또는 아이템이 포함되도록 하는 것이 목적이라면 defer 연산자를 사용할 수 있다.

empty와 never 연산자

empty와 never 연산자 둘 다 아이템을 발행하지 않지만, onComplete() 호출 여부에 차이점이 있다.

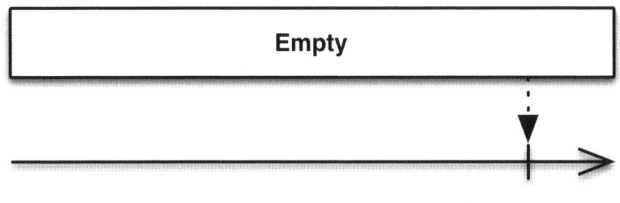

[그림 3-6] empty 연산자 마블 다이어그램

empty 연산자는 아이템을 발행하지는 않지만, 정상적으로 스트림을 종료시킨다.

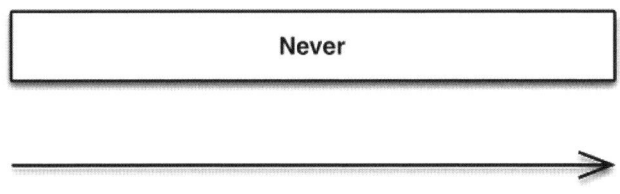

[그림 3-7] never 연산자 마블 다이어그램

never 연산자의 경우도 empty와 마찬가지로 아이템을 발행하지 않고, 스트림을 종료시키지도 않는다. 다음 예제 코드를 확인해 본다.

```
Observable.empty()
        .doOnTerminate(() -> System.out.println("empty 종료"))
        .subscribe(System.out::println);
Observable.never()
        .doOnTerminate(() -> System.out.println("never 종료"))
        .subscribe(System.out::println);
```

▼ 실행 결과

empty 종료

doOnTerminadoOnTerminate 메서드의 콜백은 Observable이 종료될 때 호출된다. 즉 onComplete()가 호출되면 콜백을 수신하는데, never의 경우 onComplete()

가 내부에서 호출되지 않아 콜백을 받지 않는다.

interval 연산자

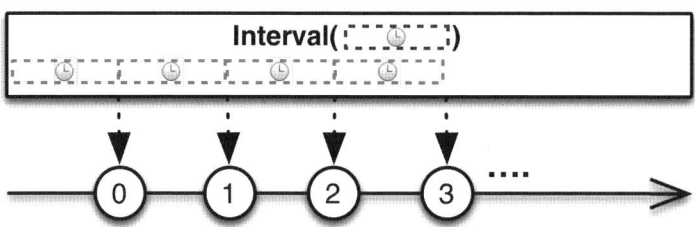

[그림 3-8] interval 연산자 마블 다이어그램

interval 연산자는 주어진 시간 간격으로 순서대로 정수를 발행하는 Observable을 생성한다. 구독을 중지하기 전까지 무한히 배출하므로 적절한 시점에 폐기하는 것이 중요하다.

1초마다 순서대로 Long 타입의 정수를 발행하고 이를 구독하는 예제를 살펴본다.

```
Disposable d = Observable.interval(1, TimeUnit.SECONDS)
        .subscribe(System.out::println);
Thread.sleep(5000);
d.dispose();
```

▼ 실행 결과

```
0
1
2
3
4
```

range 연산자

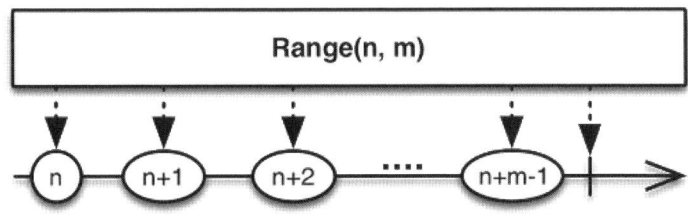

[그림 3-9] range 연산자 마블 다이어그램

range 연산자는 특정 범위의 정수를 순서대로 발행하는 Observable을 생성한다. interval 연산자와 비슷하지만 특정 범위의 아이템을 발행하고, 발행이 끝나면 스트림을 종료시킨다는 점에서 차이가 있다.

1부터 3까지 순차적으로 아이템을 발행하는 예제를 살펴본다.

```
Observable.range(1,3).subscribe(System.out::println);
```

▼ 실행 결과

1
2
3

timer 연산자

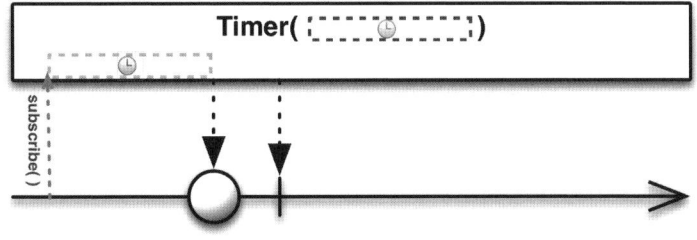

[그림 3-10] timer 연산자 마블 다이어그램

timer 연산자는 특정 시간 동안 지연시킨 뒤 아이템(0L)을 발행한다. 그리고 종료시킨다.

1초 동안 스레드를 지연시킨 뒤 아이템을 발행하는 예제를 살펴본다.

```
Observable src = Observable.timer(1, TimeUnit.SECONDS);
System.out.println("구독!");
//구독하면 1초 뒤에 아이템이 발행된다.
src.subscribe(event -> System.out.println("실행!"));
Thread.sleep(1001);
```

▼ 실행 결과

구독!
실행!

Observable을 변형하는 연산자

발행되는 아이템을 변환하여 다른 아이템으로 변경할 수도 있다. Observable을 변형하는 연산자에 대해 알아본다.

map 연산자

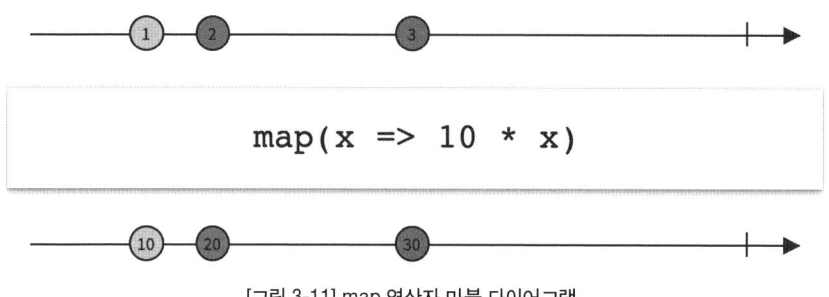

[그림 3-11] map 연산자 마블 다이어그램

136

map 연산자는 발행되는 아이템을 변환하는 가장 기본적인 방법이자 가장 많이 사용하는 연산자다. 발행되는 값에 대해 원하는 수식을 적용하거나 다른 타입으로 변환시킬 수 있다.

다음 정수형으로 발행되는 아이템을 문자열로 변형시키는 예제를 살펴본다.

```
Observable<Integer> intSrc = Observable.just(1, 2, 3);
Observable<Integer> strSrc = intSrc.map(value -> value*10);
strSrc.subscribe(System.out::println);
```

▼ 실행 결과

```
10
20
30
```

flatMap 연산자

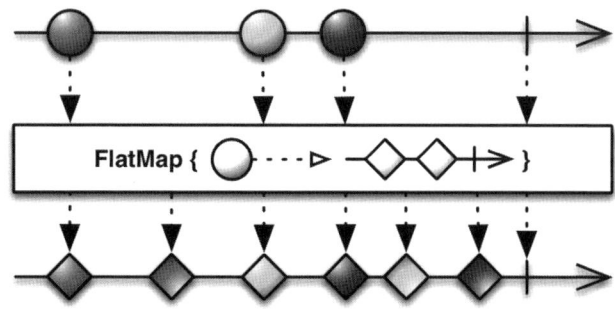

[그림 3-12] flatMap 연산자

flatMap 연산자는 Observable을 또 다른 Observable로 변환시킨다. 그런 다음 변환시킨 Observable의 방출되는 아이템 또한 병합하여 다시 자체적으로 다시 아이템을 방출시킨다. 그러므로 1:N 형태로 새로운 시퀀스가 발행된다.

다음 예제는 문자열 시퀀스에 대해 접미어로 1과 2를 붙이는 예제이다.

```
Observable<String> src = Observable.just("a","b","c");
src.flatMap(str-> Observable.just(str+1,str+2))
        .subscribe(System.out::println);
```

▼ 실행 결과

a1
a2
b1
b2
c1
c2

flatMap은 다중 for문처럼 동작하므로, 다음과 같은 구구단 프로그램도 작성이 가능하다.

```
Observable.range(2,8)
        .flatMap(x-> Observable.range(1,9)
                .map(y-> String.format("%d*%d=%d", x, y, x*y)))
        .subscribe(System.out::println);
```

▼ 실행 결과

2*1=2
2*2=4
2*3=6
...
9*7=63
9*8=72
9*9=81

buffer 연산자

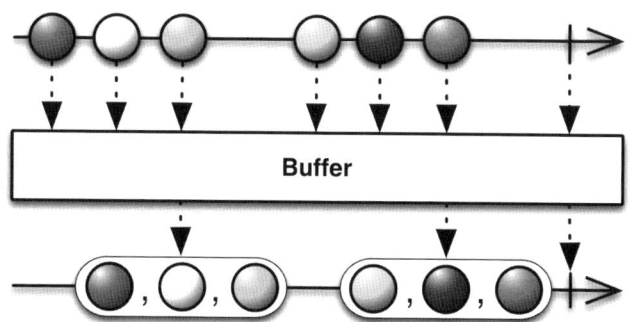

[그림 3-13] buffer 연산자 마블 다이어그램

buffer 연산자는 Observable이 발행하는 아이템을 묶어서 List로 발행한다. 에러를 발행하는 경우 이미 발행된 아이템들이 버퍼에 포함되더라도 버퍼를 발행하지 않고 에러를 즉시 전달한다.

다음 buffer 연산자의 사용 예제를 살펴본다.

```
Observable.range(0, 10)
        .buffer(3)
        .subscribe(integers -> {
            System.out.println("버퍼 데이터 발행");
            for(Integer integer : integers){
                System.out.println("#"+integer);
            }
        });
```

▼ 실행 결과

```
버퍼 데이터 발행
#0
#1
#2
버퍼 데이터 발행
```

```
#3
#4
#5
버퍼 데이터 발행
#6
#7
#8
버퍼 데이터 발행
#9
```

발행되는 아이템을 버퍼에 3개씩 저장하고 List로 발행하는 예제이다. 버퍼 데이터가 발행될 때마다 "버퍼 데이터 발행"이라는 메시지가 출력되는 것을 확인할 수 있다.

scan 연산자

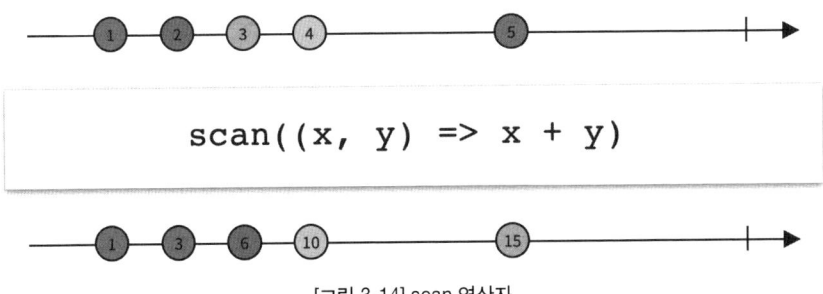

[그림 3-14] scan 연산자

scan 연산자는 순차적으로 발행되는 아이템들의 연산을 다음 아이템 발행의 첫 번째 인자로 전달한다. 다음 예제를 살펴본다.

```
Observable.range(1,5)
        .scan( (x, y) -> {
            System.out.print(String.format("%d+%d=",x,y));
            return x+y;
        })
        .subscribe(System.out::println);
```

▼ 실행 결과

```
1
1+2=3
3+3=6
6+4=10
10+5=15
```

앞의 예제에서 range 연산자는 1부터 5까지 차례대로 아이템을 발행한다. scan 연산자를 통해 발행된 아이템을 순차적으로 처리한다. scan 연산자는 최소 두 개의 아이템이 있어야 하므로 range 연산자에서 첫 번째 아이템 발행 시에는 scan 연산자에서 아이템이 변형되지 않고 그대로 1이 발행된다. 두 번째 발행부터는 이전에 발행된 아이템이 첫 번째 인자인 x가 되고 발행되는 아이템이 두 번째 인자인 y가 되므로 x는 1, y는 2가 된다. 아이템의 연산 결과가 발행되면 그 연산 결과가 다시 인자가 되어 또 다른 아이템이 발행되는 것을 확인할 수 있다. 또 다른 예제를 확인해 본다.

```
Observable.just("a","b","c","d","e")
        .scan( (x, y) -> x+y)
        .subscribe(System.out::println);
```

▼ 실행 결과

```
a
ab
abc
abcd
abcde
```

아이템들이 지속적으로 누적되는 것을 확인할 수 있다. 이런 특징 때문에 scan 연산자를 누산기(accumulator)라고도 한다.

groupBy 연산자

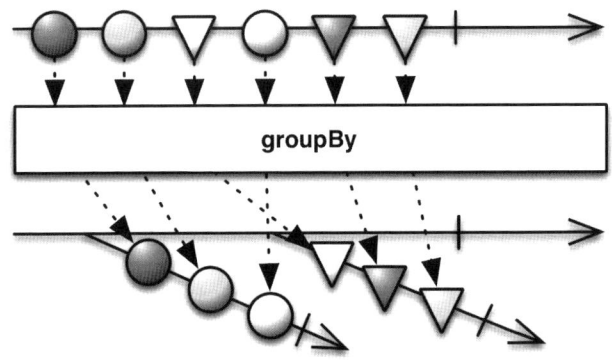

[그림 3-15] groupBy 연산자 마블 다이어그램

groupBy 연산자는 아이템들을 특정 그룹화된 GroupObservable로 재정의할 수 있다. 마블 다이어그램에 나온 것처럼 도형별로 아이템을 분류하는 예제 코드를 다음과 같이 작성해 본다.

```
Observable.just(
        "Magenta Circle",
        "Cyan Circle",
        "Yellow Triangle",
        "Yellow Circle",
        "Magenta Triangle",
        "Cyan Triangle")
    .groupBy(item -> {
        if (item.contains("Circle")) {
            return "C";
        } else if (item.contains("Triangle")) {
            return "T";
        } else {
            return "None";
        }
    })
    .subscribe(group -> {
        System.out.println(group.getKey() + "그룹 발행 시작");
        group.subscribe(shape -> {
```

```
                System.out.println(group.getKey() + ":" + shape);
            });
        });
```

▼ 실행 결과

```
C그룹 발행 시작
C:Magenta Circle
C:Cyan Circle
T그룹 발행 시작
T:Yellow Triangle
C:Yellow Circle
T:Magenta Triangle
T:Cyan Triangle
```

원(Circle)은 그룹 C로 분류하고, 삼각형(Triangle)은 그룹 T로 분류한 다음 각 Grouped Observable을 병렬로 발행하는 예제를 살펴보았다.

Observable을 필터링하는 연산자

Observable로부터 발행되는 아이템들을 선택적으로 발행하도록 하는 연산자들을 알아본다.

debounce 연산자

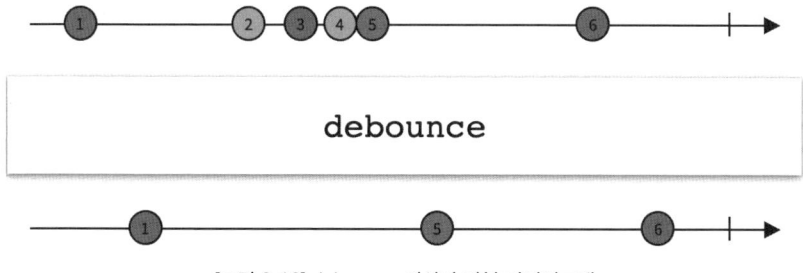

[그림 3-16] debounce 연산자 마블 다이어그램

debounce 연산자는 특정 시간 동안 다른 아이템이 발행되지 않을 때만 아이템을 발행하도록 하는 연산자다. 반복적으로 빠르게 발행된 아이템들을 필터링할 때 유용하다. 다음 debounce를 사용하는 예제를 확인한다.

```
Observable.create(emitter -> {
    emitter.onNext("1");
    Thread.sleep(100);
    emitter.onNext("2");
    emitter.onNext("3");
    emitter.onNext("4");
    emitter.onNext("5");
    Thread.sleep(100);
    emitter.onNext("6");
})
        .debounce(10, TimeUnit.MILLISECONDS)
        .subscribe(System.out::println);
Thread.sleep(300);
```

▼ 실행 결과

```
1
5
6
```

distinct 연산자

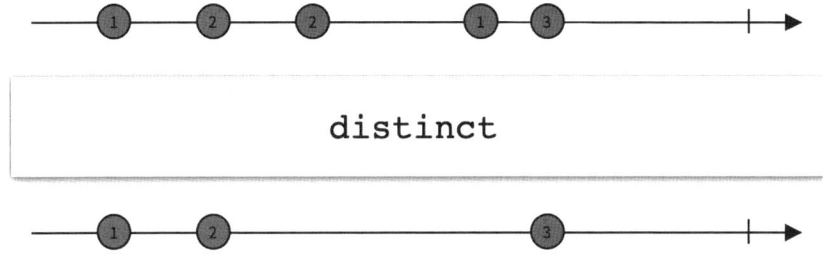

[그림 3-17] distinct 연산자 마블 다이어그램

distinct 연산자는 이미 발행한 아이템을 중복해 발행하지 않도록 필터링한다. 다음 예제를 확인한다.

```
Observable.just(1,2,2,1,3)
        .distinct()
        .subscribe(System.out::println);
```

▼ 실행 결과

```
1
2
3
```

elementAt 연산자

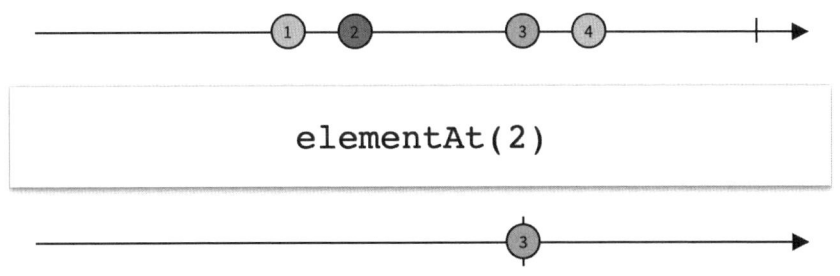

[그림 3-18] elementAt 연산자 마블 다이어그램

elementAt 연산자는 발행되는 아이템 시퀀스에서 특정 인덱스에 해당하는 아이템을 필터링한다. 예제를 확인한다.

```
Observable.just(1,2,3,4)
        .elementAt(2)
        .subscribe(System.out::println);
```

▼ 실행 결과

3

filter 연산자

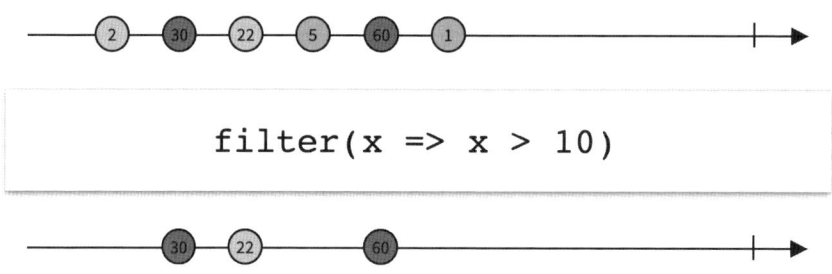

[그림 3-19] filter 연산자 마블 다이어그램

filter 연산자는 조건식이 true일 때만 아이템을 발행하도록 한다. 예제를 확인한다.

```
Observable.just(2,30,22,5,60,1)
    .filter(x->x>10)
    .subscribe(System.out::println);
```

▼ 실행 결과

30
22
60

sample 연산자

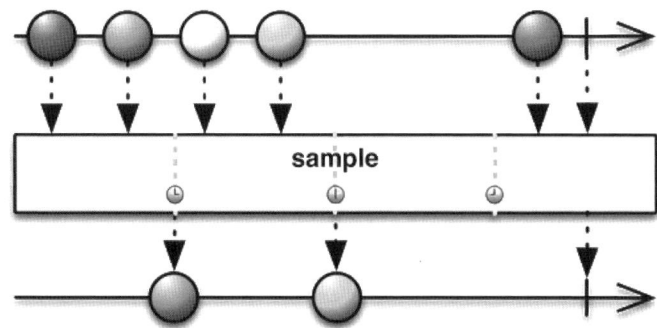

[그림 3-20] sample 연산자 마블 다이어그램

sample 연산자는 일정 시간 간격으로 최근에 Observable이 배출한 아이템들을 방출하는 연산자다. 다음 예제를 살펴본다.

```
Observable.interval(100, TimeUnit.MILLISECONDS)
        .sample(300, TimeUnit.MILLISECONDS)
        .subscribe(System.out::println);
Thread.sleep(1000);
```

▼ 실행 결과

```
1
4
7
```

interval 연산자를 이용하여 100ms마다 아이템을 발행하도록 했으므로 1초 동안에 0~9까지 아이템을 순차적으로 발행한다. sample 연산자를 통해 일정 시간 간격으로 아이템을 샘플링했다. 아이템의 발행 시간과 샘플링 시간 간격을 조절하면서 실행 결과가 어떻게 달라지는지 확인한다.

skip 연산자

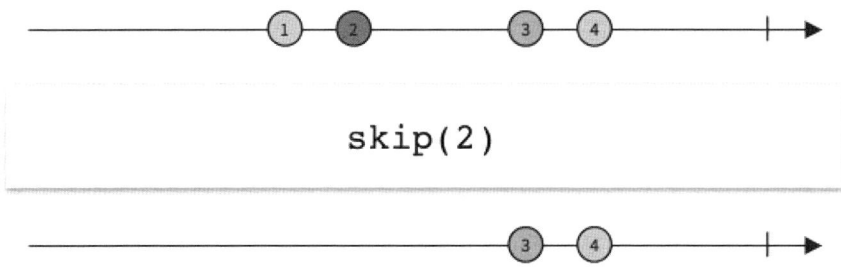

[그림3-21] skip 연산자 마블 다이어그램

skip 연산자는 Observable이 발행하는 n개의 아이템을 무시하고 이후에 나오는 아이템을 발행하는 연산자다. 다음 예제 코드를 살펴본다.

```
Observable.just(1,2,3,4)
        .skip(2)
        .subscribe(System.out::println);
```

▼ 실행 결과

3
4

take 연산자

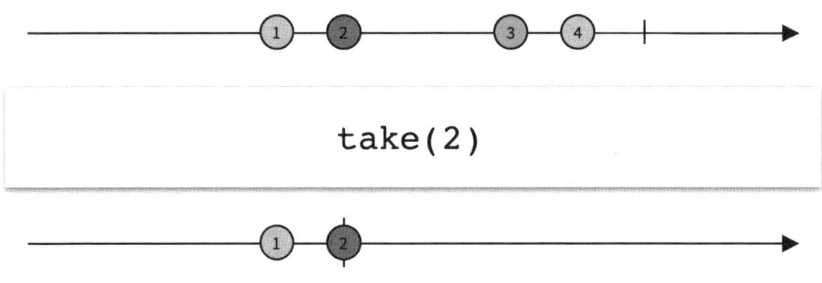

[그림 3-22] take 연산자 마블 다이어그램

take 연산자는 skip 연산자와 반대로 Observable이 처음 발행하는 n개의 아이템만 방출하도록 하는 연산자다. n번째 뒤로 방출되는 아이템은 모두 무시된다. 예제 코드를 살펴본다.

```
Observable.just(1,2,3,4)
        .take(2)
        .subscribe(System.out::println);
```

▼ 실행 결과

1
2

all 연산자

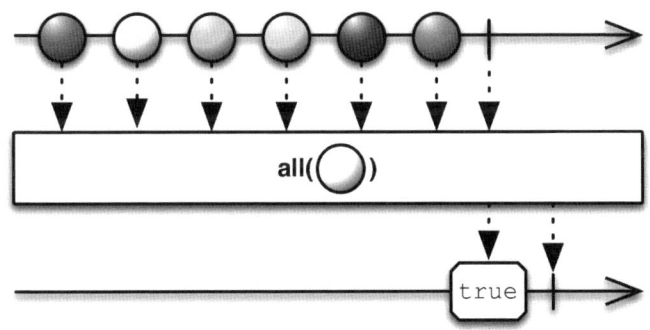

[그림 3-23] all 연산자 마블 다이어그램

all 연산자는 모든 발행되는 아이템이 특정 조건을 만족할 때 true를 반환한다. 만약 아이템 중 하나라도 조건에 부합하지 않는다면 false를 반환한다. 다음 예제 코드를 살펴본다.

```
Observable.just(2,1)
        .all(integer -> integer > 0)
        .subscribe(System.out::println);
```

▼ 실행 결과

```
true
```

조건에 부합하지 않는 예제는 다음과 같다.

```
Observable.just(2,1,0)
        .all(integer -> integer > 0)
        .subscribe(System.out::println);
```

▼ 실행 결과

```
false
```

amb 연산자

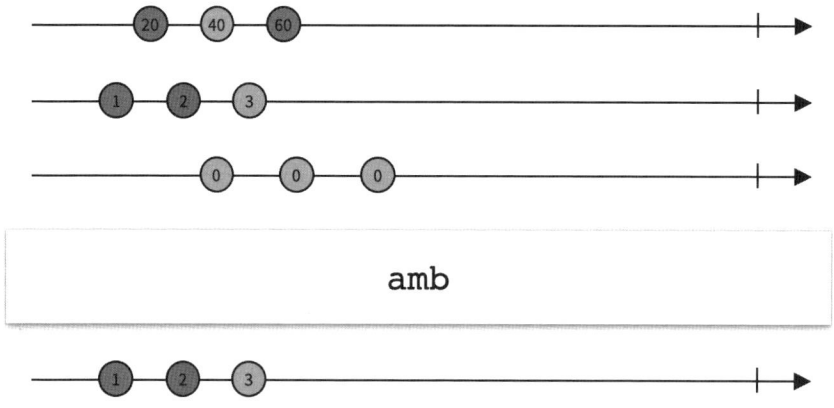

[그림 3-24] amb 연산자 마블 다이어그램

여러 개의 Observable들을 동시에 구독하고, 그중 가장 먼저 아이템을 발행하는 Observable을 선택하고 싶다면 amb 연산자를 사용할 수 있다. 예제 코드를 확인한다.

```java
ArrayList<Observable<Integer>> list = new ArrayList<>();
list.add(Observable.just(20,40,60)
        .delay(100, TimeUnit.MILLISECONDS));
list.add(Observable.just(1,2,3));
list.add(Observable.just(0,0,0)
        .delay(200,TimeUnit.MILLISECONDS));
Observable.amb(list).subscribe(System.out::println);
```

▼ 실행 결과

```
1
2
3
```

Observable을 결합하는 연산자

여러 Observable 소스를 결합하여 하나의 Observable을 생성하고, 동작하는 연산자들을 알아본다.

combineLatest 연산자

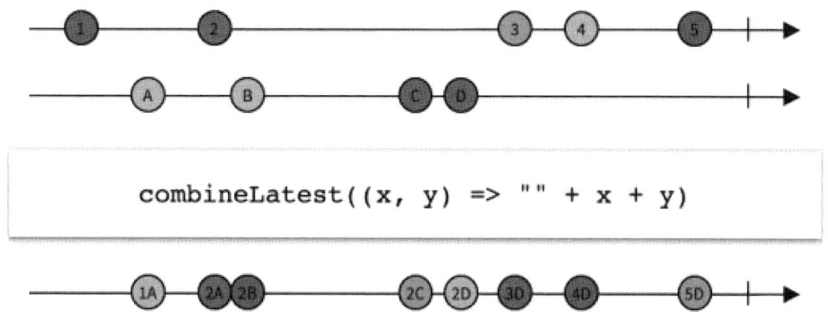

[그림 3-25] combineLatest 연산자 마블 다이어그램

예를 들어 두 개의 Observable 중 한 소스에서 아이템이 발행될 때, 두 Observable 에서 가장 최근에 발행한 아이템을 취합하여 하나로 발행하는 것이 combineLatest 연산자다.

실무에서 많이 사용되는 연산자 중 하나로, 여러 개의 http 요청에 의한 응답을 하나로 묶어서 처리할 때 사용된다.

각각 다른 주기의 데이터를 발행하는 두 개의 Observable을 하나로 합치는 예제를 확인한다.

```java
Observable<Integer> src1 = Observable.create(emitter -> {
    new Thread(() -> {
        for (int i = 1; i <= 5; i++) {
            emitter.onNext(i);
            try {
                Thread.sleep(1000);
            } catch (InterruptedException e) {
                e.printStackTrace();
            }
        }
    }).start();
});
Observable<String> src2 = Observable.create(emitter -> {
    new Thread(() -> {
        try {
            Thread.sleep(500);
            emitter.onNext("A");
            Thread.sleep(700);
            emitter.onNext("B");
            Thread.sleep(100);
            emitter.onNext("C");
            Thread.sleep(700);
            emitter.onNext("D");
        } catch (InterruptedException e) {
            e.printStackTrace();
        }
```

```
        }).start();
    });
    Observable.combineLatest(src1, src2, (num, str) -> num + str)
            .subscribe(System.out::println);
    Thread.sleep(5000);
```

▼ 실행 결과

1A
2A
2B
2C
3C
3D
4D
5D

zip 연산자

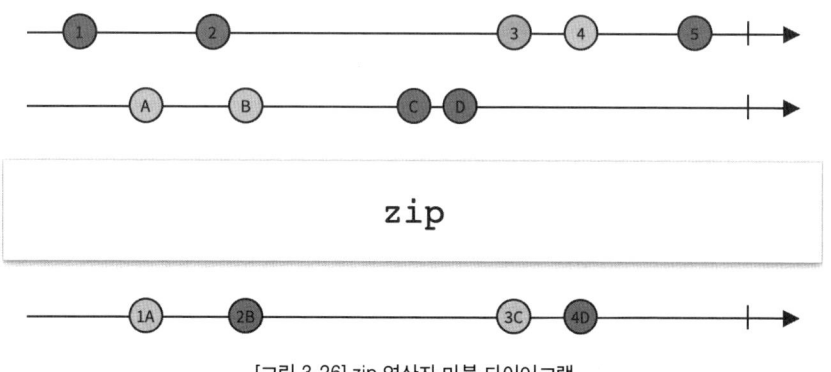

[그림 3-26] zip 연산자 마블 다이어그램

zip 연산자는 여러 Observable을 하나로 결합하여 지정된 함수를 통해 하나의 아이템으로 발행한다.

combineLatest의 마블 다이어그램과 비교했을 때 Observable 소스는 차이가 없으나 발행되는 아이템 결과가 다른 것을 확인할 수 있다. combineLatest 연산자는 가장 최근에 발행한 아이템을 기준으로 결합하는 데 반해 zip은 여러 Observable의 발행 순서를 엄격히 지켜 아이템을 결합한다. 예제 코드를 확인한다.

```java
Observable<Integer> src1 = Observable.create(emitter -> {
    new Thread(() -> {
        for (int i = 1; i <= 5; i++) {
            emitter.onNext(i);
            try {
                Thread.sleep(1000);
            } catch (InterruptedException e) {
                e.printStackTrace();
            }
        }
    }).start();
});
Observable<String> src2 = Observable.create(emitter -> {
    new Thread(() -> {
        try {
            Thread.sleep(500);
            emitter.onNext("A");
            Thread.sleep(700);
            emitter.onNext("B");
            Thread.sleep(100);
            emitter.onNext("C");
            Thread.sleep(700);
            emitter.onNext("D");
        } catch (InterruptedException e) {
            e.printStackTrace();
        }
    }).start();
});
Observable.zip(src1, src2, (num, str) -> num + str)
        .subscribe(System.out::println);
Thread.sleep(5000);
```

▼ 실행 결과

1A
2B
3C
4D

merge 연산자

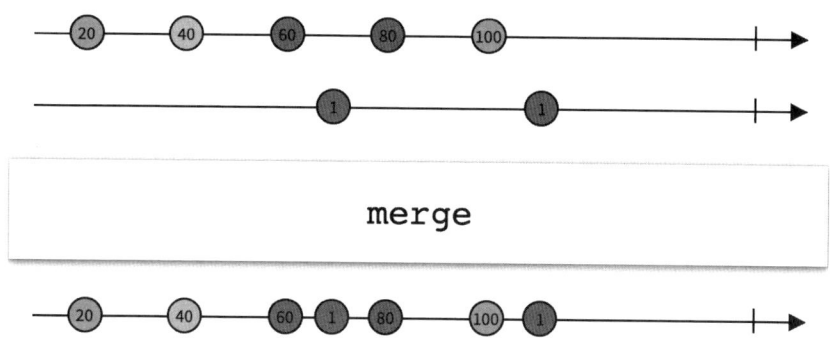

[그림 3-27] merge 연산자 마블 다이어그램

merge 연산자를 이용하면 여러 Observable을 하나의 Observable처럼 결합하여 사용할 수 있다. 여러 Observable이 발행하는 아이템을 발행 시점에 하나의 스트림에 교차해 끼워 넣어 하나의 Observable을 만든다.

그림에 포함된 첫 번째 Observable처럼 20, 40, 60, 80, 100을 발행하는 데 예제 코드에서 intervalRange 연산자를 사용했다. intervalRange 연산자는 interval 연산자와 Range 연산자를 합친 개념으로, 특정 시간 간격으로 정해진 범위의 아이템을 발행한다. 예제 코드를 확인한다.

```
Observable src1 = Observable.intervalRange(
        1,//시작값
        5,//발행 횟수
```

```
        0,//초기 지연
        100,//발행 간격
        TimeUnit.MILLISECONDS
).map(value -> value * 20);
Observable src2 = Observable.create(emitter ->
    new Thread(() -> {
        try {
            Thread.sleep(350);
            emitter.onNext(1);
            Thread.sleep(200);
            emitter.onNext(1);
        } catch (InterruptedException e) {
            e.printStackTrace();
        }
    }).start();
});
Observable.merge(src1, src2)
        .subscribe(System.out::println);
Thread.sleep(1000);
```

▼ 실행 결과

```
20
40
60
80
1
100
1
```

오류를 다루는 연산자

Observable 체인을 다루다 보면 예외 사항은 언제든지 발생하기 마련이다. RxJava 에서는 예외 사항을 알리고자 Emitter.onError()를 호출하여 오류 이벤트를 통지한다. 구독자는 이를 올바르게 처리해야 할 의무가 있다.

다음 예제 코드는 문자열을 정수형으로 변환한다.

```
Observable.just("1","2","a","3")
        .map(i -> Integer.parseInt(i))
        .subscribe(System.out::println);
```

▼ 실행 결과

```
1
2
NumberFormatException
```

문자열 "a"는 Integer로 변환이 불가능해 NumberFormatException이 발생한다.

Exception을 핸들링하고 앱의 크래시를 막으려면 다음과 같이 구독 시에 오류를 처리하는 Consumer를 subscribe()의 2번째 인자로 추가할 수 있다.

```
Observable.just("1", "2", "a", "3")
        .map(i -> Integer.parseInt(i))
        .subscribe(System.out::println,
            throwable -> System.out.println("Error!")
        );
```

▼ 실행 결과

```
1
2
Error!
```

subscribe에서 오류를 처리하는 방법 이외에도 RxJava에서는 오류를 처리하고자 몇 가지 연산자들을 제공한다.

onErrorReturn 연산자

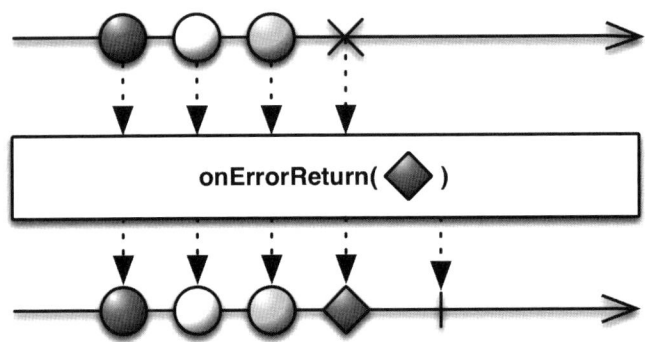

[그림 3-28] onErrorReturn 연산자 마블 다이어그램

onErrorReturn 연산자는 오류가 발생하면 아이템 발행을 종료하고, onError()를 호출하는 대신에 오류 처리를 위한 함수를 실행한다. 예제 코드를 확인한다.

```
Observable.just("1","2","a","3")
        .map(i -> Integer.parseInt(i))
        .onErrorReturn(throwable -> -1)
        .subscribe(System.out::println);
```

▼ 실행 결과

1
2
-1

오류가 발생하면 아이템 -1을 발행하고, 스트림을 종료시킨다.

onErrorResumeNext 연산자

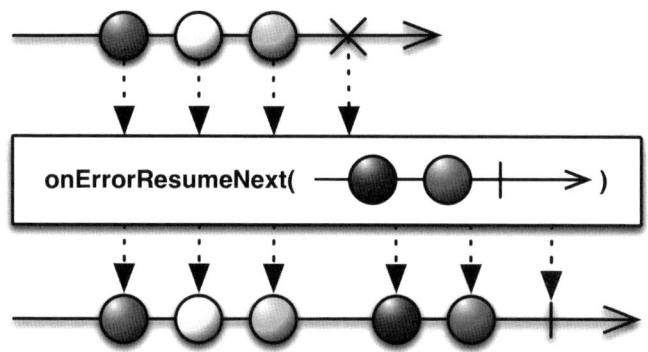

[그림 3-29] onErrorResumeNext 연산자 마블 다이어그램

onErrorResumeNext 연산자는 오류 발생 시 기존 스트림을 종료시키고, 다른 Observable 소스로 스트림을 대체한다. 다음 예제를 확인한다.

```
Observable.just("1", "2", "a", "3")
        .map(i -> Integer.parseInt(i))
        .onErrorResumeNext(throwable ->
                Observable.just(100, 200, 300))
        .subscribe(System.out::println);
```

▼ 실행 결과

1
2
100
200
300

retry 연산자

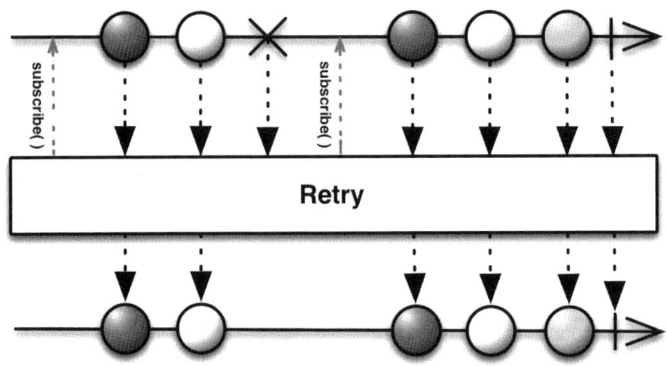

[그림 3-30] retry 연산자 마블 다이어그램

retry 연산자는 Observable이 error를 발행할 때, Observable을 재구독하도록 한다. 다음 예제를 확인한다.

```
Observable.just("1", "2", "a", "3")
        .map(i -> Integer.parseInt(i))
        .retry()
        .subscribe(System.out::println);
```

▼ 실행 결과

```
1
2
1
2
1
2
1
...
```

앞의 예제의 경우 재구독하더라도 변함없이 오류를 발생시켜 무한히 재시도하게 되고 스트림이 종료되지 않는다. 그러므로 이런 경우를 예방하려면 다음과 같이 적당한 재시도 횟수를 명시하는 것이 좋다.

```
Observable.just("1", "2", "a", "3")
        .map(i -> Integer.parseInt(i))
        .retry(2)
        .subscribe(System.out::println,
                throwable -> throwable.printStackTrace());
```

▼ 실행 결과

```
1
2
1
2
1
2
java.lang.NumberFormatException: For input string: "a"
```

디버깅을 돕는 doOn~ 연산자

직접 Emitter를 제어하는 일은 별로 없어, Observable 체인 스트림 내부를 보기 힘든 경우가 있다. 그러므로 RxJava에서는 디버깅을 돕는 doOn 연산자를 제공한다.

doOnEach 연산자

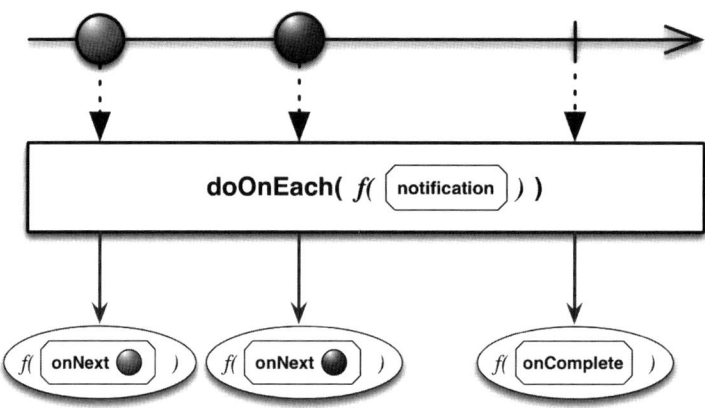

[그림 3-31] doOnEach 연산자 마블 다이어그램

doOnEach 연산자는 Observable이 아이템을 발행하기 전에 이를 콜백으로 확인할 수 있도록 해 준다. 콜백은 Notification 형태로 들어오며, 다음 예제 코드와 같은 내용을 확인할 수 있다.

```
Observable.just(1, 2, 3)
        .doOnEach(notification -> {
            Integer i = notification.getValue();
            boolean isOnNext = notification.isOnNext();
            boolean isOnComplete = notification.isOnComplete();
            boolean isOnError = notification.isOnError();
            Throwable throwable = notification.getError();
            System.out.println("i = " + i);
            System.out.println("isOnNext = " + isOnNext);
            System.out.println("isOnComplete = " + isOnComplete);
            System.out.println("isOnError = " + isOnError);
            if (throwable != null) {
                throwable.printStackTrace();
            }
        })
        .subscribe(value -> {
```

```
            System.out.println("Subscribed = " + value);
    });
```

▼ 실행 결과

```
i = 1
isOnNext = true
isOnComplete = false
isOnError = false
Subscribed = 1
i = 2
isOnNext = true
isOnComplete = false
isOnError = false
Subscribed = 2
i = 3
isOnNext = true
isOnComplete = false
isOnError = false
Subscribed = 3
i = null
isOnNext = false
isOnComplete = true
isOnError = false
```

doOnNext 연산자

doOnNext 연산자는 doOnEach와 형태가 매우 비슷하지만 Notification 대신 간단히 발행된 아이템을 확인할 수 있는 Consumer를 파라미터로 넘긴다.

임의로 doOnNext에서 예외를 던지는 예제 코드를 확인한다.

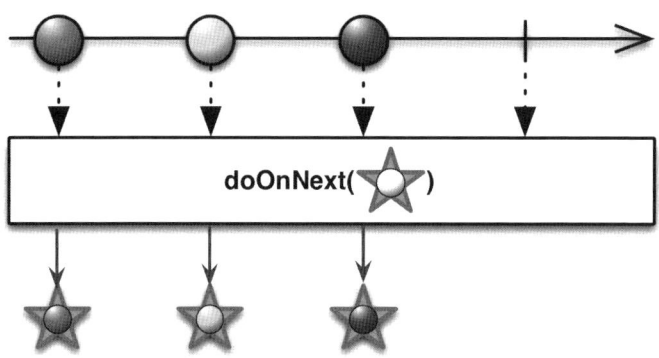

[그림 3-32] doOnNext 연산자 마블 다이어그램

```
Observable.just(1, 2, 3)
        .doOnNext(item -> {
            if( item > 1 ) {
                throw new IllegalArgumentException();
            }
        })
        .subscribe(System.out::println,
                throwable -> throwable.printStackTrace());
```

▼ 실행 결과

1
java.lang.IllegalArgumentException

doOnSubscribe 연산자

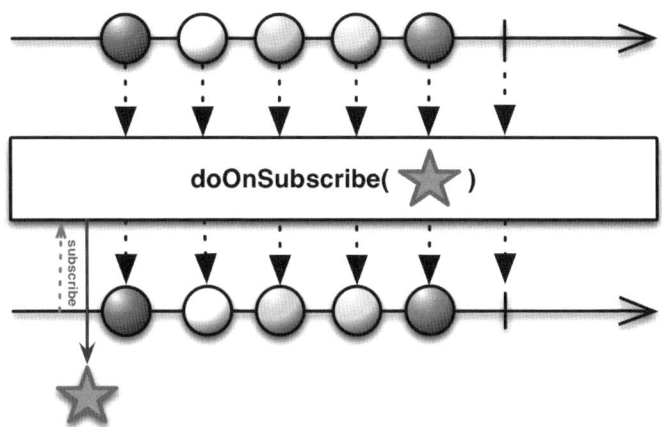

[그림 3-33] doOnSubscribe 연산자 마블 다이어그램

doOnSubscribe 연산자는 구독 시마다 콜백을 받을 수 있도록 한다. 매개 변수로 Disposable을 받을 수 있다. 다음 예제 코드를 확인한다.

```
Observable.just(1,2,3)
        .doOnSubscribe(disposable-> System.out.println("구독 시작!"))
        .subscribe(System.out::println);
```

▼ 실행 결과

```
구독 시작!
1
2
3
```

doOnComplete 연산자

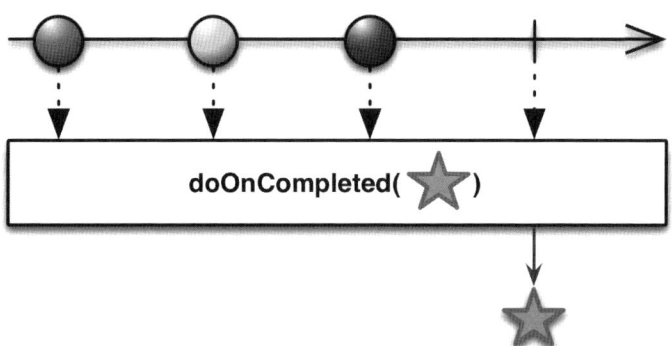

[그림 3-34] doOnCompleted 연산자 마블 다이어그램

doOnComplete 연산자는 Emitter의 onComplete() 호출로 Observable이 정상적으로 종료될 때 호출되는 콜백이다. 오류가 발생하거나 스트림을 폐기하는 경우에는 콜백이 호출되지 않는다. 예제 코드를 확인한다.

```
Observable.just(1,2,3)
        .doOnComplete(() -> System.out.println("완료!!"))
        .subscribe(System.out::println);
```

▼ 실행 결과

1
2
3
완료!!

doOnError 연산자

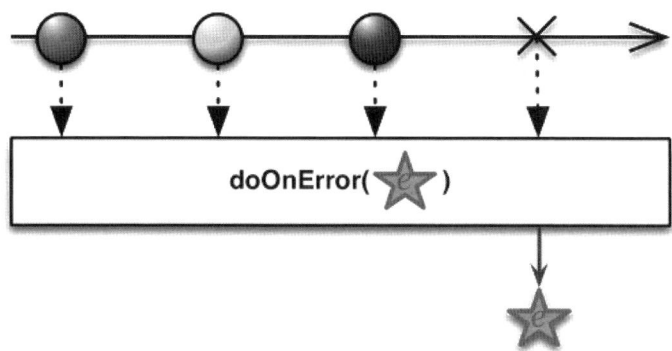

[그림 3-35] doOnError 연산자 마블 다이어그램

doOnError 연산자는 Observable 내부에서 onError() 호출로 Observable이 정상적으로 종료되지 않을 때 호출되는 콜백이다. 콜백 매개 변수로 Throwable이 들어온다.

정수를 0으로 나누어 임의로 오류를 발생시킬 때 어떻게 오류를 처리할 수 있는지 예제 코드를 확인한다.

```
Observable.just(2,1,0)
        .map(i->10/i)
        .doOnError(throwable->System.out.println("오류!!"))
        .subscribe(System.out::println, t->t.printStackTrace());
```

▼ 실행 결과

```
5
10
오류!!
java.lang.ArithmeticException: / by zero
```

doOnTerminate() 연산자

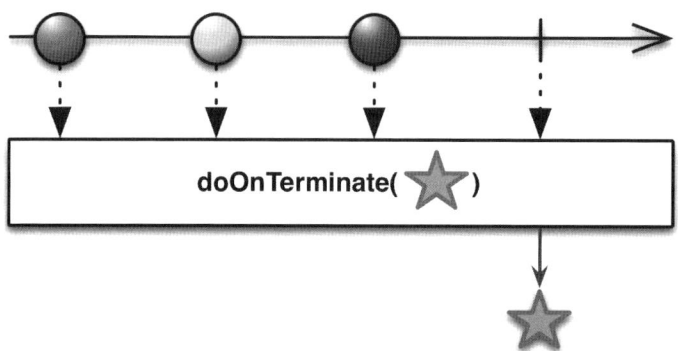

[그림 3-36] doOnTerminate 연산자 마블 다이어그램

doOnTerminate 연산자는 onComplete 연산자와 유사하게 Observable이 종료될 때 호출되는 콜백으로 onComplete 연산자와의 차이점은 오류가 발생했을 때도 콜백이 호출된다는 점이다. 예제 코드를 확인한다.

```
Observable.just(2, 1, 0)
    .map(i -> 10 / i)
    .doOnComplete(()->System.out.println("doOnComplete"))
    .doOnTerminate(()->System.out.println("doOnTerminate"))
    .subscribe(System.out::println, t -> t.printStackTrace());
```

▼ 실행 결과

```
5
10
doOnTerminate
java.lang.ArithmeticException: / by zero
```

doOnDispose 연산자

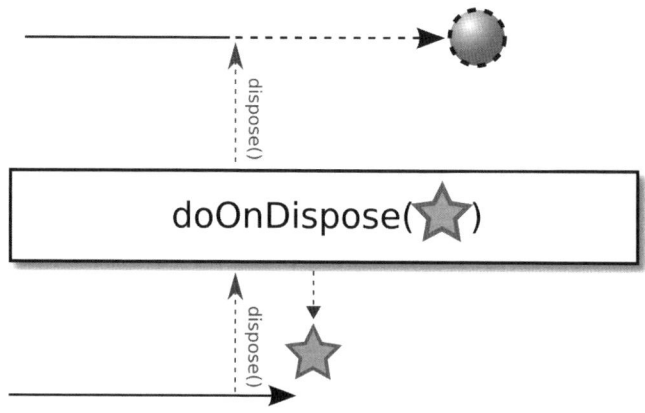

[그림 3-37] doOnDispose 연산자 마블 다이어그램

doOnDispose는 구독 중인 스트림이 dispose() 메서드 호출로 인해 폐기되는 경우에 콜백이 호출된다. 다음 예제 코드를 확인한다.

```
Observable src = Observable.interval(500, TimeUnit.MILLISECONDS)
        .doOnDispose(() -> System.out.println("doOnDispose"));
Disposable disposable = src.subscribe(System.out::println);
Thread.sleep(1100);
disposable.dispose();
```

▼ 실행 결과

```
0
1
doOnDispose
```

doFinally 연산자

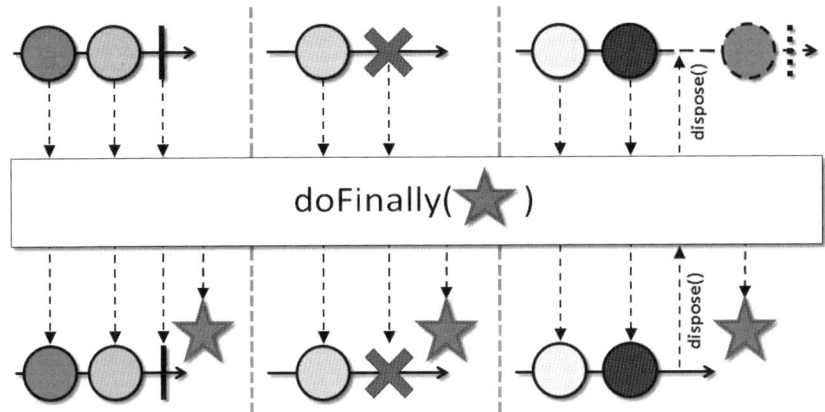

[그림 3-38] doFinally 연산자 마블 다이어그램

Observable이 onError(), onComplete() 또는 스트림이 폐기될 때 doFinally 콜백이 호출된다. Observable을 구독한 뒤 종료되는 어떠한 상황에서도 후속 조치를 해야 하는 상황에서 이 연산자를 이용할 수 있다. 예제 코드를 확인한다.

```
Observable src = Observable.interval(500, TimeUnit.MILLISECONDS)
        .doOnComplete(()->System.out.println("doOnComplete"))
        .doOnTerminate(()->System.out.println("doOnTerminate"))
        .doFinally(() -> System.out.println("doFinally"));
Disposable disposable = src.subscribe(System.out::println);
Thread.sleep(1100);
disposable.dispose();
```

▼ 실행 결과

```
0
1
doFinally
```

4 스케줄러

RxJava에서는 스케줄러(Scheduler)라는 도구를 사용하여 멀티 스레드와 같은 비동기 작업을 돕는다. RxJava에서는 Schedulers 클래스에서 제공하는 정적 팩토리 메서드를 통해 스케줄러를 설정할 수 있다.

```
Scheduler io = Schedulers.io();
Scheduler computation = Schedulers.computation();
Scheduler trampoline = Schedulers.trampoline();
Scheduler newThread = Schedulers.newThread();
//안드로이드용
Scheduler mainThread = AndroidSchedulers.mainThread();
```

스케줄러의 종류

RxJava와 RxAndroid에서 제공하는 스케줄러의 종류와 특징에 대해서 알아본다.

IO 스케줄러

IO 스케줄러는 네트워크, 데이터베이스, 파일 시스템 환경 등의 블로킹 이슈가 발생하는 곳에서 비동기적인 작업을 위해 사용될 수 있다.

newThread 스케줄러

매번 새로운 스케줄러(스레드)를 생성한다.

Computation 스케줄러

이 스케줄러는 단순 반복적인 작업, 콜백 처리 그리고 다른 계산적인 작업에 사용된다. 블로킹 이슈가 발생하는 곳에서 사용하는 것을 추천하지 않는다.

Trampoline 스케줄러

새로운 스레드를 생성하지 않고 현재 스레드에 무한한 크기의 큐를 생성하는 스케줄러다. 모든 작업을 순차적으로 실행하는 것을 보장한다. (FIFO)

mainThread 스케줄러

RxAndroid에서는 안드로이드 메인 스레드에서 작동하는 스케줄러를 제공한다.

subscribeOn과 observeOn 연산자

RxJava에서는 스케줄러를 이용하는 방법으로 subscribeOn과 observeOn 연산자를 제공한다. 이 연산자들을 이용하여 간단히 멀티 스레딩을 구현할 수 있다.

지금까지 예제들은 대부분 메인 스레드(UI 스레드)에서 동작했다. 왜냐하면 RxJava는 기본적으로 Observer가 선언되고 구독되는 스레드에서 동작하기 때문이다.

먼저 0~2까지 메인 스레드로 아이템을 발행하고 메인 스레드로 구독하는 예제를 살펴본다.

```java
Observable<Integer> src = Observable.create(emitter -> {
    for (int i = 0; i < 3; i++) {
        String threadName = Thread.currentThread().getName();
        System.out.println("#Subs on "+threadName +": "+i);
        emitter.onNext(i);
        Thread.sleep(100);
    }
    emitter.onComplete();
});
src.subscribe(s -> {
    String threadName = Thread.currentThread().getName();
    System.out.println("#Obsv on "+threadName+": "+s);
});
```

▼ 실행 결과

```
#Subs on main: 0
#Obsv on main: 0
#Subs on main: 1
#Obsv on main: 1
#Subs on main: 2
#Obsv on main: 2
```

아이템 발행과 구독 시 콘솔에 출력하는 메시지에 스레드 이름을 출력하도록 했고, 모두 메인 스레드에서 동작하는 것을 확인할 수 있다.

이제 앞의 예제 코드에 subscribeOn 연산자를 사용하여 스레드를 지정해 본다.

```
src.subscribeOn(Schedulers.io())
        .subscribe(s -> {
            String threadName = Thread.currentThread().getName();
            System.out.println("#Obsv on "+threadName+": "+s);
        });
Thread.sleep(500);
```

▼ 실행 결과

```
#Subs on RxCachedThreadScheduler-1:0
#Obsv on RxCachedThreadScheduler-1:0
#Subs on RxCachedThreadScheduler-1:1
#Obsv on RxCachedThreadScheduler-1:1
#Subs on RxCachedThreadScheduler-1:2
#Obsv on RxCachedThreadScheduler-1:2
```

subscribeOn 연산자는 Observable 소스에 어떤 스케줄러를 사용하여 아이템을 발행할지 알려 준다. 만약 Observable 체인에 subscribeOn 연산자만 있고 observeOn이 없다면 해당 스케줄러는 아이템 발행 및 구독까지 Observable 체인 전체에 작용한다. 즉 앞의 예제 코드 실행 결과처럼 메인 스레드를 사용하지 않고 발행과 구독 모든 부분에서 스케줄러의 스레드를 사용한다.

observeOn 연산자를 사용하면 어떻게 되는지 다음 예제 코드를 살펴본다.

```
src.observeOn(Schedulers.computation())
    .subscribeOn(Schedulers.io())
    .subscribe(s -> {
        String threadName = Thread.currentThread().getName();
        System.out.println("#Obsv on "+threadName+": "+s);
    });
Thread.sleep(500);
```

▼ 실행 결과

```
#Subs on RxCachedThreadScheduler-1:0
#Obsv on RxComputationThreadPool-1:0
#Subs on RxCachedThreadScheduler-1:1
#Obsv on RxComputationThreadPool-1:1
#Subs on RxCachedThreadScheduler-1:2
#Obsv on RxComputationThreadPool-1:2
```

observeOn 연산자를 사용하여 스케줄러를 지정하면 Observable에서 발행된 아이템을 가로채어 해당 스케줄러로 아이템을 구독한다. 그러므로 앞의 코드를 보면 아이템 발행 시와 구독 시에 스레드의 이름이 다른 것을 확인할 수 있다.

스케줄러가 지정되지 않는 경우가 있다. interval, timer, replay, buffer 등의 연산자는 computation 스케줄러로 이미 고정되어 다른 스케줄러를 지정하더라도 무시된다.

```
Observable.interval(200,TimeUnit.MILLISECONDS)
    .subscribeOn(Schedulers.io())
    .subscribe(value-> System.out.println(Thread.currentThread().
        getName()+":"+value));
sleep(1000);
```

▼ 실행 결과

```
RxComputationThreadPool-1:0
RxComputationThreadPool-1:1
RxComputationThreadPool-1:2
RxComputationThreadPool-1:3
RxComputationThreadPool-1:4
```

일반적으로 안드로이드 앱 개발 시에는 네트워크나 데이터베이스로부터 데이터를 요청해야 하는 경우가 있고, 메인 스레드가 블로킹되는 것을 방지하도록 IO 스케줄러를 사용한다. 요청한 데이터를 구독한 결과로 UI를 갱신해야 하고, UI는 메인 스레드에서만 갱신이 가능하므로 mainThread 스케줄러를 다음과 같이 사용한다.

```
repository.getUsers()
        .subscribeOn(Schedulers.io())
        .observeOn(AndroidSchedulers.mainThread())
        .subscribe(users->{
            //UI 업데이트
        });
```

5 배압과 Flowable

배압(Backpressure)

RxJava에서 Observable은 생산자(Producer)와 소비자(Consumer)로 나눌 수 있다. 생산자는 아이템을 발행하고, 소비자는 생산자가 발행한 아이템을 구독한다. 다음 예제 코드를 살펴본다.

```
Observable.range(1, Integer.MAX_VALUE)
        .map(item -> {
```

```
            System.out.println("아이템 발행: " + item);
            return item;
        })
        .subscribe(item -> {
            sleep(100);
            System.out.println("아이템 소비: " + item);
        });
Thread.sleep(30 * 1000);
```

▼ 실행 결과

```
아이템 발행: 1
아이템 소비: 1
아이템 발행: 2
아이템 소비: 2
아이템 발행: 3
...
아이템 발행: 100
아이템 소비: 100
아이템 발행: 101
아이템 소비: 101
아이템 발행: 102
...
```

동일한 스레드로 아이템을 발행하고 소비해 균형적으로 생산과 소비가 이루어지는 것을 확인할 수 있다. 만약에 생산과 소비가 균형적이지 않다면 어떻게 될지 상상해 본다.

예를 들어 일정한 배차 간격을 갖는 버스가 있고, 이 버스를 타려고 사람들은 정류장에 줄을 선다. 버스가 오면 사람들은 버스를 타고 출발하고 정류장에는 사람이 없지만, 버스가 오지 않거나 만차라면 버스를 타려는 사람들의 대기 줄은 점점 길어진다. 이 대기 줄이 점점 길어지면 정류장에 사람이 넘칠 것이다. 이런 현상을 Observable에 대입하여 생각해 본다. Observable에서 아이템을 빠르게 발행하는데, 구독자는 이를 빠르게 소비하지 못한다면 생산한 아이템들이 메모리에 누적된다. 생산자는 누적되는 아이템과 상관없이 계속해서 아이템을 발행한다면, 메모리가 오버플로될 것이다. 다음 예제 코드를 살펴본다.

```
Observable.range(1, Integer.MAX_VALUE)
        .map(item -> {
            System.out.println("아이템 발행: " + item);
            return item;
        })
        .observeOn(Schedulers.io())
        .subscribe(item -> {
            sleep(100);
            System.out.println("아이템 소비: " + item);
        });
Thread.sleep(30 * 1000);
```

▼ 실행 결과

```
...
아이템 발행: 744735
아이템 발행: 744736
아이템 발행: 744737
아이템 발행: 744738
아이템 소비: 16
아이템 발행: 744739
아이템 발행: 744740
아이템 발행: 744741
아이템 발행: 744742
아이템 발행: 744743
...
```

observeOn 연산자를 통해 스케줄러를 지정하여 서로 다른 스레드에서 아이템 발행과 구독을 하도록 하고, 구독자는 100ms마다 스레드를 멈추도록 했다. 그러므로 발행과 소비가 균형적으로 일어나지 않으며, 구독자의 소비량과 관계없이 아이템을 계속 발행하는 결과를 나타낸다. 이런 현상을 우리는 배압(Backpressure)이라고 한다. 배압을 제어하지 못하면 OutOfMemoryError 예외를 포함한 많은 문제를 발생시킬 수 있다.

Flowable 다루기

배압을 직접 제어할 수도 있지만, 이미 RxJava에서는 감사하게도 스트림에 쌓이는 아이템의 양을 제어할 수 있는 솔루션을 제공한다.

다음 예제 코드는 앞에서 다뤘던 코드와 동일하지만, Observable을 Flowable로 변경한 코드이다.

```java
Flowable.range(1, Integer.MAX_VALUE)
        .map(item -> {
            System.out.println("아이템 발행: " + item);
            return item;
        })
        .observeOn(Schedulers.io())
        .subscribe(item -> {
            sleep(100);
            System.out.println("아이템 소비: " + item);
        });
Thread.sleep(30 * 1000);
```

▼ 실행 결과

```
아이템 발행: 1
아이템 발행: 2
아이템 발행: 3
...
아이템 발행: 126
아이템 발행: 127
아이템 발행: 128
```

```
아이템 소비: 1
아이템 소비: 2
아이템 소비: 3
...
아이템 소비: 94
아이템 소비: 95
아이템 소비: 96
아이템 발행: 129
아이템 발행: 130
아이템 발행: 131
...
```

아이템 발행량이 일정량 누적되면 더는 아이템을 발행하지 않는 것을 확인할 수 있다. 배압을 스스로 조절하는 점이 Flowable과 Observable의 차이점이다.

실행 결과를 살펴보면 한 가지 패턴을 찾을 수 있는데, 첫 번째 발행은 1부터 128까지 이루어지고, 첫 번째 소비는 1부터 96까지 이루어진다. 이 둘의 차이는 32다. 128까지 발행하고, 128까지 소비가 이루어지지 않는 이유는 다시 생산자가 발행하기까지 걸리는 시간으로 인해 소비자가 기다리는 일이 없도록 여유를 두기 위함이다.

하지만 시간을 기반으로 하는 interval 연산자와 Flowable을 같이 사용한다면 문제가 발생할 수 있다. interval과 같은 연산자들은 스케줄러의 설정과 관계없이 시간을 기반으로 충실히 아이템을 발행한다. 그러므로 생산하는 쪽에서 블로킹 이슈가 발생하면 배압 제어 전략과 관계없이 MissingBackpressureException이 발생한다. 다음 예제 코드를 살펴본다.

```
Flowable.interval(10, TimeUnit.MILLISECONDS)
    .observeOn(Schedulers.io())
    .map(item -> {
        sleep(2000);
        System.out.println("아이템 발행: " + item);
        return item;
    })
```

```
            .subscribe(item -> {
                System.out.println("아이템 소비: " + item);
            }, throwable -> throwable.printStackTrace());
Thread.sleep(30 * 1000);
```

▼ 실행 결과

아이템 발행: 0
아이템 소비: 0
io.reactivex.rxjava3.exceptions.MissingBackpressureException: Can't deliver
value 128 due to lack of requests

이러한 예외 사항이 발생할 수 있다는 것을 충분히 숙지하고, Flowable을 사용해야 한다.

앞의 문제를 해결하도록 RxJava는 배압 제어 연산자를 제공한다.

배압 제어 연산자

이미 만들어진 Flowable에 대해 배압에 대한 전략을 설정할 수 있도록 도와주는 배압 제어 연산자를 적용할 수 있다. 배압 제어 연산자를 적용하면 앞에서 다룬 Flowable과 interval 연산자를 같이 사용할 때 발생할 수 있는 MissingBackPressureException을 극복할 수 있다.

onBackPressureBuffer 연산자

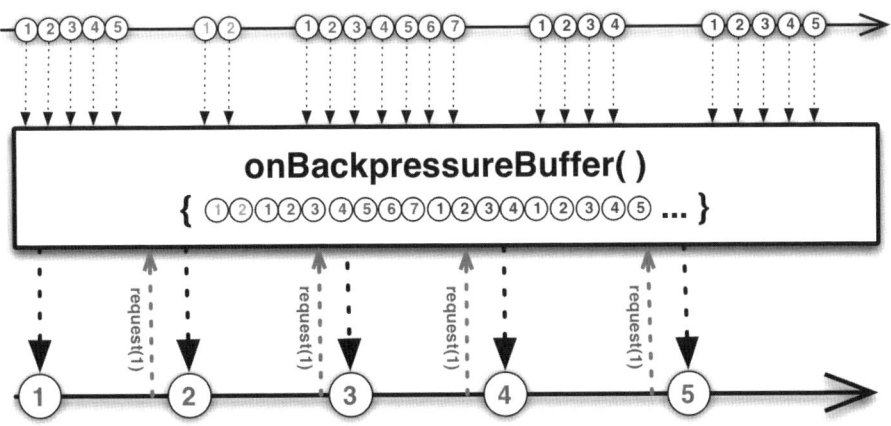

[그림 3-39] onBackpressureBuffer 연산자 마블 다이어그램

이 연산자를 사용하면 배압 구현이 되지 않은 Flowable에 대해 Backpressure Strategy.BUFFER를 적용한다. onBackPressureBuffer 연산자는 매개 변수별로 종류가 많은데 용량, 지연, 오버플로 콜백 등에 대한 것을 정의할 수 있다. 매개 변수가 없는 기본 연산자에 대한 예제 코드를 살펴본다.

```
Flowable.interval(10, TimeUnit.MILLISECONDS)
        .onBackpressureBuffer()
        .observeOn(Schedulers.io())
        .map(item -> {
            sleep(2000);
            System.out.println("아이템 발행: " + item);
            return item;
        })
        .subscribe(item -> {
            System.out.println("아이템 소비: " + item);
        }, throwable -> throwable.printStackTrace());
Thread.sleep(30 * 1000);
```

▼ 실행 결과

```
아이템 발행: 0
아이템 소비: 0
아이템 발행: 1
아이템 소비: 1
...
```

onBackPressureLatest 연산자

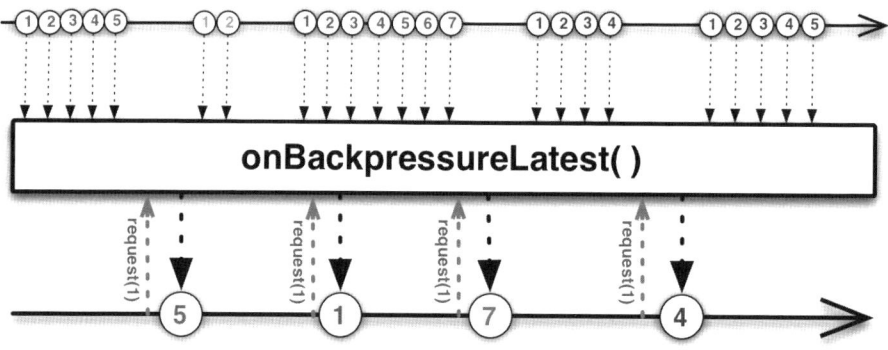

[그림 3-40] onBackpressureLatest 연산자 마블 다이어그램

onBackPressureLatest 연산자는 스트림 버퍼가 가득 차면 최신의 아이템을 버퍼에 유지하려고 오래된 아이템을 버리는 연산자다. 최신의 상태나 데이터만 의미가 있을 때 사용하면 좋다.

onBackPressureLatest 연산자를 사용하는 예제 코드를 살펴본다.

```
Flowable.interval(10,TimeUnit.MILLISECONDS)
    .onBackpressureLatest()
    .observeOn(Schedulers.io())
    .subscribe(item -> {
        Thread.sleep(100);
        System.out.println("아이템 소비: " + item);
```

```
        }, throwable -> throwable.printStackTrace());
Thread.sleep(30 * 1000);
```

▼ 실행 결과

```
...
아이템 소비: 124
아이템 소비: 125
아이템 소비: 126
아이템 소비: 127
아이템 소비: 986
아이템 소비: 987
아이템 소비: 988
아이템 소비: 989
...
```

onBackpressureDrop 연산자

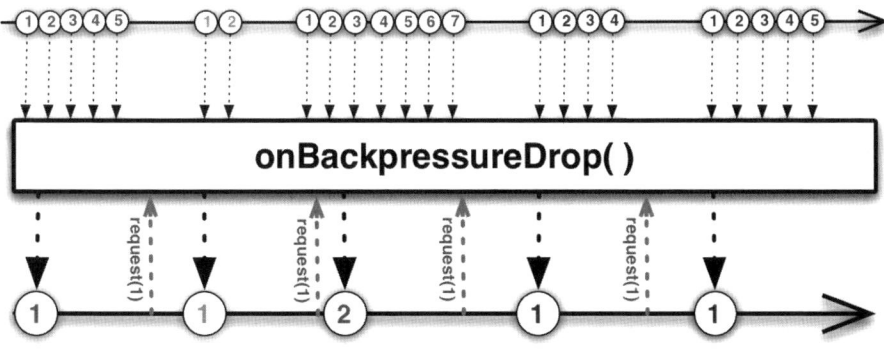

[그림 3-41] onBackpressureDrop 연산자

이 연산자는 버퍼가 가득 찬 상태에서 버퍼에 든 아이템을 소비하는 쪽이 바쁘다면 발행된 아이템을 버린다. 다음 예제 코드를 확인한다.

```
Flowable.range(1,300)
        .onBackpressureDrop()
        .observeOn(Schedulers.io())
        .subscribe(item -> {
            Thread.sleep(10);
            System.out.println("아이템 소비: " + item);
        }, throwable -> throwable.printStackTrace());
Thread.sleep(30 * 1000);
```

▼ 실행 결과

아이템 소비: 1
아이템 소비: 2
아이템 소비: 3
...
아이템 소비: 126
아이템 소비: 127
아이템 소비: 128

128번째 아이템 이후로는 메시지가 출력되지 않는 것을 확인할 수 있다. 이는 구독자가 아이템을 소비하는 동안 129부터 300까지 모든 아이템이 전부 버려졌기 때문이다.

onBackpressureDrop 연산자는 버려지는 아이템에 대한 콜백을 제공한다. 다른 예제를 통해 버려지는 아이템들을 확인해 본다.

```
Flowable.interval(10,TimeUnit.MILLISECONDS)
        .onBackpressureDrop(item -> {
            System.out.println("아이템 버림: "+item);
        })
        .observeOn(Schedulers.io())
        .subscribe(item -> {
            Thread.sleep(100);
            System.out.println("아이템 소비: " + item);
        }, throwable -> throwable.printStackTrace());
Thread.sleep(30 * 1000);
```

▼ 실행 결과

```
아이템 소비: 0
아이템 소비: 1
아이템 소비: 2
...
아이템 소비: 10
아이템 소비: 11
아이템 버림: 128
아이템 버림: 129
아이템 버림: 130
아이템 버림: 131
아이템 버림: 132
아이템 버림: 133
아이템 소비: 12
아이템 버림: 134
...
```

Flowable 생성과 배압 전략

Flowable.create()는 Observable.create()와 비슷하다. EmitterBackpressure Strategy(배압 전략)를 설정해야 한다. 배압 전략은 발행된 아이템들의 캐싱 및 폐기 여부를 지정하거나 아니면 배압 제어를 구현하지 않도록 설정할 수도 있다.

```
Flowable.create((FlowableOnSubscribe<Integer>) emitter -> {
    for (int i = 0; i <= 1000; i++) {
        if (emitter.isCancelled()) { //다운스트림 취소 및 폐기 시 true
            return;
        }
        emitter.onNext(i);
    }
    emitter.onComplete();
}, BackpressureStrategy.BUFFER) //배압 제어 전략
        .subscribeOn(Schedulers.computation())
        .observeOn(Schedulers.io())
```

```
            .subscribe(System.out::println,
                    throwable -> throwable.printStackTrace());
sleep(100);
```

▼ 실행 결과

```
0
1
2
...
998
999
1000
```

배압 전략에는 다음과 같은 것들이 있다.

BackpressureStrategy.MISSING

기본적으로 배압 전략을 구현하지 않는다. 오버플로를 다루려면 배압 제어 연산자를 사용해야 한다.

BackpressureStrategy.ERROR

스트림에서 소비자가 생산자를 따라가지 못하는 경우 MissionBackpressure Exception 예외를 발생시킨다.

BackpressureStrategy.BUFFER

구독자가 아이템을 소비할 때까지 발행한 아이템들을 버퍼에 넣어 둔다. 이 버퍼는 제한이 없는 큐지만, 가용 메모리를 벗어나는 경우 OutOfMemoryError를 발생시킬 수 있으므로 이를 유의한다.

BackpressureStrategy.DROP

구독자가 아이템을 소비하느라 바빠서 생산자를 못 따라가는 경우 발행된 아이템을 모두 무시하고 버린다.

BackpressureStrategy.LATEST

구독자가 아이템을 받을 준비가 될 때까지 가장 최신의 발행된 아이템들만 유지하고 이전 아이템은 버린다.

6 Subject

Subject는 Observable과 Observer를 모두 구현한 추상 타입으로 하나의 소스로부터 다중의 구독자에게 멀티 캐스팅이 가능하다. Subject는 Observer를 구현하므로 onNext(), onError(), onComplete() 등의 메서드를 수동으로 호출하여 이벤트를 구독자들에게 전달할 수 있다. Subject를 구현한 다양한 타입에 대해서 알아본다.

PublishSubject

PublishSubject는 Subject를 구현한 가장 단순한 타입 중 한 가지로 구독자들에게 이벤트를 널리 전달한다. PublishSubject 객체를 생성하고 간단히 이벤트를 브로드캐스팅하는 예제를 살펴본다.

```
Subject<String> src = PublishSubject.create();
src.subscribe(item -> System.out.println("A: " + item),
        t -> t.printStackTrace(),
        () -> System.out.println("A: onComplete"));
src.subscribe(item -> System.out.println("B : " + item),
```

```
            t -> t.printStackTrace(),
        () -> System.out.println("B: onComplete"));
src.onNext("Hello");
src.onNext("World");
src.onNext("!!!");
src.onComplete();
```

▼ 실행 결과

```
A: Hello
B: Hello
A: World
B: World
A: !!!
B: !!!
A: onComplete
B: onComplete
```

create() 메서드를 통해 간단히 Subject 객체를 생성했다. Subject는 Observable이면서 Observer이므로 발행과 구독을 모두 Subject 객체를 통해 하는 것을 확인할 수 있다.

Subject를 이용할 때 주의해야 할 점은 Subject는 Hot Observable이라는 사실을 잊지 말아야 한다는 것이다. 다음 예제 코드와 같이 아이템을 발행한 뒤 구독하면 아무런 아이템도 소비할 수 없다.

```
Subject<String> src = PublishSubject.create();
src.onNext("Hello");
src.onNext("World");
src.onNext("!!!");
src.onComplete();
src.map(String::length)
        .subscribe(System.out::println);
```

▼ 실행 결과

또 다른 유스 케이스를 살펴본다. Subject는 Observer이기도 하므로, 다른 Observable의 구독자로 이벤트를 처리할 수도 있다. 소비하는 아이템은 다시 Observable로 발행하여 다른 구독자에게 전달한다. 다음 예제 코드를 살펴본다.

```
Observable src1 = Observable.interval(1, TimeUnit.SECONDS);
Observable src2 = Observable.interval(500, TimeUnit.MILLISECONDS);
PublishSubject subject = PublishSubject.create();

src1.map(item -> "A: " + item).subscribe(subject);
src2.map(item -> "B: " + item).subscribe(subject);
subject.subscribe(System.out::println);
Thread.sleep(5000);
```

▼ 실행 결과

B: 0
B: 1
A: 0
B: 2
A: 1
B: 3
B: 4
A: 2
B: 5
B: 6
A: 3
B: 7
B: 8
B: 9
A: 4

Subject를 통해 구독하고 아이템을 재발행도 하고, merge 연산자처럼 두 Observable 소스를 묶어서 이벤트를 관리하는 것도 가능하다는 것을 확인할 수 있다.

SerializedSubject

SerializedSubject는 사실 접근 제어자가 public이 아니므로 RxJava 내부에서만 접근 가능한 타입이다. 그런데도 이 타입을 설명하는 이유는 Subject를 잘못 사용할 수 있는 경우가 있기 때문이다. 만약 서로 다른 스레드에서 Subject에 접근하여 아이템을 발행하는 상황에서는 Subject가 스레드 안전을 보장하지 않는다. 이러한 해결책으로 RxJava는 내부에서 SerializedSubject를 가진다. 애플리케이션에서 이 타입에 접근은 불가능하지만 사용은 할 수 있다. 스레드에 안전하지 않은 다음 예제를 살펴본다.

```java
AtomicInteger counter = new AtomicInteger();
Subject<Object> subject = PublishSubject.create().toSerialized();
subject.doOnNext(i -> counter.incrementAndGet())
    .doOnNext(i -> counter.decrementAndGet())
    .filter(i -> counter.get() != 0)
    .subscribe(System.out::println, throwable -> throwable.
    printStackTrace());
Runnable runnable = () -> {
    for (int i = 0; i < 100000; i++) {
        try {
            Thread.sleep(1);
        } catch (Throwable throwable) {
            throwable.printStackTrace();
        }
        subject.onNext(i);
    }
};
new Thread(runnable).start();
new Thread(runnable).start();
Thread.sleep(1000);
System.out.println("종료");
```

▼ 실행 결과

```
java.lang.IllegalArgumentException: item = 9
```

각기 다른 스레드에서 subject를 통해 아이템을 발행하고, subject에서는 이벤트를 수신할 때마다 counter를 1씩 증가한 뒤 다시 감소시킨다. 1을 더하고 1을 빼면 0이므로 filter 연산자를 통과할 수 없어야 하지만, 두 개의 스레드가 동시에 메모리에 접근하다 보니 이를 통과하는 경우가 생겨 결국 임의로 만든 IllegalArgumentException이 발생했다. 이처럼 스레드에 안전하지 않은 경우를 해결하려면 다음과 같이 Subject.toSerialized() 메서드를 통해 SerializedSubject를 객체로 생성할 수 있다. SerializedSubject는 내부에서 synchronized 키워드를 통해 스레드를 제어해 스레드에 안전한 Subject를 제공한다. toSerialzed() 메서드를 사용하는 예제를 확인한다.

```
AtomicInteger counter = new AtomicInteger();
Subject<Object> subject = PublishSubject.create().toSerialized();
subject.doOnNext(i -> counter.incrementAndGet())
       .doOnNext(i -> counter.decrementAndGet())
       .filter(i -> counter.get() != 0)
       .subscribe(System.out::println, throwable -> throwable.
       printStackTrace());
Runnable runnable = () -> {
    for (int i = 0; i < 100000; i++) {
        try {
            Thread.sleep(1);
        } catch (Throwable throwable) {
            throwable.printStackTrace();
        }
        subject.onNext(i);
    }
};
new Thread(runnable).start();
new Thread(runnable).start();
Thread.sleep(1000);
System.out.println("종료");
```

▼ 실행 결과

종료

BehaviorSubject

또 다른 Subject의 서브 클래스로 BehaviorSubject가 있다. BehaviorSubject는 PublishSubject와 동일하게 동작하지만, 차이점은 새로운 Observer를 통해 구독 시 가장 마지막 아이템만을 발행한다는 것이다. 가장 최근 상태값을 가져오는 것이 중요할 때 사용할 수 있다. 다음 예제 코드를 살펴본다.

```
BehaviorSubject<Integer> subject = BehaviorSubject.create();
subject.subscribe(item->System.out.println("A: "+item));
subject.onNext(1);
subject.onNext(2);
subject.subscribe(item->System.out.println("B: "+item));
subject.onNext(3);
subject.subscribe(item->System.out.println("C: "+item));
```

▼ 실행 결과

A: 1
A: 2
B: 2
A: 3
B: 3
C: 3

구독을 시작할 때 Subject가 마지막으로 발행한 아이템을 가져오며, 이후에 발행되는 아이템들은 PublishSubject와 동일하게 모두 수신할 수 있다.

ReplaySubject

ReplaySubject는 PublishSubject에 cache 연산자를 적용한 것과 유사하다. ReplaySubject는 새로운 구독자가 구독을 요청하면 이전에 발행했던 아이템 모두를 구독자에게 전달한다. 다음 예제를 확인한다.

```
ReplaySubject<Integer> subject = ReplaySubject.create();
subject.subscribe(item->System.out.println("A: "+item));
subject.onNext(1);
subject.onNext(2);
subject.subscribe(item->System.out.println("B: "+item));
subject.onNext(3);
subject.subscribe(item->System.out.println("C: "+item));
```

▼ 실행 결과

```
A: 1
A: 2
B: 1
B: 2
A: 3
B: 3
C: 1
C: 2
C: 3
```

매개 변수가 없는 replay 연산자 또는 cache 연산자와 매우 비슷하다. ReplaySubject를 사용할 때는 큰 볼륨을 갖는 아이템 발행 또는 무한한 아이템을 발행하는 소스에 대해서는 고민을 좀 해 봐야 할 것이다. 그렇지 않으면 메모리가 가득 차 OutOfMemoryException이 발생할 수 있다.

AsyncSubject

AsyncSubject는 onComplete() 호출 직전에 발행된 아이템만을 구독자들에게 전달하는 특징이 있다.

```
AsyncSubject<Integer> subject = AsyncSubject.create();
subject.subscribe(item->System.out.println("A: "+item));
subject.onNext(1);
subject.onNext(2);
subject.subscribe(item->System.out.println("B: "+item));
subject.onNext(3);
subject.onComplete();
subject.subscribe(item->System.out.println("C: "+item));
```

▼ 실행 결과

```
A: 3
B: 3
C: 3
```

UnicastSubject

UnicastSubject는 다른 Subject처럼 아이템을 발행하고 구독한다. 차이점은 Observer가 UnicastSubject에 구독하기 전까지는 발행하는 아이템을 버퍼에 저장하고, 구독이 시작될 때 버퍼에 있던 아이템을 모두 발행하고 버퍼를 비워 낸다. 그러므로 구독자를 여러 개 둘 수가 없다. 첫 번째 구독자가 모든 아이템을 다 소비해 두 번째 구독자부터는 아이템을 수신할 수 없기 때문이다. 두 번째 구독을 시도한다면 Illegal StateException 예외를 던지며 하나의 옵서버만 허용한다는 메시지를 볼 수 있다. 아이템을 발행하고 소비하는 예제 코드를 살펴본다.

```
Subject<Long> subject = UnicastSubject.create();
Observable.interval(1, TimeUnit.SECONDS)
        .subscribe(subject);
sleep(3000);
subject.subscribe(i -> System.out.println("A: " + i));
sleep(2000);
```

▼ 실행 결과

A: 0
A: 1
A: 2
A: 3
A: 4

처음 3초 동안은 발행된 아이템을 UnicastSubject의 버퍼에 축적해 콘솔에 아무런 출력이 없다가 3초 이후 축적된 아이템을 모두 방출하고 그 이후로 2초 동안은 1초마다 발행된 아이템이 콘솔에 출력되는 것을 확인할 수 있다.

CHAPTER
04

앱 아키텍처를 위한
Jetpack 컴포넌트

CHAPTER 04
앱 아키텍처를 위한 Jetpack 컴포넌트

Jetpack 컴포넌트는 생산성을 높여 개발할 수 있게 돕는 라이브러리, 도구, 가이드의 모음이다. Jetpack에서 애플리케이션을 설계하는 권장 사항을 따르고, 보일러 플레이트 코드를 줄이고, 복잡한 작업을 간소화함으로써 중요한 코드에만 집중할 수 있다.

Jetpack은 안드로이드 프레임워크가 아닌 androidx .* 패키지 라이브러리로 제공된다. 이는 하위 버전과 호환하기 위함이며, Android 플랫폼보다 더 자주 업데이트된다. 그러므로 항상 최신 Jetpack 컴포넌트를 유지하는 것을 추천한다.

Jetpack은 크게 기초(Foundation), 아키텍처(Architecture), 동작(Behavior), 사용자 인터페이스(User Interface) 4개의 카테고리로 분류되는데, 이 책에서는 아키텍처에 대해서만 다룬다.

Jetpack 아키텍처에는 다음과 같은 라이브러리들이 속한다.

- Data Binding
- Lifecycles
- LiveData
- Navigation

- Paging
- Room
- ViewModel
- WorkManager

1 데이터 바인딩

데이터 바인딩은 명령형 방식이 아닌 선언적 형식으로 레이아웃의 UI 구성 요소를 앱의 데이터와 결합할 수 있는 라이브러리다.

선언형 프로그래밍이란 문제에 대한 답을 정의하기보다는 문제를 설명하는 것이다. 명령형 프로그래밍은 "어떤 방법"으로 할지에 중점을 두는 반면에, 선언형 프로그래밍 언어는 "무엇"을 할지에 중점을 둔다.

다음 명령형 프로그래밍 예제는 TextView를 뷰 모델로부터 사용자 이름을 참조하여 텍스트를 변경한다.

```
TextView textView = findViewById(R.id.sample_text);
textView.setText(viewModel.getUserName());
```

데이터 바인딩을 사용하면 자바 코드를 작성하지 않고 레이아웃 파일에서 직접 데이터 바인딩 표현식을 사용하여 선언형 프로그래밍 코드를 작성할 수 있다.

```
<TextView
        android:text="@{viewmodel.userName}" />
```

데이터 바인딩의 사용을 통해 많은 보일러 플레이트 코드를 줄일 수 있다. findView

ById 메서드를 호출할 필요가 없어 앱 성능이 향상되고 메모리 누수 및 Null Pointer Exception을 방지할 수 있다.

데이터 바인딩 설정하기

데이터 바인딩은 안드로이드 스튜디오 내에서 하위 버전을 포함한 서포트 라이브러리 형태로 Android 4.0(API 14레벨) 이상 안드로이드 기기에서 지원한다. 데이터 바인딩을 사용하려면 안드로이드 스튜디오 1.5.0 이상의 버전을 사용해야 하며, 최신의 데이터 바인딩 라이브러리를 사용하려면 안드로이드 스튜디오와 SDK 버전을 최신 상태로 유지하는 것을 권장한다.

데이터 바인딩을 프로젝트에 설정하려면 애플리케이션 모듈의 build.gradle에 다음 내용을 추가한다.

```
android {
    ...
    dataBinding {
        enabled = true
    }
}
```

데이터 바인딩의 설정이 끝나면 다음과 같은 기능이 활성화된다.

- 구문 강조
- 데이터 바인딩 표현식 오류 검출
- XML 코드 자동 완성
- 빠른 코드 참조

바인딩 클래스 생성하기

데이터 바인딩 라이브러리는 레이아웃의 변수와 뷰를 참조할 수 있는 바인딩 클래스를 생성한다. 모든 생성되는 바인딩 클래스는 ViewDataBinding을 상속한다. 바인딩 클래스를 생성하는 방법은 간단하다. xml 레이아웃 파일에서 가장 상위 레이아웃을 <layout> 태그로 감싸면 바인딩 클래스가 자동으로 생성된다. 생성되는 바인딩 클래스 이름은 레이아웃 파일의 이름을 기반으로 결정된다. xml 레이아웃 파일명은 각 단어의 사이를 언더 바로 구분해 주는 스네이크 케이스를 사용하는데, 생성되는 바인딩 클래스 이름은 기존 xml 레이아웃 파일명을 파스칼 케이스로 변경한 뒤 접미어 Binding을 붙인다. activity_main.xml을 표현하는 바인딩 클래스의 이름은 ActivityMainBinding이다.

▼ layout/activity_main.xml

```xml
<?xml version="1.0" encoding="utf-8"?>
<layout>
    <LinearLayout
        xmlns:android="http://schemas.android.com/apk/res/android"
        android:layout_width="match_parent"
        android:layout_height="match_parent">
        ...
    </LinearLayout>
</layout>
```

레이아웃에 대한 표현은 ~Binding 클래스로 작성되지만, 실제 비즈니스 로직을 추적 또는 디버깅하려면 ~BindingImpl을 참조해야 한다. 예를 들어 ActivityMainBinding에 대한 실제 구현체는 ActivityMainBindingImpl이다.

바인딩 클래스로 바인딩 객체 생성하기

바인딩 객체를 생성하는 일반적인 방법으로는 바인딩 클래스의 static 메서드를 이용하는 것이다. 먼저 inflate() 메서드를 사용해서 레이아웃 전개와 함께 바인딩 객체를 생성한다.

```
ActivityMainBinding binding = ActivityMainBinding.inflate(layoutInflater);
```

만약 바인딩 클래스를 통해 레이아웃을 전개하지 않고 전개 후에 바인딩한다면 다음과 같이 bind() 메서드를 사용한다.

```
ActivityMainBinding binding = ActivityMainBinding.bind(rootView);
```

바인딩 클래스 이름을 미리 알지 못하는 경우는 DataBindingUtil 클래스를 활용할 수 있다.

```
ActivityMainBinding binding = DataBindingUtil.inflate(
        layoutInflater,
        R.layout.activity_main,
        parent,
        attachToParent
);
```

```
ActivityMainBinding binding = DataBindingUtil.bind(rootView);
```

DataBindingUtil에는 setContentView 메서드도 있다. 액티비티의 setContentView를 다음과 같이 대체할 수 있다.

```
public class MainActivity extends AppCompatActivity {

    ActivityMainBinding binding;

    @Override
    protected void onCreate(Bundle savedInstanceState) {
```

```
        super.onCreate(savedInstanceState);
        // setContentView(R.layout.activity_main);
        binding = DataBindingUtil.setContentView(
                this, R.layout.activity_main);
    }
}
```

바인딩 클래스 이름 사용자화하기

기본적으로 바인딩 클래스 이름은 레이아웃 파일명을 바탕으로 생성된다. 만약 이를 변경하고 싶다면 <data> 태그 내에 class 속성을 사용할 수 있다. 예를 들어 현재 모듈의 패키지명이 com.charlezz라고 가정하고 com.charlezz.databinding 패키지에 ContactItem 바인딩 클래스를 생성하고 싶다면 다음과 같이 바인딩 클래스 이름을 지정할 수 있다.

```
<data class="ContactItem">
    ...
</data>
```

databinding 패키지가 아닌 다른 패키지에 저장하려면 온점을 통해 현재 모듈 내의 패키지에 클래스를 생성할 수 있다. com.charlezz.ContactItem 클래스를 만드는 예제는 다음과 같다.

```
<data class=".ContactItem">
    ...
</data>
```

전체 패키지명을 다시 지정할 수도 있는데 com.example 패키지에 ContactItem 바인딩 클래스를 생성한다고 가정하면 다음 예제와 같다.

```xml
<data class="com.example.ContactItem">
    ...
</data>
```

ID로 View 참조하기

앞에서 언급했듯이 바인딩 클래스를 사용하면 findViewById()를 호출할 필요가 없다. 바인딩 클래스 내부에서 미리 findViewById()를 호출한 결과를 캐싱해 두기 때문이다.

```xml
<?xml version="1.0" encoding="utf-8"?>
<layout>
    <LinearLayout
            xmlns:android="http://schemas.android.com/apk/res/android"
            android:id="@+id/root"
            android:layout_width="match_parent"
            android:layout_height="match_parent">

        <TextView
                android:id="@+id/tv"
                android:layout_width="wrap_content"
                android:layout_height="wrap_content"
                android:text="Hello World"/>

    </LinearLayout>
</layout>
```

```
ActivityMainBinding binding = ...;
LinearLayout rootLayout = binding.root;
TextView textView = binding.tv;
textView.setText("Hello Charles");
```

간단히 바인딩 클래스의 멤버 변수에 접근하는 것으로 View를 참조할 수 있게 되었다.

레이아웃에 변수 선언하기

예를 들어 데이터 바인딩 라이브러리를 사용하면 텍스트 뷰의 텍스트 변경을 위해 레이아웃에 id를 선언하고 뷰에 꼭 접근할 필요가 없어진다. 간단히 레이아웃에 변수를 선언하고, 변수에 값을 대입하는 것으로 뷰의 상태를 변경할 수 있다.

변수 선언은 <layout> 태그 내의 <data> 태그를 사용해야 한다. <data> 태그 내에 선언하고 싶은 변수를 <variable> 태그를 사용하여 선언하면 된다. <variable> 태그는 여러 개 선언 가능하며, name과 type 두 가지 속성을 갖는다. name에는 변수의 이름을 선언하고, type에는 변수의 자료형을 선언한다. 다음 텍스트 뷰의 텍스트 변경을 위한 String 변수를 선언하는 예제를 확인한다.

```xml
<?xml version="1.0" encoding="utf-8"?>
<layout>
    <data>
        <variable
            name="myText"
            type="String" />
    </data>
    ...
    <TextView
            android:id="@+id/tv"
            android:layout_width="wrap_content"
            android:layout_height="wrap_content"
            android:text="@{myText}"/>
    ...
</layout>
```

선언한 변수를 텍스트 뷰에 바인딩하려면 @{변수명}을 사용하면 된다. 바인딩 클래스를 통해 선언한 변수에 값을 대입하려면 setter 메서드를 사용하면 된다. 바인딩 클래스에서 레이아웃에 선언한 변수명에 set가 접두어로 붙은 메서드가 생긴 것을 확인할 수 있다. 이제 액티비티에서 바인딩 클래스를 통해 새로운 문자열을 넣고 결과를 확인한다.

```
ActivityMainBinding binding = ...
binding.setMyText("Hello World");
```

POJO* 클래스도 레이아웃 내에 변수 선언이 가능하다. 다음 User 클래스를 확인한다.

```
public class User {

    private final String firstName;
    private final String lastName;

    public User(String firstName, String lastName) {
        this.firstName = firstName;
        this.lastName = lastName;
    }

    public String getFirstName() {
        return this.firstName;
    }

    public String getLastName() {
        return this.lastName;
    }
}
```

---

* Plain-Old Java Object의 약자로 일반적으로 데이터 클래스를 의미한다.

데이터 바인딩 관점에서 firstName과 lastName을 참조하려면 getter 메서드를 호출해야 한다. 매개 변수가 있는 메서드가 아니라면 public 멤버 필드에 접근하듯 get 뒤의 이름으로 참조가 가능하다. getFirstName()은 firstName으로 getLastName()은 lastName으로 접근 가능하다. 다음 예제를 확인한다.

```xml
<?xml version="1.0" encoding="utf-8"?>
<layout>

    <data>
        <variable
            name="user"
            type="com.charlezz.jetpacklibrarysample.User" />
    </data>

    <LinearLayout
            xmlns:android="http://schemas.android.com/apk/res/android"
            android:id="@+id/root"
            android:layout_width="match_parent"
            android:layout_height="match_parent">

        <TextView
                android:layout_width="wrap_content"
                android:layout_height="wrap_content"
                android:text="@{user.firstName}"/>
        <TextView
                android:layout_width="wrap_content"
                android:layout_height="wrap_content"
                android:text="@{user.lastName}"/>
    </LinearLayout>

</layout>
```

```
ActivityMainBinding binding = ...
User user = new User("Charles", "Darwin");
binding.setUser(user);
```

만약 변수가 Observable 타입을 구현했거나 Observable을 접두어로 갖는 타입(예: ObservableInt, ObservableBoolean 등)은 컴파일 타임에 따로 계산되어 반영된다. 만약 변수가 베이스 클래스 또는 Observable을 구현하지 않은 인터페이스라면 별다른 처리를 하지 않는다.

파일명은 같지만 화면 방향, 언어 등과 같은 환경값에 대한 여러 레이아웃에 대해서 변수가 다른 경우 변수들을 모두 합친 뒤 바인딩 클래스를 생성한다. 이 경우 변수명을 혼동하지 않도록 조심해야 한다.

바인딩 표현식에서는 context라는 이름을 가진 특별한 변수를 바인딩 표현식에서 제공한다. 가장 상위 뷰의 getContext() 메서드로부터 Context를 얻어 제공하는 변수이다. <data> 태그 내의 변수명으로 context를 사용하면 재정의되므로 사용 시 주의한다.

한 가지 더 주의해야 할 점은 백그라운드 스레드에서 데이터 모델을 변경해도 문제가 없지만, 컬렉션 타입일 경우 동시성 오류가 발생할 수 있다.

바인딩 표현식 알아보기

일반적인 기능

바인딩 표현식에 꽤 많은 문법이 존재한다. 다음 연산자와 키워드들을 xml 레이아웃에서 사용할 수 있다.

- 산술 연산자: + - / * %
- 문자열 연결: +
- 논리 연산자: && ||
- 비트 연산자: & | ^
- 단항 연산자: + - ! ~

- 비트 이동 연산자: >> >>> <<
- 비교 연산자: == > < >= <=

주의해야 할 점은 <는 <로 이스케이핑해야 한다.

- instanceof 지원
- 그루핑은 ( )를 사용한다.
- 문자, 문자열, 수, null 지원
- 캐스팅 지원
- 메서드 호출 지원
- 필드 접근 지원
- 배열 접근 지원
- 삼항 연산자 지원

레이아웃에서 다음과 같은 표현식을 사용할 수 있다.

```
android:text="@{String.valueOf(index + 1)}"
android:visibility="@{age > 13 ? View.GONE : View.VISIBLE}"
android:transitionName='@{"image_" + id}'
```

지원하지 않는 기능

다음 기능 및 키워드는 바인딩 표현식에서 지원하지 않는다.

- this
- super
- new
- 명시적 제네릭 호출

Null 병합 연산자 사용하기

null 병합 연산자(??)는 왼쪽의 피연산자부가 null이라면 오른쪽 피연산자부를 선택하도록 하는 기능이다. 다음 예제를 확인한다.

```
android:text="@{user.displayName != null ?
user.displayName : user.lastName}"
```

앞의 코드는 displayName이 null이 아니면 displayName을 텍스트로 지정하고, displayName이 null이면 user.lastName을 선택하여 텍스트로 지정하는 코드다. 이 코드를 null 병합 연산자를 사용하여 코드를 다음과 같이 축소할 수 있다.

```
android:text="@{user.displayName ?? user.lastName}"
```

Null Pointer Exception 회피하기

자동으로 생성된 바인딩 클래스는 자동으로 null을 검사하고 NPE[*]를 회피한다. 예를 들어 @{user.name}이라는 표현식이 있고 user가 null이라면 user.name은 기본적으로 null로 배치된다. 만약 int 타입의 user.age를 참조한다면, 데이터 바인딩은 기본값을 0으로 사용한다.

Collections 클래스 사용하기

배열, 리스트, 맵 등과 같은 일반적인 Collections 클래스들은 다음과 같이 [ ] 연산자를 사용할 수 있다.

---

[*] NPE : Null Pointer Exception

```xml
<data>
    <import type="android.util.SparseArray"/>
    <import type="java.util.Map"/>
    <import type="java.util.List"/>
    <variable name="list" type="List&lt;String>"/>
    <variable name="sparse" type="SparseArray&lt;String>"/>
    <variable name="map" type="Map&lt;String, String>"/>
    <variable name="index" type="int"/>
    <variable name="key" type="String"/>
</data>
...
android:text="@{list[index]}"
...
android:text="@{sparse[index]}"
...
android:text="@{map[key]}"
```

map의 경우 @{map[key]} 대신 @{map.key}를 사용할 수도 있다.

문자열 그대로 사용하기

작은따옴표를 사용하면 문자열 그대로의 값을 사용할 수 있다.

```
android:text='@{map["firstName"]}'
```

큰따옴표가 바깥쪽으로 감싸진다면 문자열을 작은따옴표로 감싼다.

```
android:text="@{map[`firstName`]}"
```

안드로이드 리소스 참조하기

리소스에 참조하려면 다음과 같은 표현식을 사용한다.

```
android:padding="@{large? @dimen/largePadding : @dimen/smallPadding}"
```

strings의 경우 매개 변수를 가질 수도 있는데 그 경우에는 다음과 같이 사용한다.

```
android:text="@{@string/nameFormat(firstName, lastName)}"
android:text="@{@plurals/banana(bananaCount)}"
```

여러 개의 매개 변수를 갖는 복수형의 경우 모든 매개 변수를 전달한다.

```
Have an orange
Have %d oranges

android:text="@{@plurals/orange(orangeCount, orangeCount)}"
```

몇몇 리소스는 명시적 타입 평가를 요구하기도 한다. 다음 표를 확인하여 올바른 표현식을 사용한다.

[표 4-1] 바인딩 표현식에서 참조하는 안드로이드 리소스 형식

Type	Normal reference	Expression reference
String[]	@array	@stringArray
int[]	@array	@intArray
TypedArray	@array	@typedArray
Animator	@animator	@animator
StateListAnimator	@animator	@stateListAnimator
color int	@color	@color
ColorStateList	@color	@colorStateList

⟨import⟩ 사용하기

<data> 태그 내에 <import> 태그를 사용하여, 참조하고 싶은 클래스를 레이아웃 파일에 간단히 불러올 수 있다. 다음 아래의 예제에서 View 클래스를 참조하는 방법을 알아본다.

```
<data>
    <import type="android.view.View"/>
</data>
```

View 클래스를 참조했으므로 View.VISIBLE과 View.GONE과 같은 상수를 참조할 수 있게 되었다.

```
<TextView
    android:text="@{user.lastName}"
    android:layout_width="wrap_content"
    android:layout_height="wrap_content"
    android:visibility="@{user.isAdult ? View.VISIBLE : View.GONE}"/>
```

만약 같은 이름을 갖는 클래스 두 개 이상을 참조해야 하는 경우에 충돌을 피하고자 클래스의 이름을 변경하여 참조할 수 있다. 다음 예제는 com.example.real.estate. View 클래스를 Vista로 변경한다.

```
<import type="android.view.View"/>
<import type="com.example.real.estate.View"
        alias="Vista"/>
```

불러온 타입을 사용하여 변수를 선언할 때 사용할 수도 있다. 다음 예제는 User와 List가 변수의 선언에 사용되는 모습이다.

```xml
<data>
    <import type="com.example.User"/>
    <import type="java.util.List"/>
    <variable name="user" type="User"/>
    <variable name="userList" type="List&lt;User>"/>
</data>
```

불러온 타입을 사용하여 바인딩 표현식에서 캐스팅하는 것도 가능하다. 다음 예제에서 connection 속성을 User로 캐스팅한다.

```xml
<TextView
    android:text="@{((User)(user.connection)).lastName}"
    android:layout_width="wrap_content"
    android:layout_height="wrap_content"/>
```

불러온 타입의 static 필드나 메서드 참조도 가능하다. 다음 MyStringUtils 클래스의 capitalize 메서드를 참조한 모습을 확인한다.

```xml
<data>
    <import type="com.example.MyStringUtils"/>
    <variable name="user" type="com.example.User"/>
</data>
...
<TextView
    android:text="@{MyStringUtils.capitalize(user.lastName)}"
    android:layout_width="wrap_content"
    android:layout_height="wrap_content"/>
```

자바 코드와 동일하게 java.lang.*은 자동으로 import되므로 생략 가능하다.

⟨include⟩ 사용하기

레이아웃 파일 내에서 다른 레이아웃을 포함하는 경우 <include> 태그를 사용할 수 있다. <include>에 참조되는 레이아웃 파일 또한 데이터 바인딩을 사용하는 경우 app 네임 스페이스와 변수 이름을 사용하여 데이터를 넘길 수 있다. 다음 예제를 참고하여 activity_main.xml에서 contact.xml로 User를 전달하는지 확인한다.

▼ activity_main.xml

```xml
<?xml version="1.0" encoding="utf-8"?>
<layout xmlns:app="http://schemas.android.com/apk/res-auto"
    xmlns:android="http://schemas.android.com/apk/res/android">

    <data>

        <variable
            name="user"
            type="com.charlezz.jetpacklibrarysample.User" />
    </data>

    <LinearLayout
        android:id="@+id/root"
        android:layout_width="match_parent"
        android:layout_height="match_parent">

        <include layout="@layout/contact"
            app:user = "@{user}"/>

    </LinearLayout>
</layout>
```

▼ contact.xml

```xml
<?xml version="1.0" encoding="utf-8"?>
<layout xmlns:android="http://schemas.android.com/apk/res/android">

    <data>
```

```xml
    <variable
        name="user"
        type="com.charlezz.jetpacklibrarysample.User" />
</data>

<TextView
    android:layout_width="wrap_content"
    android:layout_height="wrap_content"
    android:text="@{user.contact}" />

</layout>
```

주의해야 할 점은 데이터 바인딩은 <merge> 하위에 <include>를 허용하지 않는다.

이벤트 처리하기

데이터 바인딩은 onClick() 메서드 등과 같은 이벤트를 뷰로부터 가져와서 처리할 수 있는 기능을 제공한다. 이벤트 속성 이름들은 리스너 메서드의 이름을 따른다. 예를 들어 View.OnClickListener가 가진 메서드는 onClick()이다. 그러므로 이벤트 속성의 이름은 android:onClick()이다.

몇몇 클릭 이벤트에 대해서 특별한 이벤트 핸들러가 존재하는데 android:onClick과의 충돌을 피하도록 다음과 같은 이벤트 속성을 제공한다.

[표 4-2] 클릭 이벤트와의 충돌을 피하는 이벤트 속성

Class	Listener setter	Attribute
SearchView	setOnSearchClickListener(View.OnClickListener)	android:onSearchClick
ZoomControls	setOnZoomInClickListener(View.OnClickListener)	android:onZoomIn

Class	Listener setter	Attribute
ZoomControls	setOnZoomOutClickListener(View.OnClickListener)	android:onZoomOut

이벤트를 다루는 방법에는 메서드 참조와 리스너 바인딩 두 가지 방법이 있다.

- **메서드 참조**: 바인딩 표현식에서 리스너 메서드의 시그니처[*]를 따라 참조하는 방식이다. 바인딩 표현식에서 메서드 참조를 사용하면, 데이터 바인딩은 메서드를 가진 객체를 감싸는 리스너를 생성하여 대상 뷰의 리스너로 설정한다. 만약 바인딩 표현식이 null이면 리스너를 생성하지 않고 리스너를 null로 설정한다.
- **리스너 바인딩**: 람다 표현식에서는 이벤트가 발생할 때마다 해당 람다 표현식을 실행할지 결정한다. 데이터 바인딩은 대상 객체의 null 여부와 관계없이 항상 리스너를 만들고 뷰에 리스너를 설정한다.

메서드 참조

이벤트는 핸들러 메서드에 직접적으로 바인딩할 수 있다. 메서드 참조의 주요 장점 중 하나는 컴파일 타임에 해당 표현식을 검사한다는 것이다. 그러므로 해당 메서드가 존재하지 않거나 메서드 시그니처가 정확하지 않은 경우에 컴파일 타임 에러를 확인할 수 있다.

메서드 참조와 리스너 바인딩의 가장 큰 차이점은 데이터의 바인딩이 일어날 때 실제 리스너의 생성 여부이다. 만약 이벤트가 발생했을 때 바인딩 표현식을 평가하고 싶다면 리스너 바인딩을 사용하는 것이 좋다.

---

* Method Signature: 메서드 이름과 매개 변수의 조합을 뜻한다.

다음 예제를 통해 메서드 참조로 이벤트 처리하는 방법을 알아본다.

```
public class MyHandlers {
    public void onClickFriend(View view) { ... }
}
```

```
<?xml version="1.0" encoding="utf-8"?>
<layout xmlns:android="http://schemas.android.com/apk/res/android">
   <data>
       <variable name="handlers" type="com.example.MyHandlers"/>
       <variable name="user" type="com.example.User"/>
   </data>
   <LinearLayout
       android:orientation="vertical"
       android:layout_width="match_parent"
       android:layout_height="match_parent">
       <TextView android:layout_width="wrap_content"
           android:layout_height="wrap_content"
           android:text="@{user.firstName}"
           android:onClick="@{handlers::onClickFriend}"/>
   </LinearLayout>
</layout>
```

바인딩 표현식에서 이벤트 리스너의 메서드 시그니처와 핸들러의 메서드 시그니처가 정확하게 일치해야만 한다.

리스너 바인딩

리스너 바인딩은 안드로이드 그레이들 플러그인 버전 2.0 이후에 추가된 기능으로 이벤트가 발생할 때 실행하는 바인딩 표현식이다. 메서드 참조와 비슷하지만 메서드 참조의 경우 바인딩 표현식을 임의로 실행한다.

메서드 참조에서는 메서드의 시그니처가 반드시 이벤트 리스너의 메서드 시그니처와 일치해야 한다. 하지만 리스너 바인딩에서는 단지 반환되는 타입만 이벤트 리스너의 반환 타입과 일치시킨다. 다음 예제를 통해 리스너 바인딩을 사용하는 방법을 알아본다.

```
public class Presenter {
    public void onSaveClick(Task task){}
}
```

```xml
<?xml version="1.0" encoding="utf-8"?>
<layout xmlns:android="http://schemas.android.com/apk/res/android">
    <data>
        <variable name="task" type="com.android.example.Task" />
        <variable name="presenter" type="com.android.example.Presenter" />
    </data>
    <LinearLayout android:layout_width="match_parent"
                  android:layout_height="match_parent">
        <Button android:layout_width="wrap_content"
                android:layout_height="wrap_content"
                android:onClick="@{() -> presenter.onSaveClick(task)}" />
    </LinearLayout>
</layout>
```

바인딩 표현식에서 콜백이 사용될 때 데이터 바인딩은 자동으로 필요한 리스너를 생성하고 해당 뷰에 리스너를 설정한다. 뷰에서 이벤트가 발생하면 데이터 바인딩은 주어진 표현식을 평가한다. 일반적인 바인딩 표현식에서는 이런 평가가 진행되는 동안 null과 스레드 안전성이 확보된다.

앞의 예제에서 onClick(View)에 제공할 view 매개 변수를 정의하지 않았다. 리스너 바인딩은 두 가지 옵션을 제공한다. 하나는 모든 매개 변수를 무시하고 사용하지 않는 것, 하나는 매개 변수의 이름을 정하고 바인딩 표현식에서 그것들을 사용하는 것이다. 다음 예제를 통해 매개 변수를 사용하는 방법을 확인할 수 있다.

```
public class Presenter {
    public void onSaveClick(View view, Task task){}
}
```

```
android:onClick="@{(view) -> presenter.onSaveClick(view, task)}"
```

만약 매개 변수가 2개 이상이면 다음과 같이 람다 표현식을 사용할 수 있다.

```
public class Presenter {
    public void onCompleteChanged(Task task, boolean completed){}
}
```

```
<CheckBox android:layout_width="wrap_content"
          android:layout_height="wrap_content"
          android:onCheckedChanged="@{(cb, isChecked) -> presenter.
onCompleteChanged(task, isChecked)}" />
```

만약 리스닝을 하고 있는 이벤트의 반환형이 void가 아니면 표현식에서도 반드시 같은 타입의 값을 반환해야 한다. 데이터 바인딩을 처음 사용할 때 가장 실수를 많이 하는 부분인데, long click 이벤트 리스너를 설정하고 싶다면 반드시 boolean을 반환해야 한다.

```
public class Presenter {
    public boolean onLongClick(View view, Task task) { }
}
```

```
android:onLongClick="@{(theView) -> presenter.onLongClick(theView, task)}"
```

바인딩 표현식에서 null 객체 때문에 평가될 수 없을 때, 데이터 바인딩은 해당 타입의 기본값을 반환한다. 예를 들어 int 타입은 0을 반환하고, boolean 타입은 false를 반환한다.

만약 void 타입을 반환하는 람다 표현식에서 삼항 연산자를 사용해야 하는 경우 void 키워드를 그대로 사용할 수 있다.

```
android:onClick="@{(v) -> v.isVisible() ? doSomething() : void}"
```

리스너 표현식은 매우 강력하고 코드의 가독성을 높여 준다. 다른 한편으로는 리스너 표현식을 복잡하게 할 수도 있는데, 이 경우 읽기가 어렵고 유지 보수가 힘들어진다. 리스너 표현식 사용 시 데이터를 전달하는 수준의 간단한 코드로 작성하는 것을 추천하며, 비즈니스 로직 같은 경우는 콜백 메서드 내부에서 구현하고 리스너 표현식에서 이를 호출해야 한다.

Observable 데이터 객체로 작업하기

Observable[*] 데이터 객체란 데이터의 변경 사항을 감지하고 알려 주는 객체이다. 데이터 바인딩 라이브러리는 Observable 데이터 타입을 제공하고 지원한다.

데이터 바인딩에서 POJO를 사용할 수 있지만, 객체의 수정 사항에 대해서 UI를 자동으로 갱신해 주진 못한다. 데이터 바인딩은 이러한 POJO와 같은 데이터들을 Observable 타입으로 변경시켜 데이터와 UI를 바인딩하고 데이터가 변경되었을 때 UI를 자동으로 갱신할 수 있는 기능을 제공한다.

Observable 클래스에는 필드, 객체 그리고 컬렉션 3가지 타입이 존재한다.

Observable 필드의 사용

Observable한 클래스를 만들려면 Observable 인터페이스를 구현해야 한다. 데이터 바인딩 라이브러리에서는 Observable을 이미 구현한 몇몇 클래스를 제공하므로 제공되는 적합한 클래스가 있다면 직접 구현할 필요는 없을 것이다. 제공되는 클래스를 살펴본다.

---

[*] RxJava에 포함된 Observable클래스가 아닌 DataBinding 라이브러리에 포함된 클래스다.

- ObservableBoolean
- ObservableByte
- ObservableChar
- ObservableShort
- ObservableInt
- ObservableLong
- ObservableFloat
- ObservableDouble
- ObservableParcelable

Observable 필드는 하나의 필드를 가진 Observable 객체이다. 필드 접근 시에 박싱과 언박싱 과정을 방지하려고 원시 타입만을 사용한다. 다음에 나오는 예제처럼 Observable 객체를 사용할 때는 바인딩된 Observable 객체의 변경을 막고자 멤버 변수 선언 시 자바에서는 public final 프로퍼티를 사용하고, 코틀린에서는 read-only 프로퍼티를 사용하는 것을 권장한다.

```java
class User {
    public final ObservableField<String> firstName = new
    ObservableField<>();
    public final ObservableField<String> lastName = new
    ObservableField<>();
    public final ObservableInt age = new ObservableInt();
}
```

필드의 값에 접근하려면 set() 또는 get() 메서드를 사용한다.

```java
user.firstName.set("Charles");
int age = user.age.get();
```

Observable 컬렉션 사용

몇몇 앱은 동적인 구조를 사용하여 데이터를 관리한다. Observable 컬렉션은 이러한 구조에 접근하도록 키를 사용한다. ObservableArrayMap 클래스는 키가 String과 같은 참조 타입일 때 유용하다. 다음 예제를 살펴본다.

```
ObservableArrayMap<String, Object> user = new ObservableArrayMap<>();
user.put("firstName", "Charles");
user.put("lastName", "Darwin");
user.put("age", 17);
```

레이아웃에서 String 키를 사용하여 데이터를 찾을 수 있다.

```
<data>
    <import type="android.databinding.ObservableMap"/>
    <variable name="user" type="ObservableMap<String, Object>"/>
</data>
...
<TextView
    android:text="@{user.lastName}"
    android:layout_width="wrap_content"
    android:layout_height="wrap_content"/>
<TextView
    android:text="@{String.valueOf(1 + (Integer)user.age)}"
    android:layout_width="wrap_content"
    android:layout_height="wrap_content"/>
```

ObservableArrayList 클래스는 키가 정수일 때 유용하다.

```
ObservableArrayList<Object> user = new ObservableArrayList<>();
user.add("Charles");
user.add("Darwin");
user.add(17);
```

레이아웃에서는 인덱스를 통해 데이터에 접근할 수 있다. 다음 예제를 확인한다.

```xml
<data>
    <import type="android.databinding.ObservableList"/>
    <import type="com.example.my.app.Fields"/>
    <variable name="user" type="ObservableList<Object>"/>
</data>
...
<TextView
    android:text='@{user[Fields.LAST_NAME]}'
    android:layout_width="wrap_content"
    android:layout_height="wrap_content"/>
<TextView
    android:text='@{String.valueOf(1 + (Integer)user[Fields.AGE])}'
    android:layout_width="wrap_content"
    android:layout_height="wrap_content"/>
```

Observable 객체 사용하기

Observable 인터페이스를 구현한 클래스는 데이터의 변경에 대한 알림을 받으려는 리스너를 등록할 수 있다.

Observable 인터페이스는 추가와 제거 리스너를 위한 방법을 가지지만, 반드시 데이터의 변경 알림 시기를 직접 정의해야 한다. 개발의 편의성을 위해 데이터 바인딩 라이브러리는 BaseObservable 클래스를 제공한다. 이 클래스에서는 리스너 등록에 대한 방법을 이미 구현한 클래스이다. BaseObservable을 구현한 데이터 클래스는 프로퍼티 변경 시 알림을 책임진다. 이는 @Bindable 애노테이션을 getter 메서드에 적용하고 notifyPropertyChange() 메서드를 setter 메서드 내에서 호출하는 것으로 적용된다. 다음 예제 코드를 살펴본다.

```java
private static class User extends BaseObservable {
    private String firstName;
```

```java
    private String lastName;

    @Bindable
    public String getFirstName() {
        return this.firstName;
    }

    @Bindable
    public String getLastName() {
        return this.lastName;
    }

    public void setFirstName(String firstName) {
        this.firstName = firstName;
        notifyPropertyChanged(BR.firstName);
    }

    public void setLastName(String lastName) {
        this.lastName = lastName;
        notifyPropertyChanged(BR.lastName);
    }
}
```

데이터 바인딩은 BR이라는 이름을 가진 클래스를 모듈 패키지 내에 생성한다. BR에는 데이터 바인딩을 위해 사용하는 리소스 ID들을 포함한다. @Bindable 애노테이션을 통해 컴파일 타임에 BR 클래스 파일에 들어갈 프로퍼티들이 생성된다.

만약 기존 데이터 클래스가 BaseObservable과 같은 베이스 클래스를 상속하지 못하는 구조라면 Observable 인터페이스의 구현과 PropertyChangeRegistry의 사용을 통해 리스너의 등록과 알림을 구현한다.

즉각적인 바인딩하기

바인딩된 데이터가 변경되었을 때, 바인딩 클래스는 변경 사항을 스케줄링하여 다음 프레임에 반영될 수 있도록 한다. 그러나 즉각적인 데이터의 바인딩 실행이 필요할 때가 있다. 이럴 때는 executePendingBinding() 메서드를 호출하여 강제로 바인딩을 실행시킬 수 있다. 예를 들어 RecyclerView.ViewHolder가 화면에 보이기 전에 onBindViewHolder() 메서드가 호출되는데, 일반적으로 이때 뷰 홀더 내의 레이아웃 데이터를 변경한다. 뷰 홀더의 레이아웃이 데이터 바인딩을 사용한다면 사용자의 스크롤에 의해 빠르게 여러 개의 뷰 홀더가 바인딩이 이루어진다. 바인딩되는 데이터들은 모두 스케줄링되고 화면에 보이는 뷰 홀더보다 바인딩되는 변경된 데이터의 적용이 늦으면 이전 상태의 뷰 홀더들이 화면에 나타나는 것을 확인할 수 있다. 이를 방지하고자 다음과 같이 코드를 작성할 수 있다.

```java
public class BindingHolder<T extends ViewDataBinding>
    extends RecyclerView.ViewHolder {
    private T binding;

    public BindingHolder(T binding) {
        super(binding.getRoot());
        this.binding = binding;
    }
    public T getBinding(){
        return binding;
    }
}
```

```java
@Override
public void onBindViewHolder(BindingHolder viewHolder, int position) {
    ...
    viewHolder.getBinding().setData(getItem(position));
    viewHolder.getBinding().executePendingBindings();
}
```

BR 리소스 아이디로 바인딩하기

가끔은 특정 바인딩 클래스를 모를 수도 있다. 예를 들어 RecyclerView.Adapter에서 뷰 홀더를 생성할 때 뷰 타입이 여러 개인 경우 바인딩 클래스를 특정 지을 수 없다. 이런 경우 onBindViewHolder() 메서드에서 데이터를 바인딩시킬 때 문제가 되는데, 다음 예제를 통해 바인딩 클래스 내의 변수명을 참조하여 데이터를 바인딩시키는 방법을 확인한다.

```java
@Override
public void onBindViewHolder(BindingHolder holder, int position) {
    final T item = items.get(position);
    holder.getBinding().setVariable(BR.item, item);
    holder.getBinding().executePendingBindings();
}
```

바인딩 어댑터 사용하기

바인딩 어댑터는 값을 설정하는 데 적절한 프레임 워크 호출을 담당한다. 예를 들어 텍스트 뷰의 setText() 메서드 호출과 같은 속성값을 설정하거나 setOnClickListener() 메서드 호출과 같은 이벤트 리스너 설정이다.

데이터 바인딩 라이브러리를 사용하면 값을 설정할 메서드를 선언하고, 자신만의 비즈니스 로직을 바인딩 시 적용할 수 있다.

자동 메서드 선택

example이라는 이름을 가진 속성에서 데이터 바인딩 라이브러리는 자동으로 호환 가능한 매개 변수 타입을 갖는 setExample(arg) 메서드를 찾으려고 시도한다. 속성의 네임 스페이스는 중요하지 않다. 단지 속성의 이름과 타입이 메서드를 찾는 데 사용된다.

예를 들어 android:text="@{user.name}" 표현식이 주어지면, user.getName() 메서드가 반환하는 타입에 맞는 setText(arg) 메서드를 찾는다. 만약 user.getName()의 반환형이 String이라면, 데이터 바인딩 라이브러리 또한 String을 매개 변수로 갖는 setText(arg) 메서드를 찾는다. 만약 표현식에서 String 대신 int를 반환한다면, 데이터 바인딩 라이브러리는 int를 매개 변수로 가지는 setText(arg) 메서드를 찾는다. 바인딩 표현식은 반드시 정확한 타입을 반환해야 하며, 필요하다면 반환 타입을 캐스팅할 수도 있다.

데이터 바인딩은 심지어 주어진 이름의 속성이 존재하지 않더라도 동작한다. 데이터 바인딩을 사용하여 setter에 맞는 속성 이름을 만들면 된다. 예를 들어 지원 라이브러리 형태로 제공되는 DrawerLayout 같은 경우는 어떠한 속성도 존재하지 않는다. 하지만 내부에 여러 setter를 가진다. 다음 아래의 예제를 살펴보면 setScrimColor(int)와 setDrawerListener(DrawerListener) 메서드를 사용하는 app:scrimColor와 app:drawerListener 속성을 확인할 수 있다.

```
<android.support.v4.widget.DrawerLayout
    android:layout_width="wrap_content"
    android:layout_height="wrap_content"
    app:scrimColor="@{@color/scrim}"
    app:drawerListener="@{fragment.drawerListener}">
```

@BindingMethods 사용하기

몇몇 속성은 setter 이름과 일치하지 않는다. 이러면 @BindingMethods 애노테이션을 사용하여 속성과 세터 메서드를 연결할 수 있다. 이 애노테이션은 클래스와 함께 사용되고 어느 클래스에도 추가될 수 있다. 여러 개의 @BindingMethod 애노테이션을 포함할 수 있다. 하나의 @BindingMethod가 setter와 속성의 이름을 연관 짓는다. 다음 예제를 살펴보면, android:bgColor 속성과 setBackgroundColor() 메서드를 연관 짓는다.

```
@BindingMethods({
    @BindingMethod(type = "android.widget.ImageView",
                   attribute = "android:bgColor",
                   method = "setBackgroundColor"),
})
```

```
<ImageView
    android:id="@+id/iv"
    android:layout_width="200dp"
    android:layout_height="200dp"
    android:bgColor="@{color}"
    android:src="@mipmap/ic_launcher" />
```

데이터 바인딩 라이브러리에서는 자주 사용되는 속성에 대해서 이미 @Binding Methods 애노테이션을 정의한 클래스를 제공한다. 일반적으로 클래스 이름은 위젯 이름 + BindingAdapter이다. 예를 들어 ImageView에 대한 BindingAdapter 클래스는 ImageViewBindingAdapter이다.

```
@BindingMethods({
    @BindingMethod(
        type = android.widget.ImageView.class,
        attribute = "android:tint",
        method = "setImageTintList"),
    @BindingMethod(
        type = android.widget.ImageView.class,
        attribute = "android:tintMode",
        method = "setImageTintMode"),
})
public class ImageViewBindingAdapter {...}
```

자주 사용되는 메서드에 대한 속성은 위젯별로 정의되므로 필요한 경우에만 @BindingMethods를 사용하여 메서드 이름을 명시하도록 한다.

@BindingAdapter 사용하기

몇몇 속성은 사용자 정의 바인딩 로직이 필요하다. 예를 들어 android:paddingLeft 속성과 연관된 setter는 없으므로 그 대신에 setPadding(left, top, right, bottom) 메서드를 사용할 수 있다. @BindingAdapter 애노테이션과 함께 정적 바인딩 어댑터 메서드를 사용하면 레이아웃 속성에 대해 어떤 식으로 사용자 정의 메서드를 만들지 결정할 수 있다.

안드로이드 프레임워크에 있는 클래스들에 대한 속성들은 이미 생성된 @BindingAdapter 애노테이션들을 가진다. 위젯+BindingAdapter 클래스에서 확인할 수 있다.

이제 paddingLeft 속성에 대한 바인딩 어댑터 예제를 살펴본다.

```
@BindingAdapter("android:paddingLeft")
public static void setPaddingLeft(View view, int padding) {
  view.setPadding(padding,
                  view.getPaddingTop(),
                  view.getPaddingRight(),
                  view.getPaddingBottom());
}
```

여기서 매개 변수의 타입이 매우 중요하다. 첫 번째 매개 변수는 사용한 속성이 연관되는 뷰의 자료형이 되고, 두 번째 매개 변수는 주어진 속성의 바인딩 표현식에서 반환되는 타입의 자료형으로 결정된다.

바인딩 어댑터는 사용자 정의된 자료형에 대해 사용할 때 유용하게 쓰인다. 예를 들어 이미지를 작업 스레드에서 호출하는 로더 클래스를 사용하는 경우다.

사용자 정의 바인딩 어댑터는 안드로이드 프레임워크에서 제공하는 기본 어댑터와 충돌이 나는 경우 사용자가 정의한 내용으로 재정의된다.

여러 개의 속성을 하나의 바인딩 어댑터 메서드에서 처리할 수도 있다. 다음 예제를 확인한다.

```
@BindingAdapter({"imageUrl", "error"})
public static void loadImage(ImageView view, String url, Drawable error) {
    Picasso.get().load(url).error(error).into(view);
}
```

앞의 내용과 같이 바인딩 어댑터 메서드를 생성했다면 레이아웃에서 바인딩 표현식으로 다음과 같이 작성할 수 있다.

```
<ImageView
    app:imageUrl="@{venue.imageUrl}"
    app:error="@{@drawable/venueError}" />
```

데이터 바인딩 라이브러리가 사용자가 정의한 바인딩 어댑터 메서드를 찾을 때 네임 스페이스는 무시된다.

앞의 loadImage() 메서드에서 imageUrl과 error가 ImageView를 위해 사용되었는데 imageUrl은 문자열이고 error는 Drawable이었다. 만약 모든 속성을 다 사용하고 싶지 않다면 requireAll 플래그를 false로 설정하면 선택적으로 적용할 수 있다. 다음 예제를 통해 requeirAll=false를 사용한 경우를 살펴본다.

```
@BindingAdapter(value={"imageUrl", "placeholder"}, requireAll=false)
public static void setImageUrl(
    ImageView imageView,
    String url,
    Drawable placeHolder) {
    if (url == null) {
        imageView.setImageDrawable(placeholder);
    } else {
        MyImageLoader.loadInto(imageView, url, placeholder);
    }
```

```
    }
}
```

바인딩 어댑터 메서드는 선택적으로 이전 값을 그대로 유지할 수도 있다. 새롭게 바인딩된 데이터에 의해서 바인딩 어댑터 메서드가 호출되었지만 값은 이전과 똑같다면 퍼포먼스 향상을 위해서 변경할 필요가 없을 수도 있다. 이런 경우 이전 값과 새롭게 얻은 값을 비교할 수 있다. 메서드를 선언할 때 속성에 대한 매개 변수 첫 번째는 이전 값이 되고, 그다음 매개 변수는 새로운 값이다. 다음 예제를 확인한다.

```
@BindingAdapter("android:paddingLeft")
public static void setPaddingLeft(View view,
    int oldPadding,
    int newPadding) {
    if (oldPadding != newPadding) {
        view.setPadding(newPadding,
                    view.getPaddingTop(),
                    view.getPaddingRight(),
                    view.getPaddingBottom());
    }
}
```

이벤트 핸들러도 중복 등록을 피하도록 다음과 같이 사용할 수 있다.

```
@BindingAdapter("android:onLayoutChange")
public static void setOnLayoutChangeListener(View view,
    View.OnLayoutChangeListener oldValue,
    View.OnLayoutChangeListener newValue) {
    if (Build.VERSION.SDK_INT >= Build.VERSION_CODES.HONEYCOMB) {
        if (oldValue != null) {
        view.removeOnLayoutChangeListener(oldValue);
        }
        if (newValue != null) {
            view.addOnLayoutChangeListener(newValue);
```

```
            }
        }
}
```

```
<View android:onLayoutChange="@{() -> handler.layoutChanged()}"/>
```

자동 객체 전환

바인딩 표현식으로부터 Object가 반환될 때, 데이터 바인딩 라이브러리는 속성값을 설정하는 데 사용되는 메서드를 선택한다. 선택된 메서드의 매개 변수 타입에 맞게 Object는 캐스팅을 하는데, 이러한 동작은 ObservableMap 클래스에 저장된 데이터에 접근할 때 사용하면 매우 편리하다. 다음 예제를 확인한다.

```
<TextView
    android:text='@{userMap["lastName"]}'
    android:layout_width="wrap_content"
    android:layout_height="wrap_content" />
```

map을 사용하는 경우 object.key 형식으로 데이터에 접근할 수도 있다. 예를 들어 @{userMap["lastName"]} 대신 @{userMap.lastName}으로 대체해도 무관하다.

바인딩 표현식의 userMap 객체는 값을 반환하는데, 이 값은 자동으로 setText(CharSequence)의 매개 변수 형식에 맞춰 캐스팅된다. 매개 변수 타입이 애매모호한 경우 반드시 바인딩 표현식 내에서 타입 캐스팅을 해야 한다.

사용자 정의 객체 전환

몇몇 경우에서는 특정 타입들 간 사용자 정의 객체 전환이 필요하다. 예를 들어 뷰의 android:background 속성에서 바인딩 표현식으로 Drawable을 반환해야 하지만, int형 color 리소스 아이디를 반환해도 동작한다. 다음은 정수형을 반환하는 예제이다.

```
<View
    android:background="@{isError ? @color/red : @color/white}"
    android:layout_width="wrap_content"
    android:layout_height="wrap_content"/>
```

Drawable이 반환되어야 하는데 int형이 반환될 때, int형은 ColorDrawable로 변환되어야 한다. 이러한 변환은 @BindingConversion과 정적 메서드의 사용으로 이루어진다. 다음 예제를 확인한다.

```
@BindingConversion
public static ColorDrawable convertColorToDrawable(int color) {
    return new ColorDrawable(color);
}
```

바인딩 표현식에서 주어진 값의 자료형은 일관성이 있어야 한다. 다음과 같은 삼항 연산식 예제에서 두 개의 반환되는 타입이 다른 경우는 허용하지 않는다.

```
<View
    android:background="@{isError ? @drawable/error : @color/white}"
    android:layout_width="wrap_content"
    android:layout_height="wrap_content"/>
```

DataBindingComponent 사용하기

DataBindingComponent는 바인딩 어댑터에 대한 getter를 포함하는 인터페이스다. DataBindingComponent를 구현하는 클래스는 반드시 하나 이상의 메서드를 가져야 한다. 메서드의 이름은 접두어 get과 바인딩 어댑터 클래스 또는 인터페이스의 이름의 합성어여야 한다. 예를 들어 @BindingAdapter 메서드를 가진 클래스의 이름이 ClickBinding이라면 DataBindingComponent 구현체가 갖는 메서드의 이름은 getClickBinding()이 된다.

바인딩 어댑터를 통해 사용자 정의 로직을 수행할 수 있지만, 일반적으로 @BindingAdapter 메서드 선언 시 static을 붙이므로 상태를 저장하거나 close(), clear(), dispose()와 같은 메서드를 호출하여 리소스를 정리하는 데 어려움이 있다.

DataBindingComponent는 이러한 문제점을 해결할 수 있도록 도와주며, 동적으로 바인딩 어댑터를 바인딩 클래스에 포함할 수 있다.

일정 시간 내에 중복 클릭 이벤트 발생 시 첫 번째 이벤트만 취하고, 나머지는 무시하는 바인딩 어댑터 예제를 통해 DataBindingComponent 사용법에 대해서 알아본다.

인터페이스 또는 클래스로 바인딩 어댑터 메서드를 포함하는 ClickBinding을 만들도록 한다.

```
public interface ClickBinding {
    @BindingAdapter("onClick")
    void setOnClickListener(View view, View.OnClickListener
    onClickListener);
}
```

ClickBinding의 구현체는 다음과 같다.

```
public class ClickBindingImpl implements ClickBinding, LifecycleObserver {

    private final PublishSubject<Pair<View, View.OnClickListener>>
    publishSubject = PublishSubject.create();
    private CompositeDisposable disposables = new CompositeDisposable();
    private final int TIME_OUT = 1000;
```

```java
public ClickBindingImpl(Lifecycle lifecycle) {
    lifecycle.addObserver(this);
}

@Override
public void setOnClickListener(View view, View.OnClickListener onClickListener) {
    view.setOnClickListener(v -> publishSubject.onNext(Pair.
    create(view, onClickListener)));
    disposables.add(publishSubject.throttleFirst(TIME_OUT, TimeUnit.
    MILLISECONDS, AndroidSchedulers.mainThread())
            .subscribe(pair -> {
                if (pair != null && pair.first != null && pair.second
                != null) {
                    pair.second.onClick(pair.first);
                }
            })
    );
}

@OnLifecycleEvent(Lifecycle.Event.ON_DESTROY)
public void onDestroyed(){
    if(disposables.isDisposed()){
        disposables.dispose();
    }
}
}
```

중복 클릭 이벤트를 방지하고자 RxJava의 throttleFirst를 사용한다. RxJava는 subcribe() 메서드 호출로 반환되는 Disposable을 반드시 dispose()를 호출해서 리소스를 반환해야 한다. 그렇지 않으면 메모리 누수가 발생한다. 액티비티 또는 프래그먼트 같은 UI 컨트롤러가 파괴될 때 dispose()를 호출하도록 하려고 Lifecycle Observer를 구현했다. RxBinding을 사용한다면 RxView.clicks(view).throttleFirst(...)로 대체해도 좋다. 이제 DataBindingComponent를 구현한다.

```java
public class ClickBindingComponent implements androidx.databinding.DataBindingComponent {

    private final ClickBindingImpl clickBinding;
    public ClickBindingComponent(Lifecycle lifecycle){
        clickBinding = new ClickBindingImpl(lifecycle);
    }

    //메서드 이름 만드는 규칙에 유의(예: get + 클래스 이름)
    public ClickBindingImpl getClickBinding() {
        return clickBinding;
    }
}
```

앞에서 언급했던 것처럼 메서드 이름을 정의하는 규칙이 엄격하므로 주의한다. 이제 액티비티에 버튼을 하나 만들고 바인딩 어댑터로 클릭 이벤트를 처리하는 예제를 살펴본다.

```java
public class MainActivity extends AppCompatActivity implements View.OnClickListener{

    public static final String TAG = MainActivity.class.getSimpleName();

    @Override
    protected void onCreate(Bundle savedInstanceState) {
        super.onCreate(savedInstanceState);
        ActivityMainBinding binding = DataBindingUtil.setContentView(
                this,
                R.layout.activity_main,
                new ClickBindingComponent(getLifecycle())
        );

        binding.setClickListener(this);

    }
```

```java
    @Override
    public void onClick(View v) {
        Log.e(TAG, "Clicked");
        Toast.makeText(this, "Clicked", Toast.LENGTH_SHORT).show();
    }
}
```

ActivityMainBinding의 레이아웃 파일은 다음과 같다.

```xml
<?xml version="1.0" encoding="utf-8"?>
<layout>
    <data>
        <variable
            name="clickListener"
            type="android.view.View.OnClickListener" />
    </data>

    <androidx.constraintlayout.widget.ConstraintLayout
    xmlns:android="http://schemas.android.com/apk/res/android"
        xmlns:app="http://schemas.android.com/apk/res-auto"
        xmlns:tools="http://schemas.android.com/tools"
        android:layout_width="match_parent"
        android:layout_height="match_parent"
        tools:context=".MainActivity">

        <Button
            android:layout_width="wrap_content"
            android:layout_height="wrap_content"
            android:text="click me"
            app:onClick="@{clickListener}"
            app:layout_constraintBottom_toBottomOf="parent"
            app:layout_constraintEnd_toEndOf="parent"
            app:layout_constraintStart_toStartOf="parent"
            app:layout_constraintTop_toTopOf="parent" />

    </androidx.constraintlayout.widget.ConstraintLayout>
</layout>
```

실제로 클릭을 빠르게 반복해도 타임아웃을 1000ms로 지정해 1초 이내에 중복 클릭되는 이벤트는 무시하게 된다.

양방향 데이터 바인딩

단방향 데이터 바인딩을 사용하면 다음과 같이 레이아웃 속성에 값을 설정하거나 리스너를 등록할 수 있었다.

```
<CheckBox
    android:id="@+id/rememberMeCheckBox"
    android:checked="@{viewmodel.rememberMe}"
    android:onCheckedChanged="@{viewmodel.rememberMeChanged}"
/>
```

양방향 데이터 바인딩은 이러한 작업을 손쉬운 방법으로 해결하는 방법을 제공한다.

```
<CheckBox
    android:id="@+id/rememberMeCheckBox"
    android:checked="@={viewmodel.rememberMe}"
/>
```

앞의 @={} 표현식에서 중요한 점은 "=" 기호가 포함된 것이다. 데이터의 변화를 감지하고 동시에 사용자에 의한 데이터 갱신을 처리한다.

데이터들의 변화에 반응하도록 Observable을 구현한 레이아웃 변수를 사용한다. 보통은 BaseObservable을 상속하고 멤버 getter 메서드에서 @Bindable 애노테이션을 사용한다. 다음 예제를 확인한다.

```
public class LoginViewModel extends BaseObservable {
    // private Model data = ...
```

```java
@Bindable
public Boolean getRememberMe() {
    return data.rememberMe;
}

public void setRememberMe(Boolean value) {
    // 무한 루프를 회피
    if (data.rememberMe != value) {
        data.rememberMe = value;

        // 변화에 반응
        saveData();

        // 새로운 값을 알린다.
        notifyPropertyChanged(BR.remember_me);
    }
}
```

@Bindable이 붙은 getter 메서드 getRememberMe()가 호출되었으므로, 그에 해당하는 setter 메서드 setRememberMe()가 자동으로 사용된다.

사용자 정의 속성을 사용하는 양방향 바인딩

데이터 바인딩 라이브러리는 양방향 바인딩이 자주 사용되는 양방향 바인딩 속성에 대한 구현체를 이미 제공하지만, 사용자가 직접 정의한 속성에 대해 양방향 바인딩을 사용하려면 @InverseBindingAdapter와 @InverseBindingMethod 애노테이션을 사용해야 한다.

예를 들어 양방향 바인딩을 "time"이라는 속성을 가진 사용자 정의 뷰(MyView)에서 호출한다면 다음 단계를 거쳐 구현할 수 있다.

첫째, @BindingAdapter를 사용하여 값이 변경될 때 초깃값을 설정하고 업데이트하는 메서드를 만든다.

```
@BindingAdapter("time")
public static void setTime(MyView view, Time newValue) {
    // 잠재적인 무한 반복 방지
    if (view.time != newValue) {
        view.time = newValue;
    }
}
```

둘째, @InverseBindingAdapter를 사용하여 뷰에서 값을 읽는 메서드에 주석을 표시한다.

```
@InverseBindingAdapter(attribute="time")
public static Time getTime(MyView view) {
    return view.getTime();
}
```

앞에서 언급했듯이 @BindingAdapter 메서드는 데이터가 변경되었을 때 수행하고 싶은 작업을 작성할 수 있고, @InverseBindingAdapter 메서드는 역으로 레이아웃의 사용자 정의 속성값이 변경되었을 때 뷰 모델 등과 같은 레이아웃 변수에 변경 사항을 전달하여 양방향 바인딩이 구현될 수 있게 한다.

이것만으로는 레이아웃의 속성이 변경되었는지 알 수가 없다. 그러므로 뷰에 대한 리스너를 설정해야 하는데, 예를 들면 일반적인 클릭 이벤트가 될 수도 있고, 포커스나 텍스트의 변경 사항이 될 수도 있다. 다음과 같이 @BindingAdapter 메서드를 하나 더 추가하여 변경 사항에 대한 리스너를 추가할 수 있다.

```
@BindingAdapter("timeAttrChanged")
public static void setListeners(
```

```
    MyView view, final InverseBindingListener attrChange) {
    // 커스텀 뷰에 대한 클릭, 포커스, 터치 등의 원하는 변경 사항에 리스너를 추가한다.
}
```

리스너는 InverseBindingListener를 매개 변수로 반드시 포함해야 한다. Inverse BindingListener를 사용하여 데이터 바인딩 클래스 구현체에 속성의 변경 사항을 알릴 수 있다. InverseBindingListener는 데이터 바인딩 클래스 내부의 execute Binding()이 호출될 때 등록된다.

모든 양방향 바인딩은 합성 이벤트 속성을 생성하는데, 이 속성의 이름은 기본 속성 이름과 같지만 접미사 "AttrChanged"를 붙인다. 그러므로 사용자가 정의한 "time" 속성에 대한 InverseBindingListener를 등록하려고 @BindingAdapter("timeAttrChanged") 메서드를 만든 것이다. 만약 기본값 대신 다른 접미어를 사용하려면 @Inverse BindingAdpater의 event 멤버를 추가로 정의한다.

양방향 바인딩은 데이터의 변경과 감지에 대한 보일러 플레이트 코드를 제거하므로 코드를 깔끔하게 만들 수는 있으나 내부 코드가 드러나지 않아 실수하기 쉽다. 생성되는 ~BindingImpl 클래스 내부를 확인한다.

텍스트 뷰에서 텍스트 변경에 대한 양방향 바인딩은 TextViewBindingAdapter에 이미 구현되어 있다. 양방향 바인딩의 이해를 돕고자 이 클래스를 꼭 살펴보고 내부 동작 방식이 어떻게 이루어지는지 확인한다.

양방향 바인딩에서 컨버터 사용하기

만약 레이아웃에 선언된 변수가 뷰에 양방향 바인딩되고, 화면에 나타나기 전에 특정 포맷으로 변경하거나 번역 또는 다소 변경 사항이 추가되어야 하는 상황이라면 컨버터를 사용할 수 있다.

예를 들어, EditText에서 날짜를 표현한다고 가정해 본다.

```
<EditText
    android:id="@+id/birth_date"
    android:text="@={Converter.dateToString(viewmodel.birthDate)}"
/>
```

viewModel.birthDate 값은 long 타입이고, 이를 우리가 읽고 이해하기 쉬운 문자열 형식의 날짜로 변경해야 한다.

양방향 바인딩 표현식이 사용된다면, 반대로 문자열 형식의 날짜가 long 타입 값으로의 변경도 필요하다. 데이터 바인딩 라이브러리에서는 이러한 처리를 도와주는 @InverseMethod 애노테이션을 제공한다. 다음 예제를 확인한다.

```
public class Converter {

    @InverseMethod("stringToDate")
    public static String dateToString(long value) {
        //long값을 String으로 변환
    }

    public static long stringToDate(String value) {
        //String값을 long으로 변환
    }
}
```

@InverseMethod에 날짜 문자열을 Long 형식으로 변환하는데, 사용할 메서드의 이름을 정의하면 양쪽 모두 데이터의 변환이 이루어질 수 있다.

데이터 바인딩과 ViewStub 활용하기

ViewStub는 사이즈가 없는 보이지 않는 뷰로 런 타임에서 늦은 전개(lazy-inflate)를 원할 때 사용할 수 있다. ViewStub를 보이게 하거나 inflate() 메서드를 호출하면 레이아웃이 전개되면서 ViewStub를 대체해 ViewStub는 사라진다. 전개된 뷰는 ViewStub의 부모 뷰에 추가된다. 레이아웃에서 ViewStub를 사용하는 예제를 확인한다.

```
<ViewStub android:id="@+id/stub"
          android:inflatedId="@+id/subTree"
          android:layout="@layout/mySubTree"
          android:layout_width="120dp"
          android:layout_height="40dp" />
```

findViewById() 호출을 통해 ViewStub에 접근할 수 있다.

```
ViewStub viewStub = findViewById(R.id.stub);
```

생성되는 바인딩 클래스에서 ViewStub는 ViewStubProxy로 표현되며, ViewStub에 대해 접근할 수 있게 해 준다.

```
ActivityMainBinding binding = ...
ViewStubProxy viewStubProxy = binding.stub;
ViewStub viewStub = viewStubProxy.getViewStub();
```

ViewStub에 지정된 레이아웃을 전개하려면 setVisibility() 또는 inflate()를 호출할 수 있다.

```
ViewStub viewStub = ...

viewStub.inflate();
//또는 viewStub.setVisibility(View.VISIBLE);
```

ViewStub는 복잡하게 구성된 레이아웃을 빠르게 전개해야 하는 상황에서, 레이아웃의 전개 시기를 선택적으로 늦출 수 있다. 예를 들어 리스트 형태의 UI를 구성하고 하나의 뷰 홀더가 전개되는 데 상당한 비용이 발생한다고 가정한다. 이때 사용자가 빠르게 화면을 스크롤할 경우 프레임 드롭이 발생할 수 있다. 이럴 때 선택적으로 불필요한 레이아웃의 전개를 제어하고 전개 시기를 늦춤으로써 성능을 개선할 수 있다.

ViewStub와 바인딩 어댑터의 사용

만약 ViewStub에 지정된 레이아웃이 전개된 상태(inflated)라면 app:user="@{user}"와 같은 바인딩 표현식을 사용할 수 있다. ViewStub와 바인딩 표현식을 사용하는 경우 ViewStub에 반드시 아이디를 선언해야 한다.

```xml
<?xml version="1.0" encoding="utf-8"?>
<!--activity_user.xml-->
<layout xmlns:app="http://schemas.android.com/apk/res-auto"
    xmlns:android="http://schemas.android.com/apk/res/android">

    <data>
        <variable
            name="user"
            type="com.charlezz.jetpacklibrarysample.User" />

    </data>
    ...
        <!--id 반드시 있어야 함-->
        <ViewStub
            android:id="@+id/user_view_stub"
            android:layout_width="match_parent"
            android:layout_height="match_parent"
            android:layout="@layout/view_user"
            app:user="@{user}" />

</layout>
```

```xml
<?xml version="1.0" encoding="utf-8"?>
<!--view_user.xml-->
<layout>

    <data>

        <variable
            name="user"
            type="com.charlezz.jetpacklibrarysample.User" />
    </data>

    <LinearLayout
        xmlns:android="http://schemas.android.com/apk/res/android"
        xmlns:tools="http://schemas.android.com/tools"
        android:layout_width="match_parent"
        android:layout_height="match_parent"
        android:orientation="vertical">

        <!--user 데이터와 뷰를 바인딩 -->
        ...

    </LinearLayout>

</layout>
```

activity_user.xml 파일로 인해 생성되는 다음 ActivityUserBindingImpl 코드를 살펴보면, 전개되지 않은 ViewStub는 바인딩 표현식이 적용되지 않도록 분기된다. 전개되지 않은 바인딩 인스턴스에 접근하면 NPE가 발생하기 때문이다.

```java
@Override
protected void executeBindings() {
    ...
        if (this.userViewStub.isInflated())
            this.userViewStub.getBinding().setVariable(BR.user, user);
    ...
}
```

전개되지 않은 ViewStub에는 바인딩 표현식이 적용되지 않으므로, ViewStub에 지정된 레이아웃을 먼저 전개해야 한다. 코드에서 inflate() 또는 setVisibility(View.VISIBLE)를 호출해도 되지만, android:visibility 속성을 이용하여 바인딩 표현식으로 다음과 같이 전개할 수도 있다.

```xml
<?xml version="1.0" encoding="utf-8"?>
<!--activity_user.xml-->
<layout xmlns:app="http://schemas.android.com/apk/res-auto"
    xmlns:android="http://schemas.android.com/apk/res/android">

    <data>
        <import type="android.view.View"/>
        <variable
            name="user"
            type="com.charlezz.jetpacklibrarysample.User" />

    </data>
    ...
    <ViewStub
        android:id="@+id/user_view_stub"
        android:layout_width="match_parent"
        android:layout_height="match_parent"
        android:layout="@layout/view_user"
        android:visibility="@{user==null ? View.GONE : View.VISIBLE}"
        app:user="@{user}" />
    ...

</layout>
```

User 데이터가 null이 아니면 전개를 하고, null일 경우 레이아웃을 감추도록 코드를 고쳤다. 다시 한 번 생성되는 ActivityUserBindingImpl 코드를 살펴본다.

```
@Override
protected void executeBindings() {
    ...
```

```
    if (!this.userViewStub.isInflated())
        this.userViewStub.getViewStub()
            .setVisibility(userJavaLangObjectNullViewGONEViewVISIBLE);
    if (this.userViewStub.isInflated())
        this.userViewStub.getBinding().setVariable(BR.user, user);
    ...
}
```

ViewStub으로부터 레이아웃 전개를 먼저 하고 user 데이터를 바인딩하는 것을 확인할 수 있다. 하지만 레이아웃을 전개하는 setVisibility() 메서드는 ViewStub가 전개되지 않았을 때만 호출되어 레이아웃을 동적으로 숨기고 싶을 때는 바인딩 표현식을 사용할 수 없다.

이런 문제 해결에 사용자 정의 바인딩을 사용할 수 있다. 다음 예제는 User 데이터를 바인딩하도록 사용자 정의 바인딩 어댑터를 정의한 코드이다. User 데이터가 null이라면 이미 전개된 레이아웃을 감출 수 있다.

```
public class UserBindingAdapter {

    @BindingAdapter(value = {"user", ""}, requireAll = false)
    public static void setUser(View view, User user, Void nothing){
        //아무것도 하지 않음
    }

    public static void setUser(ViewStubProxy proxy, User user, Void nothing){
        if(proxy.getViewStub()!=null){
            if(user !=null){
                //User 정보가 있다면 레이아웃을 전개하고 데이터를 뷰에 바인딩한다.
                proxy.getViewStub().setVisibility(View.VISIBLE);
                proxy.getBinding().setVariable(BR.user, user);
                proxy.getBinding().executePendingBindings();
            }else{
                // 레이아웃이 전개된 적이 있지만 User 정보가 없을 때 레이아웃을 감춘다.
```

```
                proxy.getBinding().setVariable(BR.user, null);
                proxy.getBinding().getRoot().setVisibility(View.GONE);
            }
        }
    }
}
```

```xml
<!--activity_user.xml-->
...
<ViewStub
    android:id="@+id/user_view_stub"
    android:layout_width="match_parent"
    android:layout_height="match_parent"
    android:layout="@layout/view_user"
    app:user="@{user}" />
<!--사용자 정의 바인딩 적용-->
...
```

ViewStub와 @BindingAdapter 메서드 사용 시 두 가지 주의 사항이 있다.

첫째는, 레이아웃에 선언된 ViewStub는 바인딩 클래스에서 ViewStubProxy로 표현된다. 그러므로 @BindingAdapter 메서드의 첫 번째 매개 변수로 View를 지정해도 ViewStubProxy는 View가 아니므로 바인딩 클래스 내부에서 참조하지 못한다. 이를 위해 ViewStubProxy를 첫 번째 매개 변수로 갖는 이름이 같은 @BindingAdapter 메서드를 하나 더 만들어야 한다.

마지막으로 BindingAdapter의 속성이 1개라면 레이아웃이 전개되었을 때만 바인딩을 수행하는 코드가 바인딩 클래스에 생성된다. 2개 이상의 속성을 정의해야만 레이아웃의 전개 여부와 관계없이 바인딩을 수행한다. 그러므로 레이아웃을 동적으로 감추려면 반드시 @BindingAdapter의 2개 이상의 속성을 선언해야 한다. 앞의 예제 코드는 user를 제외한 더미 속성을 추가로 선언하고 requiredAll 속성을 false로 지정했다.

@BindingAdapter 메서드를 올바르게 선언했다면 ActivityUserBindingImpl 클래스의 코드는 다음과 같이 생성된다.

```
@Override
protected void executeBindings() {
    ...
        com.charlezz.jetpacklibrarysample.UserBindingAdapter
            .setUser(this.userViewStub, user, (java.lang.Void)null);
    ...
}
```

ViewStub의 전개 여부와 관계없이 바인딩이 수행되는 것을 확인할 수 있다.

2 Lifecycles

Lifecycle-aware 컴포넌트 프로젝트에 추가하기

androidx.appcompat:appcompat를 이미 사용하고 있다면 이미 Lifecycle-aware 컴포넌트들이 포함되어 별도의 작업이 필요 없다. 하지만 appcompat 라이브러리를 사용하지 않을 경우 Lifecycle-aware 컴포넌트를 추가하려면 Google Maven 저장소가 프로젝트에 반드시 설정되어야 하며, 다음과 같이 앱 모듈의 build.gradle에 의존성을 추가할 수 있다. 2019년 10월 9일 기준으로 2.1.0이 정식 배포된 안정 버전이다.

```
dependencies {
    def version = "2.1.0"

    // ViewModel과 LiveData만 추가
    implementation "androidx.lifecycle:lifecycle-extensions:$version"
```

```
// 대안 - ViewModel만 추가
implementation "androidx.lifecycle:lifecycle-viewmodel:$version"

// LiveData만 추가
implementation "androidx.lifecycle:lifecycle-livedata:$version"

// LifeCycle만 추가
implementation "androidx.lifecycle:lifecycle-runtime:$version"

annotationProcessor "androidx.lifecycle:lifecycle-compiler:$version"

// Java8을 사용한다면 lifecycle-compiler 대신 아래의 내용을 추가
implementation "androidx.lifecycle:lifecycle-common-java8:$version"

// LiveData를 위한 ReactiveStream 지원을 선택적으로 추가
implementation "androidx.lifecycle:lifecycle-reactivestreams:$version"

// LiveData 테스트용 헬퍼 선택적으로 추가
testImplementation "androidx.arch.core:core-testing:$version"
```

코틀린 사용자의 경우 아티팩트명 뒤에 -ktx를 붙여야 하며, annotationProcessor도 kapt로 변경해야 한다.

생명 주기를 인식하는 컴포넌트 다루기

생명 주기 인식(Lifecycle-aware) 컴포넌트는 액티비티 또는 프래그먼트 같은 다른 컴포넌트의 생명 주기 상태가 변경될 때 이에 대응하는 라이브러리다. 이러한 컴포넌트를 사용하면 더욱 체계적으로 구성하고, 가벼운 코드를 유지 보수하기 쉽다.

일반적으로 액티비티 및 프래그먼트의 생명 주기 메서드에서 데이터를 불러오거나 리소스를 정리하는데, 코드가 광범위해지고 잠재적인 에러 유발 요소가 된다. 생명 주기에 의존적이던 코드를 생명 주기 메서드로부터 걸어 내고 생명 주기 인식 컴포넌트에

이에 대한 처리를 위임할 수 있다.

androidx.lifecycle 패키지는 액티비티 또는 프래그먼트 생명 주기 상태에 따라 자동으로 동작을 조정할 수 있는 클래스와 인터페이스를 제공한다.

안드로이드 프레임워크의 대부분의 컴포넌트가 생명 주기를 가진다. 생명 주기는 운영 체제 또는 프로세스 내 실행 중인 프레임워크 코드에 의해 관리된다. 생명 주기는 안드로이드가 동작하는 방식의 핵심이 되는 부분이고, 애플리케이션을 만드는 개발자는 이를 반드시 고려해야 한다. 그렇지 않으면 메모리 누수가 발생하거나 애플리케이션 크래시가 발생할 수 있다.

화면에 현재 위치를 나타내는 액티비티를 가진다고 가정할 때 일반적인 구현은 다음과 같다.

```
class MyLocationListener {
    public MyLocationListener(Context context, Callback callback) {
        // ...
    }

    void start() {
        // 시스템 위치 서비스에 연결한다.
    }

    void stop() {
        // 시스템 위치 서비스로부터 연결을 끊는다.
    }
}

class MyActivity extends AppCompatActivity {
    private MyLocationListener myLocationListener;

    @Override
    public void onCreate(...) {
        myLocationListener = new MyLocationListener(this,
```

```
            (location) -> {
                // UI 갱신
            });
        }

        @Override
        public void onStart() {
            super.onStart();
            myLocationListener.start();
            // 액티비티 생명 주기에 따라 반응해야 하는 컴포넌트들을 관리한다.
        }

        @Override
        public void onStop() {
            super.onStop();
            myLocationListener.stop();
            // 액티비티 생명 주기에 따라 반응해야 하는 컴포넌트들을 관리한다.
        }
    }
```

비록 앞의 예제는 아무 문제가 없어 보이지만, 현재 생명 주기에 따라 관리해야 하는 사항이 너무 많을 수 있다. onStart()와 onStop()과 같은 생명 주기 메서드에서 많은 양의 코드를 처리하는 것 또한 부담된다. 더욱이 onStart()에서 시작한 작업이 끝나기 전에 onStop()이 호출된다면 상황에 따라 문제가 발생할 수 있다.

```
class MyActivity extends AppCompatActivity {
    private MyLocationListener myLocationListener;

    public void onCreate(...) {
        myLocationListener = new MyLocationListener(this, location -> {
            // UI 갱신
        });
    }

    @Override
    public void onStart() {
```

```
        super.onStart();
        Util.checkUserStatus(result -> {
            // 콜백이 activity가 종료된 다음에 호출된다면...?
            if (result) {
                myLocationListener.start();
            }
        });
    }

    @Override
    public void onStop() {
        super.onStop();
        myLocationListener.stop();
    }
}
```

androidx.lifecycle 패키지는 이러한 문제를 유연하게 격리된 방식으로 해결할 수 있는 인터페이스와 클래스를 제공한다.

Lifecycle 클래스

Lifecycle 클래스는 액티비티 또는 프래그먼트 같은 컴포넌트의 생명 주기 상태에 대한 정보를 가지고 다른 객체가 이를 관찰할 수 있도록 돕는 클래스다.

Lifecycle은 이벤트와 상태라는 두 가지 주요 사항을 통해 연관된 컴포넌트들의 생명 주기 상태를 추적한다.

이벤트(Event)

프레임워크와 Lifecycle 클래스로부터 얻는 생명 주기 이벤트를 말한다. 이러한 이벤트들은 액티비티와 프래그먼트의 콜백 이벤트에 매핑된다.

상태(State)

Lifecycle 객체가 추적한 컴포넌트의 현재 상태를 뜻한다.

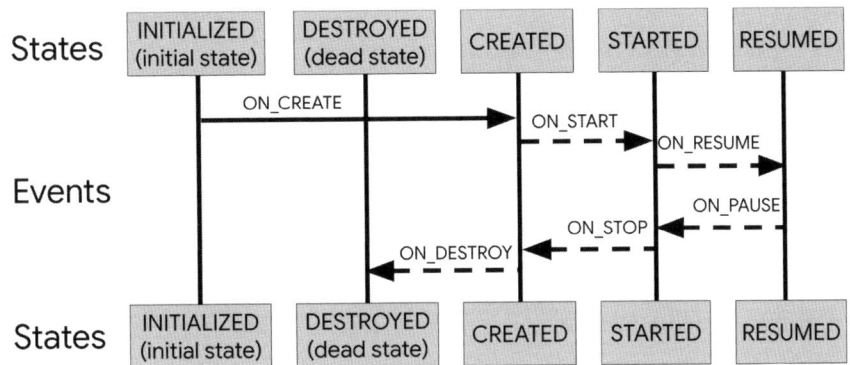

[그림 4-1] 안드로이드 액티비티 생명 주기로 구성된 상태와 이벤트

상태(State)는 그래프의 노드이고, 이벤트(Event)는 두 개의 노드 사이를 이동하는 사건이라고 생각하면 된다.

일반 클래스에 LifecycleObserver 인터페이스를 구현하고, @OnLifecycleEvent 애노테이션을 붙인다. 이 클래스를 Lifecycle 객체의 addObserver() 메서드를 통해 넘김으로써 컴포넌트의 생명 주기 변화를 감지할 수 있다. 다음 코드를 살펴본다.

```
public class MyObserver implements LifecycleObserver {
    @OnLifecycleEvent(Lifecycle.Event.ON_RESUME)
    public void connectListener() {
        ...
    }

    @OnLifecycleEvent(Lifecycle.Event.ON_PAUSE)
    public void disconnectListener() {
        ...
    }
}
```

```
myLifecycleOwner.getLifecycle().addObserver(new MyObserver());
```

예제를 살펴보면 myLifecycleOwner 객체는 LifecycleOwner 인터페이스를 구현했는데 이에 대한 설명은 다음 섹션에서 확인할 수 있다.

LifecycleOwner

LifecycleOwner는 Lifecycle의 소유권을 추상화하는 인터페이스로 Lifecycle을 반환하는 getLifecycle() 메서드 하나만을 갖는다. 서포트 라이브러리에 포함된 AppCompatActivity 또는 Fragment는 LifecycleOwner가 이미 구현되어 편하게 사용할 수 있고, 구현되지 않은 독립적인 클래스들은 LifecycleOwner를 구현하여 다른 코드들이 자체적인 생명 주기에 반응하여 작동하도록 할 수 있다.

LifecycleOwner의 생명 주기를 관찰하려면 LifecycleObserver를 구현해야 한다. LifecycleOwner가 생명 주기 정보를 제공하고 등록된 LifecycleObserver는 생명 주기의 변화를 관찰한다.

앞에서 다룬 위치 추적 예제에서 MyLocationListener 클래스에 LifecycleObserver를 구현하고, MyLocationListener가 스스로 생명 주기를 관리할 수 있도록 구현한다. 독립적으로 생명 주기를 관리함으로써 비즈니스 로직이 단순화되고, 액티비티와 프래그먼트의 부담이 적어진다.

```
class MyActivity extends AppCompatActivity {
    private MyLocationListener myLocationListener;

    public void onCreate(...) {
        myLocationListener = new MyLocationListener(
          this, getLifecycle(), location -> {
            // update UI
```

```
        });
        Util.checkUserStatus(result -> {
            if (result) {
                myLocationListener.enable();
            }
        });
    }
}
```

일반적인 경우에서 Lifecycle의 상태가 적절하지 않으면 콜백을 호출하는 것은 피해야 한다. 예를 들어 액티비티 상태가 저장된 후 콜백에서 프래그먼트 트랜잭션을 수행하려는 경우, 크래시가 발생할 수 있으므로 이런 경우 콜백을 호출하지 말아야 한다.

이런 유스 케이스를 쉽게 풀도록 Lifecycle은 현재 상태를 가져올 수 있는 메서드를 제공한다.

```
public class MyLocationListener implements LifecycleObserver {
    private boolean enabled = false;
    private Lifecycle lifecycle;
    private Context context;

    public MyLocationListener(Context context,
                              Lifecycle lifecycle,
                              Callback callback){
        ...
    }

    @OnLifecycleEvent(Lifecycle.Event.ON_START)
    void start() {
        if (enabled) {
            // 위치 서비스에 연결한다.
        }
    }

    public void enable() {
        enabled = true;
```

```
        if (lifecycle.getCurrentState()
                .isAtLeast(Lifecycle.State.STARTED)) {// 현재 상태를 쿼리
            // 위치 서비스가 연결되지 않았다면 연결한다.
        }
    }

    @OnLifecycleEvent(Lifecycle.Event.ON_STOP)
    void stop() {
        // 연결된 위치 서비스를 끊는다.
    }
}
```

이렇게 구현한다면 MyLocationListener 클래스는 완전히 생명 주기를 인식하는 클래스가 된다. 만약 다른 액티비티 또는 프래그먼트에서 MyLocationListener를 사용해야 한다면 단지 초기화만 해 주면 된다. 모든 설정과 해제는 클래스 내부에서 직접 관리한다.

구글에서는 ViewModel 또는 LiveData와 같은 생명 주기를 아는 컴포넌트를 사용하여 애플리케이션을 개발하는 것을 추천한다. 이러한 컴포넌트들은 생명 주기 문제를 쉽게 해결하고 개발의 생산성을 높이는 데 큰 도움이 된다.

만약 애플리케이션 프로세스의 생명 주기를 관리하고 싶다면 ProcessLifecycleOwner를 살펴보아야 한다.

사용자 정의 LifecycleOwner 구현하기

서포트 라이브러리 26.1.1 이후로는 프래그먼트와 액티비티는 LifecycleOwner를 이미 구현한 형태로 제공한다.

만약 LifecycleOwner를 직접 구현하도록 LifecycleRegistry 클래스를 사용할 수 있다면, 직접 이벤트를 포워딩해야 한다. 다음 예제를 살펴본다.

```java
public class MyActivity extends Activity implements LifecycleOwner {
    private LifecycleRegistry lifecycleRegistry;

    @Override
    protected void onCreate(Bundle savedInstanceState) {
        super.onCreate(savedInstanceState);

        lifecycleRegistry = new LifecycleRegistry(this);
        lifecycleRegistry.markState(Lifecycle.State.CREATED);
    }

    @Override
    public void onStart() {
        super.onStart();
        lifecycleRegistry.markState(Lifecycle.State.STARTED);
    }

    @NonNull
    @Override
    public Lifecycle getLifecycle() {
        return lifecycleRegistry;
    }
}
```

액티비티 이외에 다른 클래스에서 직접 생명 주기를 생성하고 관리하고 싶다면 LifecycleRegistry를 사용해 본다.

3 LiveData

LiveData는 관찰 가능한(Observable) 데이터 클래스다. 데이터 바인딩의 Observable 클래스나 Rxjava의 Observable과는 달리 LiveData는 Lifecycle을 통해 생명 주기를 인식한다. 즉 액티비티, 프래그먼트, 서비스와 컴포넌트들의 생명 주기를 따른다.

LiveData는 데이터의 변경을 활성화된 관찰자(Observer)를 통해 알린다. 주어진 LifecycleOwner의 생명 주기가 STARTED 또는 RESUME 상태인 경우만 Observer를 활성(active) 상태로 간주한다.

LifecycleOwner 인터페이스를 구현하는 객체를 매개 변수로 하는 observe() 메서드를 통해 옵서버를 등록할 수 있다. LifecycleOwner 구현체가 DESTROYED 상태가 되면 자동으로 옵서버는 내부에서 제거된다. 그러므로 액티비티 또는 프래그먼트의 생명 주기에 따른 메모리 누수 등을 걱정할 필요가 없어진다.

LiveData를 프로젝트에서 사용하기 위한 설정은 Lifecycles 항목에서 확인할 수 있다.

LiveData 사용 시의 장점은 다음과 같다.

1. **UI와 데이터 상태의 동기화**

    LiveData는 옵서버 패턴*을 따른다. LiveData는 생명 주기 상태 변화를 Observer에게 알린다. Observer 객체에서 데이터 변경에 따른 UI를 갱신하려면 코드를 작성해야 한다.

2. **메모리 누수를 방지한다**

    Observer는 Lifecycle에 바인딩되며, 생명 주기 상태가 DESTROYED되면 스스로 정리하므로 별도의 리소스를 해제하는 코드를 액티비티 또는 프래그먼트에 작성할 필요가 없다.

3. **액티비티가 갑작스럽게 종료될 때도 안전하다**

    액티비티가 백스택으로 들어가는 경우와 같이 관찰자가 비활성화된 상태일 때라도, LiveData로부터 어떠한 이벤트도 받지 않아 안전하다.

---

* 객체의 상태 변화를 관찰하는 관찰자들, 즉 옵서버들의 목록을 객체에 등록하여 상태 변화가 있을 때마다 메서드 등을 통해 객체가 직접 목록의 각 옵서버에게 통지하도록 하는 디자인 패턴이다.

4. **생명 주기에 대한 고민은 이제 그만한다**

   액티비티나 프래그먼트와 같은 UI 컴포넌트는 단지 UI에 표현할 데이터를 관찰할 뿐 생명 주기 상태가 중지(Stopped)인지 재개(Resumed)인지를 걱정할 필요가 없다. LiveData에 LifecycleOwner를 위임한 후로 자동으로 모든 것을 관리한다.

5. **최신의 데이터를 유지한다**

   생명 주기가 비활성화되면 더는 데이터의 변경을 감지하지 않지만, 생명 주기가 활성화되는 시점에 최신 데이터를 다시 가져온다. 따라서 액티비티가 백그라운드인 상태에서 데이터가 변경되더라도, 액티비티가 포그라운드 상태가 될 때 최신의 데이터를 바로 받는다.

6. **구성 변경에 대응한다.**

   액티비티 또는 프래그먼트가 화면 회전 등과 같은 구성 변경으로 인해 재생성되더라도 즉시 최신 데이터를 받을 수 있다.

7. **자원 공유하기**

   LiveData를 상속하여 싱글턴 패턴으로 사용할 수도 있다. 안드로이드 시스템 서비스와 같은 곳에 단 한 번만 연결하고, 애플리케이션 내 어디에서나 다중으로 접근하여 이 서비스를 관찰할 수 있다.

MutableLiveData를 이용한 데이터 쓰기

LiveData는 데이터가 읽기만 가능하므로 데이터를 쓰려면 다음 예제와 같이 MutableLiveData를 사용한다.

```
public class MainActivity extends AppCompatActivity {

    MutableLiveData<String> liveString = new MutableLiveData<>();
```

```java
@Override
protected void onCreate(Bundle savedInstanceState) {
    super.onCreate(savedInstanceState);

    liveString.postValue("Hello Charles"); //데이터 쓰기
    liveString.setValue("Hello World"); //데이터 쓰기
    liveString.observe(this, new Observer<String>() {
        @Override
        public void onChanged(String s) {
            // 어떤 값이 먼저 들어올까?
        }
    });
}
```

MutableLiveData가 가진 데이터를 쓰는 메서드는 setValue()와 postValue() 메서드가 있다. 데이터를 직접 읽으려면 getValue() 메서드를 사용할 수 있다.

setValue()는 반드시 메인 스레드에서만 호출해야 한다. 백그라운드에서 이 메서드를 사용하는 경우 IllegalStateException이 발생한다. 이미 활성화된 Observer를 가진다면, 변경된 데이터를 onChanged(...) 콜백 메서드로부터 얻을 수 있다.

postValue()는 주로 백그라운드 스레드에서 호출하는 용도로 사용된다. 주어진 값을 설정하는 태스크를 내부에서 핸들러를 통해 메인 스레드에 전달하기 때문이다. 그러므로 메인 스레드가 실행되기 전에 postValue()를 여러 번 호출해도 가장 마지막에 설정된 값만 가져온다.

예제 코드의 순서를 다시 살펴보면 "Hello Charles"를 먼저 설정하고 "Hello World"를 그 뒤에 설정했다. onCreate() 내부의 예제 코드는 메인 스레드에서 실행되는데, postValue()의 경우 값을 즉시 설정하지 않고 작업을 뒤로 미룬다. 그다음 setValue()가 호출되고 메인 스레드에서 즉시 값을 설정하므로, onChanged(String)에 값이 들

어오는 순서를 확인하면 Hello World가 먼저 들어오는 것을 확인할 수 있다.

MutableLiveData를 생성한 직후는 초깃값이 null이다. 이를 방지하고자 다음과 같이 사용할 수 있다.

```
public class InitMutableLiveData<T> extends MutableLiveData<T> {

    public InitMutableLiveData(T initValue){
        setValue(initValue);
    }

}
```

생성자 매개 변수에서 초깃값을 적용하므로 null로부터 안전하게 생성할 수 있다.

상속을 통한 LiveData 사용하기

LiveData는 Observer의 생명 주기가 STARTED 또는 RESUMED인 경우 활성화 상태로 간주한다. 다음 샘플 코드는 주식 가격의 변동을 LiveData 클래스로 확장하는 방법을 보여 준다.

```
public class StockLiveData extends LiveData<BigDecimal> {
    private StockManager stockManager;

    private SimplePriceListener listener = new SimplePriceListener() {
        @Override
        public void onPriceChanged(BigDecimal price) {
            setValue(price);
        }
    };

    public StockLiveData(String symbol) {
```

```
        stockManager = new StockManager(symbol);
    }

    @Override
    protected void onActive() {
        stockManager.requestPriceUpdates(listener);
    }

    @Override
    protected void onInactive() {
        stockManager.removeUpdates(listener);
    }
}
```

이 예제에서 가격을 나타내는 리스너의 구현은 다음과 같이 메서드들의 호출에 따라 이루어진다.

- onActive() 메서드: LiveData에 활성화된 관찰자가 있는 경우 호출된다. 즉 주식 가격의 변동을 이때부터 관찰하고 LiveData에 값을 설정한다.
- onInactive() 메서드: LiveData에 활성화된 관찰자가 전혀 없는 경우 호출된다. 관찰자가 없으므로 StockManager에 연결을 유지할 필요가 없다.
- setValue() 메서드: LiveData의 값을 갱신하는 데 호출되며, 활성화된 관찰자들에게 변경에 대해 알린다.

StockLiveData는 다음과 같이 사용할 수 있다.

```
public class MyFragment extends Fragment {
    @Override
    public void onActivityCreated(Bundle savedInstanceState) {
        super.onActivityCreated(savedInstanceState);
        LiveData<BigDecimal> myPriceListener = ...;
        myPriceListener.observe(this, price -> {
            // UI를 갱신한다.
        });
```

        }
}
```

LiveData 객체가 생명 주기를 안다는 것은, 여러 액티비티, 프래그먼트, 서비스들 사이에서 이 객체를 공유할 수 있다는 것을 의미한다. 다음과 같이 간단히 LiveData를 싱글턴으로 구현한 예제를 살펴본다.

```
public class StockLiveData extends LiveData<BigDecimal> {
    private static StockLiveData sInstance;
    private StockManager stockManager;

    private SimplePriceListener listener = new SimplePriceListener() {
        @Override
        public void onPriceChanged(BigDecimal price) {
            setValue(price);
        }
    };

    @MainThread
    public static StockLiveData get(String symbol) {
        if (sInstance == null) {
            sInstance = new StockLiveData(symbol);
        }
        return sInstance;
    }

    private StockLiveData(String symbol) {
        stockManager = new StockManager(symbol);
    }

    @Override
    protected void onActive() {
        stockManager.requestPriceUpdates(listener);
    }

    @Override
```
```

```
    protected void onInactive() {
        stockManager.removeUpdates(listener);
    }
}
```

프래그먼트에서는 다음과 같이 사용할 수 있다.

```
public class MyFragment extends Fragment {
    @Override
    public void onActivityCreated(Bundle savedInstanceState) {
        StockLiveData.get(symbol).observe(this, price -> {
            // UI를 갱신한다.
        });
    }
}
```

여러 프래그먼트에 액티비티가 MyPriceListener 인스턴스를 관찰할 수 있다.

MediatorLiveData 사용하기

MutableLiveData의 하위 클래스로 다른 여러 LiveData를 관찰하고 데이터의 변경에 반응한다. 이 클래스의 특징은 자신의 활성화/비활성화 상태를 연결된 소스들에 전파한다는 것이다. 예를 들어 두 개의 LiveData 인스턴스가 있다. 이 둘의 데이터 변경 내용을 하나의 LiveData로 관리하고 싶다면 MediatorLiveData에 두 개의 LiveData를 소스로 추가하면 된다. 다음 코드를 확인한다.

```
LiveData liveData1 = ...;
LiveData liveData2 = ...;

MediatorLiveData liveDataMerger = new MediatorLiveData<>();
liveDataMerger.addSource(liveData1, v -> liveDataMerger.setValue(v));
liveDataMerger.addSource(liveData2, v -> liveDataMerger.setValue(v));
```

liveData1에 의한 데이터 변경이 10번 발생했을 때 리스닝을 멈추고자 MediatorLiveData로부터 liveData1 소스를 제거할 수 있다.

```
liveDataMerger.addSource(liveData1, new Observer() {
    private int count = 1;

    @Override public void onChanged(@Nullable Integer s) {
        count++;
        liveDataMerger.setValue(s);
        if (count > 10) {
            liveDataMerger.removeSource(liveData1);
        }
    }
});
```

LiveData 변형하기

LiveData에 저장된 값을 관찰자로 전달하기 전에 이 값을 변경하거나 또는 다른 타입의 LiveData 인스턴스로 전달하고 싶을 수 있다. 이를 위해 lifecycle 패키지에서는 Transformations라는 클래스를 제공한다.

Transformations.map() 메서드

첫 번째 매개 변수를 통해 입력된 소스 LiveData로부터 새로운 타입의 LiveData를 만들 수 있다. 두 번째 매개 변수 mapFunction에서 소스값을 원하는 새로운 값으로 반환한다.

```
LiveData userLiveData = ...;
LiveData userFullNameLiveData =
    Transformations.map(
        userLiveData,
```

```
        user -> user.firstName + user.lastName);
});
```

userLiveData가 변경될 때마다 userFullNameLiveData 또한 데이터가 변경된다. 데이터 변형 함수는 메인 스레드에서 실행되므로 긴 작업은 피한다.

Transformation.switchMap() 메서드

map()과 비슷하지만 mapFunction에서 변형시킨 데이터를 LiveData로 반환하는 점이 다르다. 입력된 소스 LiveData는 내부에서 생성한 MediatorLiveData에 추가되어 관리한다. switchMap()을 사용하는 한 가지 예를 들어 보면 EditText 등으로부터 String 타입의 사용자 이름을 입력받고 이를 MutableLiveData에 관리하고, 매번 이름을 입력받을 때마다 이름으로 사용자 정보를 조회해야 한다면 다음과 같이 switchMap()을 사용할 수 있다.

```
class UserViewModel extends AndroidViewModel {
    MutableLiveData<String> nameQueryLiveData = ...

    LiveData<User> getUsersWithNameLiveData() {
        return Transformations.switchMap(
            nameQueryLiveData,
                name -> myDataSource.getUsersWithNameLiveData(name));
    }

    void setNameQuery(String name) {
        this.nameQueryLiveData.setValue(name);
    }
}
```

이러한 방법은 LiveData의 데이터 변경을 또 다른 LiveData에 올바르게 전달하며, 느리게 계산된 데이터를 제공한다.

데이터 바인딩과 LiveData의 사용

데이터 바인딩의 가장 중요한 기능 중 하나가 관찰성(Observability)이다. 데이터 바인딩과 LiveData를 사용하면 생명 주기에 대한 걱정 없이 데이터의 변경에 따른 UI 변경을 자동으로 처리하도록 설정할 수 있다.

Observable 필드를 LiveData로 마이그레이션하기

Observable 인터페이스를 구현한 Observable 필드들과는 다르게 LiveData는 생명 주기를 알고 관찰자들에게 데이터를 올바르게 전파한다. 안드로이드 스튜디오 버전 3.1 이상부터는 Observable 필드의 사용 대신 LiveData를 데이터 바인딩 코드에서 사용하는 것을 권장한다.

LiveData와 바인딩 클래스를 같이 사용하려면 바인딩 클래스에 LifecycleOwner를 명시하여, 생명 주기를 인식하고 이에 따라 LiveData가 반응할 수 있도록 해야 한다. 다음 예제에서는 현재 액티비티를 LifecycleOwner로 바인딩 클래스에 명시한다.

```java
public class MainActivity extends AppCompatActivity {

    @Override
    protected void onCreate(Bundle savedInstanceState) {
        super.onCreate(savedInstanceState);
        ActivityMainBinding binding = ...
        binding.setLifecycleOwner(this);

    }
}
```

바인딩 클래스에 LifecycleOwner를 명시했다면, 이제 레이아웃에 선언된 변수를 LiveData로 교체할 차례다. 기존에 ObservableField를 사용하는 레이아웃으로부터 LiveData를 사용하는 레이아웃으로 마이그레이션해 본다.

LiveData를 사용하기 전:

```xml
<data>
    <variable
        name="name"
        type="androidx.databinding.ObservableField&lt;String>" />
</data>
...
    <EditText
        android:layout_width="match_parent"
        android:text="@{name}"
        android:layout_height="wrap_content"/>
```

LiveData를 사용한 후:

```xml
<data>
    <variable
        name="name"
        type="androidx.lifecycle.LiveData&lt;String>" />
</data>
...
    <EditText
        android:layout_width="match_parent"
        android:text="@{name}"
        android:layout_height="wrap_content"/>
```

레이아웃에서 <는 오자가 아니며 <를 이스케이핑한 것이다. 레이아웃에서 간단히 ObservableField를 LiveData로 변경하는 것으로 마이그레이션이 끝났다.

일반적으로는 레이아웃에서 뷰-모델 변수를 선언하고, 뷰-모델이 가진 멤버로 LiveData를 참조하는 것을 권장한다.

LiveData에서는 원시 타입을 다룰 수 없어 박스 클래스를 제네릭으로 참조하는데, 이를 바인딩 표현식에서 사는 경우 언박싱 과정에서 NPE를 방지하도록 safeUnbox()를 사용하라는 경고 메시지가 뜰 수 있다. 그렇다면 다음과 같이 작성한다.

```
app:userAge="@{safeUnbox(viewModel.age)}"
```

바인딩 표현식에서 LiveData를 사용하는 경우 바인딩 클래스 내부에서 getValue()를 호출하여 데이터를 참조한다.

LiveData를 사용하면서 양방향 바인딩 사용하기

setter 메서드의 추가로 양방향 바인딩의 구현과 LiveData의 사용을 동시에 할 수 있다. 주의해야 할 점은 메서드 시그니처다. 첫째로 메서드의 이름과 바인딩 표현식에서 참조하는 멤버 이름이 일치해야 하고, 둘째로 메서드 매개 변수의 타입이 LiveData의 제네릭 타입과 일치해야 한다. 다음 양방향 바인딩 예제를 확인한다.

```java
public class UserViewModel extends BaseObservable {

    private MutableLiveData<String> name = new MutableLiveData<>();

    public MutableLiveData<String> getName() {
        return name;
    }

    public void setName(String name){
        this.name.setValue(name);
    }
}
```

```xml
<data>
    <variable
        name="viewModel"
        type="com.charlezz.jetpacksample.UserViewModel" />
</data>
```

```
...
<EditText
    android:layout_width="match_parent"
    android:text="@={viewModel.name}"
    android:layout_height="wrap_content"/>
```

4 ViewModel

ViewModel 클래스는 생명 주기를 인식하며, UI와 관련된 데이터를 저장하고 관리한다. ViewModel 클래스는 화면 회전 같은 구성 변경(Configuration changes)에서도 살아남아 데이터를 보존한다.

안드로이드 프레임워크는 액티비티 또는 프래그먼트 같은 UI 컨트롤러의 생명 주기를 관리한다. 사용자의 행동이나 기기의 특정 이벤트에 의해 프레임워크는 UI 컨트롤러를 파괴하거나 재생성한다.

만약 시스템이 UI 컨트롤러를 파괴하거나 재생성하면, 일시적으로 가지던 UI 관련 데이터들을 모두 잃는다. 예를 들면, 앱이 사용자 목록을 가져와서 화면에 나타낸 후, 화면을 회전시켜 액티비티가 재생성되면 사용자 목록을 다시 불러와야 한다. 물론 간단한 데이터의 경우 onSaveInstanceState()에서 데이터를 저장하고 onCreate의 bundle로부터 이를 되살릴 수도 있지만 이러한 방식은 적은 데이터에 적합하지 비트맵, 사용자 목록 등과 같은 큰 데이터에는 적합하지 않을 수 있다.

또 다른 문제는 UI 컨트롤러가 호출하는 데 시간이 걸리는 비동기 호출을 자주 해야 한다는 것이다. UI 컨트롤러는 이러한 호출을 관리하고 잠재적인 메모리 누수를 피하도록 시스템이 파괴된 후 이들을 정리해야 한다. 이러한 관리에는 많은 유지가 필요하며, 구성 변경으로 인해 다시 데이터를 로드하는 경우 이미 수행했던 작업을 또다시 실행해야 하므로 리소스가 낭비된다.

액티비티 및 프래그먼트와 같은 UI 컨트롤러는 주로 사용자 행동에 반응하고, UI에 데이터를 표현하거나 또는 권한 요청과 같은 시스템과의 상호 작용을 위한 것이다. 데이터베이스나 네트워크에서 데이터를 로드하는 부분까지 UI 컨트롤러가 맡으면 클래스가 비대해진다. 이러한 방식으로 UI 컨트롤러에 과도한 책임을 할당하면 테스트가 훨씬 더 어려워진다.

즉 뷰에 표현할 데이터를 UI 컨트롤러와 분리하기가 더 쉽고 효율적이다.

ViewModel을 프로젝트에 설정하는 방법은 Lifecycles 항목에서 확인할 수 있다.

ViewModel 구현하기

ViewModel 객체는 구성 변경에도 자동으로 유지되므로, ViewModel이 보유한 데이터는 다음 액티비티 또는 프래그먼트 인스턴스에서 즉시 사용할 수 있다. 다음 예제 코드를 살펴보면 ViewModel이 UI 컨트롤러 대신 사용자 목록을 불러오고 데이터를 유지한다.

```java
public class MyViewModel extends ViewModel {
    private MutableLiveData<List<User>> users;
    public LiveData<List<User>> getUsers() {
        if (users == null) {
            users = new MutableLiveData<List<User>>();
            loadUsers();
        }
        return users;
    }

    private void loadUsers() {
        // 이곳에서 비동기적으로 사용자 목록을 불러온다.
    }
}
```

불러온 데이터는 일반적으로 LiveData로 관리하길 권장하며 액티비티에서는 다음과 같이 데이터에 접근할 수 있다.

```java
public class MyActivity extends AppCompatActivity {
    public void onCreate(Bundle savedInstanceState) {
        // onCreate에서 ViewModel을 생성한다.
        // 액티비티가 재생성되어 onCreate()가 또 호출되더라도 이전에 만든
        // ViewModel 인스턴스를 가져온다.

        MyViewModel model = ViewModelProviders.of(this)
                                    .get(MyViewModel.class);
        model.getUsers().observe(this, users -> {
            //LiveData를 관찰하고 이곳에서 사용자 목록을 얻는다.
        });
    }
}
```

만약 액티비티가 재생성되더라도 액티비티가 최초에 생성한 MyViewModel 인스턴스를 그대로 가져온다. ViewModel을 생성한 액티비티가 종료되어야 ViewModel의 onCleared() 메서드가 호출되고, 이곳에서 리소스를 정리한다.

ViewModel 객체는 View 또는 LifecycleOwner보다 오래 지속되도록 설계되었다. 또한 View 및 Lifecycle에 대한 의존성이 없으므로 ViewModel에 대한 단위 테스트를 더 쉽게 작성할 수 있게 해 준다.

ViewModel 내부에서 생명 주기 이벤트를 구현하도록 LifecycleObserver를 포함할 순 있지만, ViewModel 내부에서 LiveData의 변경 사항을 관찰해서는 안 된다.

ViewModel에서 Application Context가 필요하다면 AndroidViewModel 클래스를 사용할 수 있다.

ViewModel의 생명 주기

생명 주기를 인식하는 ViewModel 객체를 얻으려면 Lifecycle을 ViewModel Provider에 넘겨야 한다. new 키워드로 ViewModel 객체를 생성하면 생명 주기를 인식하지 못한다. ViewModel은 Lifecycle이 영구적으로 없어질 때까지 메모리에 남아 있다.

다음 그림은 액티비티가 회전하고 종료하기까지의 생명 주기를 나타내고, 액티비티와 연관된 ViewModel의 생명 주기도 오른쪽에 나타낸다.

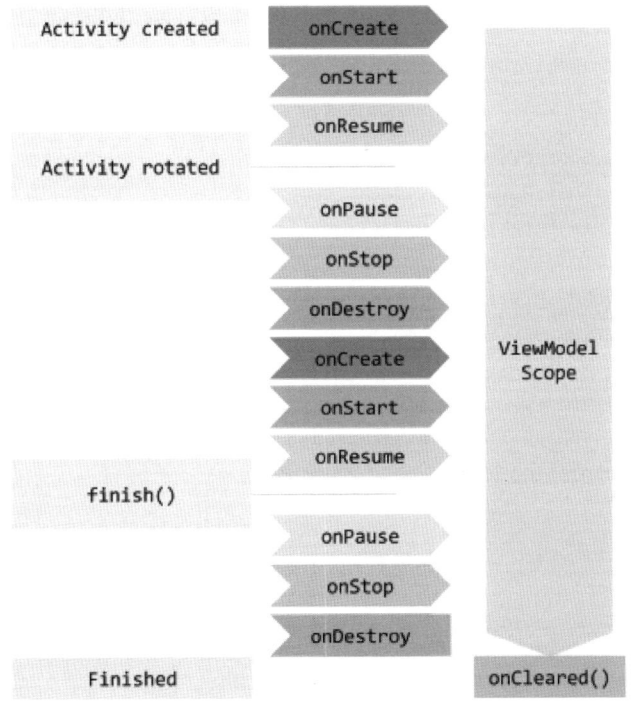

[그림 4-2] ViewModel의 생명 주기

일반적으로 ViewModel 객체의 생성은 액티비티의 첫 onCreate() 메서드 호출에서 이루어지고, 구성 변경에 의해 여러 번 액티비티가 재생성되어, onCreate() 호출이 여러 번 되더라도 최초에 생성된 ViewModel 인스턴스를 유지한다. ViewModel은 액티비티가 종료되고 파괴될 때까지 남아 있다.

프래그먼트 간 데이터 공유하기

액티비티 내 두 개 이상의 프래그먼트가 상호 작용을 해야 하는 경우가 많다. 액티비티 범위(Activity Scope)로 생성한 ViewModel은 프래그먼트 사이에서 데이터를 공유하고 상호 작용할 수 있도록 한다.

액티비티 범위로 생성한 SharedViewModel이 있다고 가정하고, 다음 예제에서 MasterFragment와 DetailFragment가 데이터를 공유하는 방법을 확인한다.

```java
public class SharedViewModel extends ViewModel {
    private final MutableLiveData<Item> selected =
            new MutableLiveData<Item>();

    public void select(Item item) {
        selected.setValue(item);
    }

    public LiveData<Item> getSelected() {
        return selected;
    }
}
```

```java
public class MasterFragment extends Fragment {
    private SharedViewModel model;
    ...
    public void onCreate(Bundle savedInstanceState) {
        super.onCreate(savedInstanceState);
        model = ViewModelProviders.of(getActivity())
                .get(SharedViewModel.class);
        itemSelector.setOnClickListener(item -> {
```

```java
            model.select(item)
        });
    }
}
```

```java
public class DetailFragment extends Fragment {
    SharedViewModel model;
    ...
    public void onCreate(Bundle savedInstanceState) {
        super.onCreate(savedInstanceState);
        model = ViewModelProviders.of(getActivity())
                .get(SharedViewModel.class);
        model.getSelected().observe(this, item -> {
                    // UI 갱신하기
                }
        );
    }
}
```

프래그먼트 내에서 뷰 모델을 생성하는 데 사용한 액티비티를 얻고, 이를 사용하여 ViewModelProviders로부터 공통된 SharedViewModel 인스턴스를 얻을 수 있다.

이러한 방식의 이점은 다음과 같다.

- 전통적인 방법은 이벤트를 전달하는 interface를 구현하고, 액티비티가 중간 연결 역할을 했다. 하지만 ViewModel을 사용하면 액티비티는 아무것도 하지 않아도 된다.
- 프래그먼트는 SharedViewModel을 사용하는 데 선행되어야 할 작업이 없다. 프래그먼트 중 하나가 사라지더라도 여전히 잘 동작한다.
- 각각의 프래그먼트는 자신만의 생명 주기를 가지고 있고, 이러한 점이 다른 프래그먼트에 영향을 주지 않는다. 하나의 프래그먼트가 다른 프래그먼트로 교체되더라도 문제없이 잘 동작한다.

ViewModel 사용 시 주의해야 할 점

안드로이드 아키텍처 컴포넌트의 ViewModel은 유용한 기능들을 제공한다. 반면에 사용하는 데 제약 사항도 많다. ViewModel을 사용할 때 주의해야 할 점을 살펴본다.

첫째, ViewModel은 절대로 액티비티 같은 Context를 참조해서는 안 된다. 액티비티는 언제든지 파괴되고 재생성될 수 있는데, ViewModel은 유지된다. 이때 이전에 파괴된 액티비티를 ViewModel에서 유지함으로써 메모리 누수가 발생한다. Context가 필요하다면 AndroidViewModel을 사용한다.

둘째, ViewModel에서 안드로이드 프레임워크 코드를 참조하지 않도록 한다. 프레임워크 코드를 참조하면, 단위 테스트가 힘들어진다. ViewModel은 View에 표현할 최소한의 데이터만 갖는 게 좋다. 일반적인 비즈니스 로직은 다른 계층에서 수행한다.

셋째, Dagger2와 ViewModel의 사용을 신중히 한다. Dagger2는 자신만의 Scope를 지정하고 인스턴스를 관리하며, ViewModel 또한 스스로 인스턴스를 관리한다. 이 둘의 Scope는 다르므로 Dagger2의 오브젝트 그래프에서 제공하는 인스턴스와 ViewModel이 같이 사용되는 경우 액티비티가 재생성되었을 때 객체의 동일성이 깨지기 쉽다.

넷째, ViewModel에서 getString(int)을 통해 문자열을 관리하는 경우, 시스템 언어를 변경해도 이전 언어의 문자열이 그대로 남는다. ViewModel과 View가 바인딩될 때, 리소스 아이디를 참조하여 올바른 언어의 문자열을 참조할 수 있도록 한다.

5 Room

Room은 SQLite에 대한 추상화 계층을 제공하여 SQLite의 모든 기능을 활용하면서 쉬운 데이터베이스 액세스를 허용한다.

적은 양의 구조화된 데이터를 처리하는 앱은 해당 데이터를 로컬로 유지함으로써 이 점을 얻을 수 있다. 가장 일반적인 사례는 관련 데이터를 캐시하는 것이다. 이렇게 하면 장치가 네트워크에 액세스할 수 없을 때, 사용자는 오프라인 상태에서도 해당 내용을 탐색할 수 있다. 그런 다음 장치가 다시 온라인 상태가 된 후 사용자가 시작한 모든 변경 내용이 서버에 동기화된다. Room은 이러한 문제를 처리하기 쉬워 SQLite 대신 사용하기 좋다.

Room의 구성 요소

Room은 데이터베이스, 엔터티, DAO 이렇게 3가지로 구성되어 있다.

데이터베이스(Database) : 애플리케이션에서 영구적, 관계형 데이터에 대한 기본 연결을 위한 주요 진입점을 제공하며, 데이터베이스 홀더를 포함한다.

데이터베이스 클래스를 만드는 조건은 다음과 같다.

- RoomDatabase를 상속한 추상 클래스에 @Database 애노테이션을 추가한다.
- 데이터베이스에 포함할 엔터티의 목록을 애노테이션 내에 포함해야 한다.
- 매개 변수를 갖지 않고, @Dao 클래스를 반환하는 추상 메서드를 포함한다.

런 타임에 Room.databaseBuilder() 또는 Room.inMemoryDatabaseBuilder() 호출을 통해 Database 인스턴스를 얻을 수 있다.

엔터티(Entity): 데이터베이스의 테이블을 표현한다. POJO 클래스에 @Entity 애노테이션을 추가하는 것으로 엔터티 클래스를 생성하고 이를 @Database 애노테이션에 추가할 수 있다.

DAO(Data Access Object): @Dao 애노테이션을 인터페이스에 사용하며, 데이터베이스에 접근하려고 사용되는 추상 메서드를 포함한다.

앱은 Room 데이터베이스를 사용하여 DAO를 가져온다. DAO를 사용하여 데이터베이스에서 엔터티를 가져오고 해당 엔터티에 대한 변경 내용을 데이터베이스에 다시 저장한다. 마지막으로 앱은 엔터티를 사용하여 데이터베이스 내 테이블 칼럼 (Column)에 해당하는 값을 가져오고 설정한다.

Room의 구성 요소 사이의 관계는 다음 그림과 같다.

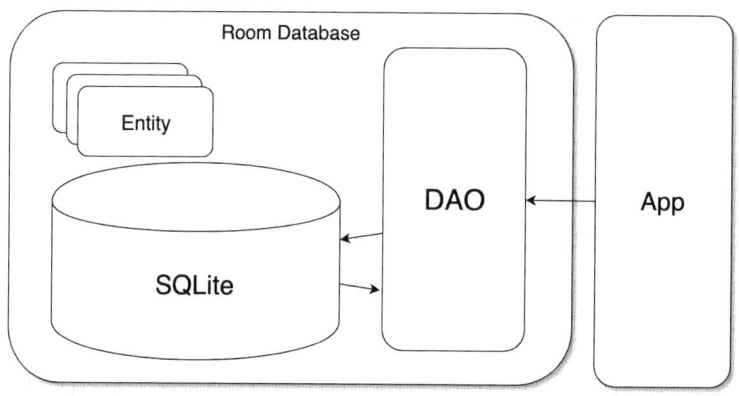

[그림 4-3] Room 구성 요소 간 관계

프로젝트에 Room 설정하기

Room 의존성을 추가하려면 반드시 Google Maven 저장소가 프로젝트에 추가되어야 한다.

앱 모듈의 build.gradle에 다음과 같은 사항을 추가한다.

```
dependencies {
  def room_version = "2.2.0"

  implementation "androidx.room:room-runtime:$room_version"
  annotationProcessor "androidx.room:room-compiler:$room_version"
```

```
    // 코틀린 사용자는 annotationProcessor 대신 kapt를 사용

    // ktx 및 코루틴 지원
    implementation "androidx.room:room-ktx:$room_version"

    // RxJava 지원
    implementation "androidx.room:room-rxjava2:$room_version"

    // Guava 지원
    implementation "androidx.room:room-guava:$room_version"

    // Test 지원
    testImplementation "androidx.room:room-testing:$room_version"
}
```

컴파일러 옵션 설정하기

Room은 다음과 같은 애노테이션 프로세서 옵션을 갖는다.

- room.schemaLocation: 데이터베이스 스키마를 JSON 파일 형태로 추출하고 이를 저장할 디렉터리를 설정한다.
- room.incremental: 그레이들에서 증분 애노테이션 프로세서를 활성화한다.
- room.expandProjection: 이 옵션을 활성화하면, DAO 클래스 내 메서드에서 스타(*) 프로젝션 사용 시 메서드 반환 타입이 가진 필드만 포함하도록 쿼리를 다시 작성한다. 필요한 열만 쿼리하므로 비용이 줄고, CURSOR_MISMATCH 경고 메시지를 근본적으로 없앨 수 있다.

```
android {
    ...
    defaultConfig {
        ...
        javaCompileOptions {
```

```
            annotationProcessorOptions {
                arguments = [
                    "room.schemaLocation":"$projectDir/schemas".toString(),
                    "room.incremental":"true",
                    "room.expandProjection":"true"]
            }
        }
    }
}
```

엔터티 정의하기

@Entity 애노테이션을 클래스에 붙이고, 필드를 선언하는 것으로 엔터티를 정의할 수 있다. @Database의 entities로 추가된 각 엔터티 클래스들은 데이터베이스 인스턴스가 생성될 때 테이블로 생성된다.

기본적인 엔터티를 정의하는 방법을 살펴본다.

```
@Entity
public class User {
    @PrimaryKey
    public int id;

    public String firstName;
    public String lastName;
}
```

엔터티 클래스의 필드는 public으로 만들거나 getter와 setter 메서드를 제공해 줘야 Room에서 접근 가능하다. 만약 getter와 setter 메서드를 사용하는 경우, Room에서는 기본적으로 JavaBeans 컨벤션을 따른다. 엔터티들은 빈 생성자 또는 엔터티 내 필드의 타입과 이름이 일치하는 매개 변수를 갖는 생성자를 가질 수 있다. 또한 Room은 필드의 일부 또는 전체를 매개 변수로 갖는 생성자를 사용할 수 있다.

기본키 사용하기

각각의 엔터티에서 반드시 최소한 한 개의 필드를 @PrimaryKey 애노테이션 사용과 함께 기본키로 선언해야 한다. 심지어 필드가 하나뿐이어도 기본키는 필요하다. 또한 Room이 ID를 자동으로 생성하게 하고 싶다면 @PrimaryKey의 autoGenerate 속성을 사용한다. 만약 엔터티가 복합키를 갖는다면 다음 나오는 예제처럼 @Entity 애노테이션의 primaryKeys 속성을 사용할 수 있다.

```
@Entity(primaryKeys = {"firstName", "lastName"})
public class User {
    public String firstName;
    public String lastName;
}
```

기본적으로 Room에서는 엔터티 클래스 이름을 데이터베이스 내의 테이블 이름으로 사용한다. 만약 이름을 설정하고 싶다면 @Entity의 tableName 속성을 다음과 같이 설정한다.

```
@Entity(tableName = "users")
public class User {
    // ...
}
```

SQLite에서 테이블 이름은 대소문자를 구분하지 않는다.

tableName 속성과 비슷하게, 필드의 이름도 테이블 내 칼럼 이름으로 사용한다. 만약 칼럼 이름을 설정하고 싶다면 @ColumnInfo 애노테이션을 필드에 다음과 같이 추가한다.

```
@Entity(tableName = "users")
public class User {
    @PrimaryKey
    public int id;

    @ColumnInfo(name = "first_name")
    public String firstName;

    @ColumnInfo(name = "last_name")
    public String lastName;
}
```

필드 무시하기

기본적으로 Room에서는 엔터티 클래스에 선언된 필드를 칼럼으로 만든다. 만약 엔터티의 필드를 테이블의 칼럼으로 만들고 싶지 않다면, 필드에 @Ignore를 다음과 같이 사용할 수 있다.

```
@Entity
public class User {
    @PrimaryKey
    public int id;

    public String firstName;
    public String lastName;

    @Ignore
    Bitmap picture;
}
```

@Entity의 속성인 ignoredColumns에 필드명을 추가하는 편이 일반적으로 더 쉽고, 엔터티 클래스를 상속하여 서브 클래스를 만드는 경우 유용하게 사용할 수 있다.

```
@Entity(ignoredColumns = "picture")
public class RemoteUser extends User {
    @PrimaryKey
    public int id;

    public boolean hasVpn;
}
```

테이블 검색 지원

Room은 데이터베이스 테이블에서 세부 정보를 더욱 쉽게 검색할 수 있는 여러 가지 애노테이션을 지원한다. minSdkVersion이 16 이상이면 FTS(full-text search)를 사용한다.

FTS의 지원

앱에서 FTS*를 통해 데이터베이스 정보에 매우 빠르게 액세스해야 하는 경우, 가상 테이블을 지원하는 FTS3 또는 FTS4 SQLite 확장 모듈을 사용할 수 있다. FTS를 사용하려면 Room 2.1.0 이상의 버전을 사용해야 한다. 다음 예제 코드는 @Fts3 또는 @Fts4를 엔터티에 추가한 모습이다.

```
// 만약 앱이 디스크 공간에 대해 엄격하다면 @Fts3를 사용한다.
// 또는 이전 SQLite 버전을 호환해야 하는 경우 사용할 수 있다.
@Fts4
@Entity(tableName = "users")
public class User {
    @PrimaryKey
    @ColumnInfo(name = "rowid")
    public int id;
```

---

* FTS란 Full Text Search로서 테이블 안에 존재하는 모든 텍스트를 검색하는 것이다.

```
    @ColumnInfo(name = "first_name")
    public String firstName;
}
```

FTS 테이블 기반 엔터티에 기본키를 포함하는 것은 선택 사항이지만, 기본키를 포함한다면 반드시 int 자료형과 rowid라는 칼럼명을 가져야 한다.

다국어를 지원하는 테이블의 경우, languageId 옵션을 사용하여 각 행(row)에 대한 언어 정보를 저장하는 칼럼을 명시한다.

```
@Fts4(languageId = "lid")
@Entity(tableName = "users")
public class User {
    // ...

    @ColumnInfo(name = "lid")
    int languageId;
}
```

Room은 결과 순서, 토크나이저 유형, FTS 엔터티를 정의하거나 외부 콘텐츠로 관리되는 테이블을 정의하는 몇 가지 옵션들을 FtsOptions의 상수를 통해 제공한다.

특정 인덱스 칼럼

사용하는 SDK 버전이 낮아서 FTS3 또는 FTS4 테이블 기반 엔터티를 사용할 수 없을 때는 특정 칼럼을 인덱싱하여 쿼리 속도를 높일 수 있다. 엔터티에 인덱스를 추가하려면 @Entity 주석 내에 indices 속성을 포함해 인덱스 또는 복합 인덱스에 포함할 칼럼 이름을 나열한다. 다음 예제를 살펴본다.

```
@Entity(indices = {@Index("name"),
        @Index(value = {"last_name", "address"})})
public class User {
```

```
    @PrimaryKey
    public int id;

    public String firstName;
    public String address;

    @ColumnInfo(name = "last_name")
    public String lastName;

    @Ignore
    Bitmap picture;
}
```

때로는 데이터베이스 내 특정 필드 또는 필드의 그룹은 반드시 고유해야 한다. @Index 애노테이션의 unique 속성을 true로 설정하여 고유 속성을 적용할 수 있다. 다음 예제는 테이블에 firstName 및 lastName 열에 대해 동일한 값의 집합을 포함하는 두 개의 행이 없도록 한다.

객체 간 관계 정의하기

SQLite는 관계형 데이터베이스이므로 객체 간 관계를 지정할 수 있다. 대부분의 객체 관계형 매핑 라이브러리에서 엔터티 객체가 서로를 참조하는 것을 허용하지만 Room은 이를 명시적으로 금지한다.

데이터베이스에서 해당 객체 모델로 관계를 매핑하는 것은 일반적인 관행이며 서버 사이드에서 매우 잘 작동한다. 프로그램이 액세스될 때 필드를 로드하더라도 서버의 성능은 여전히 우수하다. 하지만 클라이언트 사이드에서는 일반적으로 이러한 유형의 지연 로딩이 가능하지 않다. 왜냐하면 UI 스레드에서 이러한 작업이 발생하고, UI 스레드에서 디스크에 대한 정보를 쿼리하면 심각한 성능 문제가 발생한다. UI 스레드는 일반적으로 액티비티의 레이아웃을 계산하고 그리는 데 약 16ms가 필요하다. 만약 쿼리가 5ms밖에 필요하지 않더라도 프레임을 그리는 데 시간이 부족하므로 프레임 스킵이 발생하여 눈에 띄게 화면이 버벅거릴 수 있다.

일 대 다 관계 정의하기

직접적인 관계를 사용할 수는 없지만 Room에서는 엔터티 간 외래키 제약 조건을 정의할 수 있다.

예를 들어 Book이라는 엔터티가 있으면 @ForeignKey 애노테이션을 사용하여 User라는 엔터티와 관계를 정의할 수 있다. 다음 예제를 살펴본다.

```java
@Entity(foreignKeys = @ForeignKey(entity = User.class,
                                   parentColumns = "id",
                                   childColumns = "user_id"))
public class Book {
    @PrimaryKey
    public int bookId;

    public String title;

    @ColumnInfo(name = "user_id")
    public int userId;
}
```

user_id 외래키를 통해 0개 이상의 Book 인스턴스가 하나의 User 인스턴스에 연결될 수 있으므로 User와 Book 사이의 일 대 다 관계를 모델링한다.

외래키는 참조된 엔터티가 변경될 때 특정 작업을 수행할 수 있다. 예를 들어 @ForeignKey 애노테이션에 onDelete = CASCADE를 포함해 해당하는 User 인스턴스가 삭제된 경우 SQLite에 User의 모든 Book을 삭제하도록 지시할 수 있다.

참고로 SQLite에서 @Insert(onConflict = REPLACE)를 다룰 때는 존재하는 행을 수정하는 대신 삭제하고 새로운 데이터를 삽입한다. 충돌하는 값을 바꾸는 이 메서드는 외래키 제약 조건에 영향을 줄 수 있다.

내장된 객체 생성하기

때로는 객체에 여러 필드가 포함되어도 엔터티 또는 데이터 객체를 데이터베이스 로직에서 전체적으로 표현하려는 경우가 있다. 이러한 상황에서 @Embedded 애노테이션을 사용하여 테이블 내 서브 필드로 분해하는 오브젝트로 표현할 수 있다. 그런 다음 다른 개별 칼럼과 마찬가지로 포함된 필드를 쿼리할 수 있다. 예를 들어, User 클래스는 Address 타입의 필드를 포함할 수 있고, 이는 street, city, state 및 postCode 라는 필드의 구성을 나타낸다. 작성된 칼럼을 테이블에 별도로 저장하려면 다음 예제 코드에 표시된 대로 @Embedded로 애노테이션이 달린 User 클래스에 Address 필드를 포함한다.

```java
public class Address {
    public String street;
    public String state;
    public String city;

    @ColumnInfo(name = "post_code") public int postCode;
}

@Entity
public class User {
    @PrimaryKey public int id;

    public String firstName;

    @Embedded public Address address;
}
```

User 객체를 표현하는 테이블에는 id, firstName, street, state, city, post_code 칼럼이 포함된다.

@Embeded 필드에 또 다른 @Embeded 객체를 포함할 수도 있다.

엔터티에 동일한 타입의 @Embeded 필드가 여러 개 있는 경우 prefix 속성을 설정하여 각 칼럼을 고유하게 유지할 수 있다. 그런 다음 Room은 주어진 값을 내포된 객체의 각 열 이름 시작 부분에 추가한다.

다 대 다 관계 정의하기

다 대 다 관계는 각 엔터티가 0개 이상의 다른 인스턴스에 연결될 수 있다. 예를 들어, 사용자가 좋아하는 노래를 재생 목록으로 구성할 수 있는 음악 스트리밍 앱을 생각해 본다. 각 재생 목록에는 여러 개의 노래가 있을 수 있으며 각 노래는 여러 재생 목록에 포함될 수 있다.

이러한 음악 스트리밍 앱을 예제로 다 대 다 관계를 모델링하려면 3가지 객체를 만들어야 한다.

1. 재생 목록(Playlist) 엔터티 클래스
2. 노래(Song) 엔터티 클래스
3. 각 재생 목록에 있는 노래에 대한 정보를 담는 클래스(PlaylistSongJoin)

독립적인 단위로 엔터티 클래스를 다음과 같이 정의한다.

```
@Entity
public class Playlist {
    @PrimaryKey public int id;

    public String name;
    public String description;
}

@Entity
public class Song {
    @PrimaryKey public int id;
```

```
    public String songName;
    public String artistName;
}
```

그런 다음 재생 목록에 있는 노래에 대한 정보를 담을 중간 클래스를 외래키 참조가 포함된 엔터티로 정의한다.

```
@Entity(tableName = "playlist_song_join",
        primaryKeys = { "playlistId", "songId" },
        foreignKeys = {
                @ForeignKey(entity = Playlist.class,
                            parentColumns = "id",
                            childColumns = "playlistId"),
                @ForeignKey(entity = Song.class,
                            parentColumns = "id",
                            childColumns = "songId")
        })
public class PlaylistSongJoin {
    public int playlistId;
    public int songId;
}
```

이렇게 하면 다 대 다 관계 모델이 생성되어 DAO를 사용하여 노래별 재생 목록과 재생 목록별 노래를 모두 쿼리할 수 있다.

```
@Dao
public interface PlaylistSongJoinDao {
    @Insert
    void insert(PlaylistSongJoin playlistSongJoin);

    @Query("SELECT * FROM playlist " +
           "INNER JOIN playlist_song_join " +
           "ON playlist.id=playlist_song_join.playlistId " +
           "WHERE playlist_song_join.songId=:songId")
```

```
    List<Playlist> getPlaylistsForSong(final int songId);

    @Query("SELECT * FROM song " +
            "INNER JOIN playlist_song_join " +
            "ON song.id=playlist_song_join.songId " +
            "WHERE playlist_song_join.playlistId=:playlistId")
    List<Song> getSongsForPlaylist(final int playlistId);
}
```

데이터베이스에 뷰 만들기

Room 라이브러리 버전 2.1.0 이상은 SQLite 데이터베이스 뷰(View)를 지원하므로 쿼리를 클래스로 캡슐화할 수 있다. Room은 이러한 쿼리 지원 클래스를 뷰라고 하며 DAO에서 사용될 때 간단한 데이터 개체와 동일하게 동작한다.

엔터티와 마찬가지로 뷰에 대해 SELECT 문을 실행할 수 있다. 그러나 뷰에 대해 INSERT, UPDATE 또는 DELETE 문을 실행할 수는 없다.

뷰 생성하기

뷰를 만들려면 @DatabaseView 애노테이션을 클래스에 추가하고, 애노테이션의 값을 클래스가 나타내야 하는 쿼리로 설정하면 된다. 다음 예제를 살펴본다.

```
@DatabaseView("SELECT user.id, user.name, user.departmentId," +
            "department.name AS departmentName FROM user " +
            "INNER JOIN department ON user.departmentId = department.id")
public class UserDetail {
    public long id;
    public String name;
    public long departmentId;
    public String departmentName;
}
```

데이터베이스에 뷰 포함하기

뷰를 앱 데이터베이스의 일부로 포함하려면 앱의 @Database 애노테이션 views 속성을 다음과 같이 정의한다.

```
@Database(entities = {User.class}, views = {UserDetail.class},
          version = 1)
public abstract class AppDatabase extends RoomDatabase {
    public abstract UserDao userDao();
}
```

DAO를 사용한 데이터 접근

Room 라이브러리를 사용하여 앱의 데이터에 접근하려면 DAO(데이터 접근 객체)를 이용한다. 각 DAO에는 앱 데이터베이스에 대한 접근을 제공하는 추상 메서드를 포함해야 한다.

쿼리 빌더나 직접적인 쿼리 대신 DAO 클래스를 사용하면 데이터베이스 구성 요소를 분리하고, 단위 테스트를 수월하게 한다.

DAO는 인터페이스 또는 추상 클래스로 만든다. 추상 클래스인 경우 선택적으로 생성자를 가질 수 있는데 빈 생성자 또는 RoomDatabase를 유일한 매개 변수로 사용하는 생성자를 가질 수 있다. Room은 컴파일 타임에 각 DAO 구현체 코드를 생성한다.

Room은 UI 스레드(메인 스레드)에서 데이터베이스에 접근을 허용하지 않는다. 그러나 빌더에서 allowMainThreadQueries()를 호출하면 UI 스레드에서도 예외적으로 쿼리를 가능하게 한다. UI 스레드를 사용하여 쿼리하는 또 다른 방법은 LiveData 또는 Flowable 인스턴스를 반환하는 쿼리를 작성하는 것이다.

삽입, 수정, 삭제 메서드 정의하기

DAO 클래스에서는 @Insert, @Update, @Delete 애노테이션을 사용한 메서드 정의로 삽입, 수정, 삭제를 편리하게 구현할 수 있다.

삽입하기

@Insert 애노테이션을 추가한 DAO 메서드를 작성하면 Room은 모든 매개 변수를 단일 트랜잭션으로 데이터베이스에 삽입하는 구현체를 컴파일 타임에 생성한다. 다음 예제 코드를 살펴본다.

```
@Dao
public interface MyDao {
    @Insert(onConflict = OnConflictStrategy.REPLACE)
    public void insertUsers(User... users);

    @Insert
    public void insertBothUsers(User user1, User user2);

    @Insert
    public void insertUsersAndFriends(User user, List<User> friends);
}
```

만약 @Insert 메서드가 하나의 매개 변수를 받는다면, 메서드는 삽입되는 아이템의 long형 id를 반환할 수도 있다. 만약 매개 변수가 배열 또는 컬렉션이라면 long[] 또는 List<Long>을 반환한다.

수정하기

@Update 애노테이션을 추가한 DAO 메서드는 주어진 매개 변수로부터 데이터베이스의 엔터티들을 수정할 수 있다. 내부적으로 각 엔터티의 기본키에 해당하는 내용을 수정하는 쿼리를 사용한다. 다음 예제 코드를 살펴본다.

```
@Dao
public interface MyDao {
    @Update
    public void updateUsers(User... users);
}
```

일반적으로는 필요 없지만, 이 메서드는 int 값을 반환할 수도 있다. 반환되는 값은 데이터베이스 내에서 수정되는 행의 개수를 가리킨다.

삭제하기

@Delete 애노테이션을 추가한 DAO 메서드는 주어진 매개 변수로부터 데이터베이스 내의 엔터티들을 삭제한다. 내부적으로 각 엔터티의 기본키에 해당하는 내용을 삭제하는 쿼리를 사용한다. 다음 예제 코드를 살펴본다.

```
@Dao
public interface MyDao {
    @Delete
    public void deleteUsers(User... users);
}
```

@Update와 마찬가지로 int형 반환값을 가질 수 있고 데이터베이스에서 삭제되는 행의 개수를 알려 준다.

쿼리하기

@Query 애노테이션은 DAO 클래스에서 사용되는 주된 애노테이션이다. 이 애노테이션은 데이터베이스에서 읽기/쓰기 작업을 수행한다. 각 @Query 메서드는 컴파일 타임에 검증된다. 그래서 쿼리에 문제가 있으면 컴파일 에러가 발생하므로 런 타임 전에 문제점을 해결할 수 있다.

Room은 쿼리의 반환되는 값을 검증하는 과정을 거친다. 반환하는 객체의 필드 이름이 쿼리 응답의 해당 칼럼 이름과 일치하지 않으면 다음 두 가지 방법 중 하나로 경고한다.

- 필드 이름이 일치하지 않는 경우 경고를 출력한다.
- 필드 이름이 전부 일치하지 않는 경우 에러를 출력한다.

간단한 쿼리

```
@Dao
public interface MyDao {
    @Query("SELECT * FROM user")
    public User[] loadAllUsers();
}
```

앞의 예제 코드는 모든 User를 로드하는 매우 간단한 쿼리다. 컴파일 시 Room은 user 테이블의 모든 칼럼을 쿼리하고, 쿼리에 구문 오류가 있거나 데이터베이스에 user 테이블이 없는 경우 앱이 컴파일될 때 Room에 적절한 메시지와 함께 오류가 표시된다.

쿼리에 매개 변수 전달하기

대부분의 경우, 쿼리 시 필터링 작업을 수행하려면 매개 변수를 쿼리에 전달해야 한다. 특정 연령보다 연상의 사용자를 표시하는 작업을 수행하려면 다음 예제와 같이 코드를 작성한다.

```
@Dao
public interface MyDao {
    @Query("SELECT * FROM user WHERE age > :minAge")
    public User[] loadAllUsersOlderThan(int minAge);
}
```

Room은 @Query 속성의 매개 변수명과 DAO 메서드의 매개 변수명이 일치하는 경우, 컴파일 타임에 처리될 때 바인딩하여 처리한다. 그러므로 앞의 예제에서는 :minAge와 minAge의 이름을 일치시켜 메서드의 매개 변수를 쿼리의 매개 변수로 전달하여 처리한다. 일치되지 않는 이름에 대해서는 컴파일 타임에 오류가 발생한다.

다음 예제 코드에서는 쿼리에서 여러 매개 변수를 전달하거나 하나의 매개 변수를 여러 번 참조할 수 있는 상황을 보여 준다.

```
@Dao
public interface MyDao {
    @Query("SELECT * FROM user WHERE age BETWEEN :minAge AND :maxAge")
    public User[] loadAllUsersBetweenAges(int minAge, int maxAge);

    @Query("SELECT * FROM user WHERE first_name LIKE :search " +
            "OR last_name LIKE :search")
    public List<User> findUserWithName(String search);
}
```

테이블 내 칼럼의 일부만 반환하기

대부분의 경우, 엔터티의 일부 필드만 가져온다. 예를 들어 UI에는 사용자에 대한 모든 세부 정보가 아닌 사용자의 이름만 표시될 수 있다. UI에 표시되는 일부 칼럼만 질의하면 리소스가 절약되고 더 빨리 실행된다. Room을 사용하면 칼럼의 일부만 매핑하는 객체를 반환하는 DAO 쿼리 메서드를 만들 수 있다. 다음 예제와 같이 사용자의 firstName과 lastName만 가져오는 쿼리를 만들어 본다.

```
public class NameTuple {
    @ColumnInfo(name = "first_name")
    public String firstName;

    @ColumnInfo(name = "last_name")
    @NonNull
```

```
    public String lastName;
}
```

```
@Dao
public interface MyDao {
    @Query("SELECT first_name, last_name FROM user")
    public List<NameTuple> loadFullName();
}
```

Room은 쿼리가 first_name 및 last_name 칼럼값을 반환하며, 이러한 값을 Name Tuple 클래스의 필드에 매핑할 수 있다. 쿼리가 너무 많은 칼럼 또는 NameTuple 클래스에 없는 칼럼을 반환하면 Room에서 경고 메시지를 출력한다.

컬렉션을 매개 변수로 전달하기

일부 쿼리는 런 타임 전까지 정확한 수의 매개 변수를 알 수 없다. 예를 들면 특정 지역들에 사는 사용자를 조회해야 하는 경우다. Room은 매개 변수로 컬렉션이 사용되는 경우 이를 이해하고 제공된 매개 변수 수에 따라 런 타임에 자동으로 확장한다.

```
@Dao
public interface MyDao {
    @Query("SELECT first_name, last_name FROM user WHERE region IN
    (:regions)")
    public List<NameTuple> loadUsers(List<String> regions);
}
```

Observable 쿼리하기

쿼리한 결과가 변경될 때마다 UI도 자동으로 업데이트되기를 원할 것이다. 이를 위해서는 쿼리 메서드 반환형으로 LiveData를 사용한다. Room은 컴파일 타임에 데이터베이스가 변경될 때 LiveData를 갱신하는 데 필요한 모든 코드를 생성한다.

```
@Dao
public interface MyDao {
    @Query("SELECT * FROM user WHERE region IN (:regions)")
    public LiveData<List<User>> loadUsers(List<String> regions);
}
```

RxJava로 반응형 쿼리 만들기

Room은 다음과 같은 RxJava 타입의 반환값을 지원한다.

- **@Query 메서드**: Room은 Publisher, Flowable 및 Observable 타입의 반환값을 지원한다.
- **@Insert, @Update, @Delete 메서드**: Room 2.1.0 이상에서는 Completable, Single<T> 및 Maybe<T> 타입의 반환값을 지원한다.

이 기능을 사용하려면 앱의 build.gradle 파일에 최신 버전의 RxJava 아티팩트를 포함해야 한다.

▼ app/build.gradle

```
dependencies {
    def room_version = "2.1.0"
    implementation 'androidx.room:room-rxjava2:$room_version'
}
```

다음 예제 코드는 이러한 반환 타입을 사용하는 방법에 대한 몇 가지 예를 보여 준다.

```
@Dao
public interface MyDao {
    @Query("SELECT * from user where id = :id LIMIT 1")
    public Flowable<User> loadUserById(int id);

    // 데이터베이스에 추가된 사용자의 수를 발행한다.
```

```
@Insert
public Maybe<Integer> insertUsers(List<User> users);

// 작업이 성공적으로 끝났는지 확인한다.
@Insert
public Completable insertLargeNumberOfUsers(User... users);

// 데이터베이스로부터 삭제된 사용자의 수를 발행한다.
@Delete
public Single<Integer> deleteUsers(List<User> users);
}
```

커서로 직접 접근하기

반환되는 행에 대해 직접적인 접근을 위해 반환되는 타입을 Cursor 객체로 만들 수 있다. 다음 예제를 살펴본다.

```
@Dao
public interface MyDao {
    @Query("SELECT * FROM user WHERE age > :minAge LIMIT 5")
    public Cursor loadRawUsersOlderThan(int minAge);
}
```

행의 존재 여부 또는 행에 포함된 값을 보장하지 않으므로 커서 API를 사용하는 것은 추천하지 않는다. 커서를 예상하고 쉽게 리팩토링할 수 없는 코드가 이미 있는 경우에만 이 기능을 사용해야 한다.

여러 테이블 쿼리하기

일부 쿼리는 결과를 계산하기 위해서 여러 테이블에 접근해야 할 수도 있다. Room을 사용하면 어떤 쿼리든 작성할 수 있으므로 테이블을 조인할 수도 있다. 또한 응답이 Flowable 또는 LiveData처럼 Observable 타입인 경우 Room은 쿼리에서 참조된 모든 테이블을 주시한다.

다음 예제 코드는 테이블을 조인하여 책(Book)을 빌리는 사용자(User)를 포함하는 테이블과 현재 대출(Loan) 중인 책에 대한 데이터를 포함하는 테이블 간 정보를 통합하는 방법을 보여 준다.

```
@Dao
public interface MyDao {
    @Query("SELECT * FROM book " +
            "INNER JOIN loan ON loan.book_id = book.id " +
            "INNER JOIN user ON user.id = loan.user_id " +
            "WHERE user.name LIKE :userName")
    public List<Book> findBooksBorrowedByNameSync(String userName);
}
```

이러한 쿼리에서 POJO를 반환할 수도 있다. 예를 들어 다음과 같이 사용자와 애완동물의 이름을 로드하는 쿼리를 작성할 수 있다.

```
@Dao
public interface MyDao {
    @Query("SELECT user.name AS userName, pet.name AS petName " +
            "FROM user, pet " +
            "WHERE user.id = pet.user_id")
    public LiveData<List<UserPet>> loadUserAndPetNames();

    // 클래스를 분리된 파일로 작성해도 된다.
    static class UserPet {
        public String userName;
        public String petName;
    }
}
```

코루틴과 비동기 메서드 작성하기

Kotlin 코루틴 기능을 사용한다면 suspend 키워드를 DAO 메서드에 추가하여 비동기식으로 만들 수 있다. 이를 통해 메인 스레드에서 실행할 수는 없다.

```kotlin
@Dao
interface MyDao {
    @Insert(onConflict = OnConflictStrategy.REPLACE)
    suspend fun insertUsers(vararg users: User)

    @Update
    suspend fun updateUsers(vararg users: User)

    @Delete
    suspend fun deleteUsers(vararg users: User)

    @Query("SELECT * FROM user")
    suspend fun loadAllUsers(): Array<User>
}
```

트랜잭션 메서드 만들기

추상 Dao 클래스에서 비추상 메서드를 구현할 때 @Transaction 애노테이션을 추가할 수 있다. 이를 트랜잭션 메서드라고 하며, 이 메서드 내부에서는 Dao 클래스 내의 메서드를 호출할 수 있다. 다음 예제를 살펴본다.

```java
@Dao
public abstract class SongDao {
  @Insert
  public abstract void insert(Song song);
  @Delete
  public abstract void delete(Song song);
  @Transaction
  public void insertAndDelete(Song newSong, Song oldSong) {
    // 이 메서드 내부 코드는 단일 트랜잭션으로 동작한다.
```

```
        insert(newSong);
        delete(oldSong);
    }
}
```

SELECT 문이 있는 Query 메서드에서 사용될 때 쿼리에 대해 생성된 코드는 하나의 트랜잭션에서 실행된다. 단일 트랜잭션에서 실행하는 주요 케이스 두 가지는 다음과 같다.

1. 쿼리 결과가 상당히 크다면, 트랜잭션 내에서 쿼리를 실행하여 일관된 결과를 얻는 것이 좋다. 그렇지 않으면, 쿼리 결과가 단일 CursorWindow에 맞지 않아 커서 창 스와프 간에 데이터베이스가 변경되어 쿼리 결과가 손상될 수 있다.
2. 쿼리 결과가 @Relation 애노테이션과 함께 있는 POJO인 경우 이 필드는 별도로 조회된다. 이러한 쿼리 간에 일관된 결과를 얻으려면 단일 트랜잭션에서 쿼리를 실행해야 한다.

```
public class AlbumWithSongs extends Album {
    @Relation(parentColumn = "albumId", entityColumn = "songId")
    public List<Song> songs;
}

@Dao
public interface AlbumDao {
    @Transaction
    @Query("SELECT * FROM album")
    public List<AlbumWithSongs> loadAll();
}
```

쿼리가 비동기 쿼리인 경우(예: LiveData 또는 RxJava Flowable을 반환하는 경우), 메서드를 호출할 때가 아니라 쿼리를 실행할 때 트랜잭션이 올바르게 처리된다.

@Insert, @Update 또는 @Delete 메서드는 항상 단일 트랜잭션에서 실행되므로 @Transaction 애노테이션을 추가하는 것은 실제로 영향을 미치진 않는다. 마찬가지로 @Query로 애노테이션을 추가하거나 update 또는 delete 문을 실행하더라도 자동으로 단일 트랜잭션으로 래핑된다.

관계있는 엔터티 가져오기

@Relation은 POJO에서 관계 엔터티를 자동으로 가져오는데 사용할 수 있는 편리한 애노테이션이다. POJO가 쿼리에서 리턴되면, 해당 POJO 안 모든 관계도 Room에 의해 가져온다.

```java
@Entity
public class Pet {
    @PrimaryKey
    int id;
    int userId;
    String name;
    // other fields
}

public class UserNameAndAllPets {
    public int id;
    public String name;
    @Relation(parentColumn = "id", entityColumn = "userId")
    public List<Pet> pets;
}

@Dao
public interface UserPetDao {
    @Query("SELECT id, name from User")
    public List<UserNameAndAllPets> loadUserAndPets();
}
```

@Relation 애노테이션이 달린 필드의 유형은 반드시 List 또는 Set여야 한다. 기본적

으로 엔터티 타입은 리턴 타입에서 유추되지만, 다른 객체를 반환하려면 애노테이션에 entity 속성을 지정할 수 있다.

```java
public class User {
    int id;
    // other fields
}

public class PetNameAndId {
    int id;
    String name;
}

public class UserAllPets {
    @Embedded
    public User user;
    @Relation(parentColumn = "id",
              entityColumn = "userId",
              entity = Pet.class)
    public List<PetNameAndId> pets;
}

@Dao
public interface UserPetDao {
    @Query("SELECT * from User")
    public List<UserAllPets> loadUserAndPets();
}
```

앞의 예제에서 PetNameAndId는 일반 POJO이지만 모든 필드는 @Relation 애노테이션 entity 속성에 정의된 엔터티(Pet)에서 가져온다. PetNameAndId도 관계를 정의할 수 있으며 모든 관계에 대해서도 자동으로 가져온다.

하위 엔터티에서 가져올 칼럼을 지정하려는 경우 @Relation 애노테이션의 projection 속성을 사용할 수 있다.

```
public class UserAndAllPets {
    @Embedded
    public User user;
    @Relation(parentColumn = "id",
              entityColumn = "userId",
              entity = Pet.class,
              projection = {"name"})
    public List<String> petNames;
}
```

@Relation 애노테이션은 POJO 클래스에서만 사용할 수 있으며, 엔터티 클래스는 관계를 가질 수 없다. 이는 엔터티를 설정할 때 일반적인 위험성을 피하려는 설계다. 주요 Room 문서에서 자세한 내용을 읽을 수 있다. 데이터를 불러올 때 엔터티 클래스를 확장하는 POJO 클래스를 만들어서 이 제약 사항을 간단히 회피할 수 있다.

@Relation 애노테이션이 붙은 필드는 생성자 매개 변수일 수 없고, 접근 제한자가 public이거나 public setter 메서드가 있어야 한다.

타입 컨버터 사용하기

때로는 앱에서 단일 데이터베이스 칼럼에 저장하려는 값을 지정된 데이터 형식으로 다뤄야 할 때가 있다. 사용자 지정 타입을 추가하도록 Room에서는 @TypeConverter 애노테이션을 제공한다. @TypeConverter는 사용자 정의 클래스를 Room에서 다루는 클래스로 변환한다.

예를 들어 Date 인스턴스를 Room으로 관리하도록 Room이 저장할 수 있는 Long 타입으로 변환하는 컨버터는 다음과 같이 정의할 수 있다.

```
public class Converters {
    @TypeConverter
```

```
    public static Date fromTimestamp(Long value) {
        return value == null ? null : new Date(value);
    }

    @TypeConverter
    public static Long dateToTimestamp(Date date) {
        return date == null ? null : date.getTime();
    }
}
```

앞의 예제에서 Date 객체를 Long 객체로 변환하는 메서드와 Long에서 Date로 변환하는 메서드를 정의했다. Room은 Long 객체로 데이터를 저장하므로 이 타입 컨버터를 사용하여 Date 타입의 값을 저장한다.

이제 @TypeConverters 애노테이션을 AppDatabase 클래스에 추가하여 Room이 해당 AppDatabase의 각 엔터티 및 DAO에 대해 정의한 타입 컨버터를 사용할 수 있도록 한다.

```
@Database(entities = {User.class}, version = 1)
@TypeConverters({Converters.class})
public abstract class AppDatabase extends RoomDatabase {
    public abstract UserDao userDao();
}
```

이러한 컨버터를 사용하면, 다음과 같이 사용자 지정 타입을 쿼리에서 사용할 수 있다.

```
@Entity
public class User {
    private Date birthday;
}

@Dao
```

```
public interface UserDao {
    @Query("SELECT * FROM user WHERE birthday BETWEEN :from AND :to")
    List<User> findUsersBornBetweenDates(Date from, Date to);
}
```

@TypeConverters를 개별 엔터티, DAO 또는 DAO 메서드를 포함한 다른 범위로 제한할 수도 있다.

Room 마이그레이션하기

앱에서 기능을 추가하고 변경할 때 이러한 변경 사항을 반영하도록 엔터티 클래스를 수정해야 한다. 사용자가 최신 버전의 앱으로 업데이트할 때, 특히 원격 서버에서 데이터를 복구할 수 없는 경우, 기존 데이터가 모두 손실되는 것을 원하지 않는다.

Room을 사용하면 사용자 데이터를 보존하도록 마이그레이션 클래스를 작성할 수 있다. 각 마이그레이션 클래스에는 startVersion 및 endVersion을 지정할 수 있다. 런 타임에 Room은 올바른 순서를 사용하여 각 마이그레이션 클래스의 migrate() 메서드를 실행하여 데이터베이스를 다음 버전으로 마이그레이션한다.

```
static final Migration MIGRATION_1_2 = new Migration(1, 2) {
    @Override
    public void migrate(SupportSQLiteDatabase database) {
        database.execSQL("CREATE TABLE `Fruit` (`id` INTEGER, "
                + "`name` TEXT, PRIMARY KEY(`id`))");
    }
};

static final Migration MIGRATION_2_3 = new Migration(2, 3) {
    @Override
    public void migrate(SupportSQLiteDatabase database) {
        database.execSQL("ALTER TABLE Book "
                + " ADD COLUMN pub_year INTEGER");
```

```
        }
    };

Room.databaseBuilder(getApplicationContext(), MyDb.class, "database-name")
        .addMigrations(MIGRATION_1_2, MIGRATION_2_3).build();
```

마이그레이션 프로세스가 완료된 후 Room은 스키마의 유효성을 검사하여 마이그레이션이 올바르게 수행되었는지 확인한다. 만약 Room에서 문제를 발견하면, 잘못된 내용이 포함된 예외를 발생시킨다.

마이그레이션 테스트하기

마이그레이션 코드는 작성하기가 쉽지 않다. 제대로 작성하지 않으면 앱에서 충돌이 발생할 수 있다. 앱의 안정성을 유지하려면 마이그레이션을 미리 테스트해야 한다. Room은 마이그레이션 테스트 프로세스를 지원하는 테스트 Maven 아티팩트를 제공한다. 그러나 이 아티팩트가 작동하려면 데이터베이스 스키마를 먼저 내보내야 한다.

데이터베이스 스키마 내보내기

컴파일 타임에 Room은 데이터베이스의 스키마 정보를 JSON 파일로 내보낼 수 있다. 스키마를 내보내려면 다음 예제에 표시된 대로 build.gradle 파일에서 room.schemaLocation 애노테이션 프로세서 특성을 설정한다.

▼ build.gradle

```
android {
    ...
    defaultConfig {
        ...
        javaCompileOptions {
            annotationProcessorOptions {
                arguments = ["room.schemaLocation":
```

```
                    "$projectDir/schemas".toString()]
            }
        }
    }
}
```

테스트 목적으로 이전 버전의 Room 데이터베이스를 만들려면, 데이터베이스의 스키마를 표현하는 JSON 파일을 버전 관리 시스템으로 잘 관리해야 한다.

마이그레이션을 테스트하려면 android.arch.persistence.room:testing 아티팩트를 테스트 의존성에 추가하고, 스키마 위치를 asset 폴더로 다음과 같이 추가한다.

▼ build.gradle

```
android {
    ...
    sourceSets {
        androidTest.assets.srcDirs += files("$projectDir/schemas".
            toString())
    }
}
```

테스트 패키지는 이러한 스키마 파일을 읽을 수 있는 MigrationTestHelper 클래스를 제공한다. 또한 JUnit4 TestRule 인터페이스를 구현하여 작성된 데이터베이스를 관리할 수 있다. 마이그레이션을 테스트하는 예제 코드는 다음과 같다.

```
@RunWith(AndroidJUnit4.class)
public class MigrationTest {
    private static final String TEST_DB = "migration-test";

    @Rule
    public MigrationTestHelper helper;

    public MigrationTest() {
```

```java
        helper = new MigrationTestHelper(
                InstrumentationRegistry.getInstrumentation(),
                MigrationDb.class.getCanonicalName(),
                new FrameworkSQLiteOpenHelperFactory());
    }

    @Test
    public void migrate1To2() throws IOException {
        SupportSQLiteDatabase db = helper.createDatabase(TEST_DB, 1);

        // 1버전의 스키마를 갖는 데이터베이스를 만들고,
        // SQL 쿼리를 사용하여 데이터를 삽입한다.
        // Room은 가장 최근의 스키마를 기대하므로,
        // DAO 클래스는 사용할 수 없다.
        db.execSQL(...);

        // 다음 버전을 준비하도록 데이터베이스를 닫는다.
        db.close();

        // 2버전 데이터베이스를 열고, 마이그레이션을 진행한다.
        db = helper.runMigrationsAndValidate(TEST_DB, 2, true,
        MIGRATION_1_2);

        // MigrationTestHelper는 자동으로 스키마의 변경 사항을 확인한다.
        // 데이터가 제대로 마이그레이션되었는지 확인한다.
    }
}
```

모든 마이그레이션 테스트하기

앞의 예제는 하나의 버전에서 다른 버전으로 증분 마이그레이션을 테스트하는 방법을 보여 준다. 그러나 모든 마이그레이션을 수행하는 테스트를 수행하는 편이 좋다. 이러한 유형의 테스트는 마이그레이션을 통해 데이터베이스에 생성된 데이터베이스와 최근에 생성된 데이터베이스의 불일치를 잡아내는 데 유용하다.

```java
@RunWith(AndroidJUnit4.class)
public class MigrationTest {
    private static final String TEST_DB = "migration-test";

    @Rule
    public MigrationTestHelper helper;

    public MigrationTest() {
        helper = new MigrationTestHelper(
                InstrumentationRegistry.getInstrumentation(),
                AppDatabase.class.getCanonicalName(),
                new FrameworkSQLiteOpenHelperFactory());
    }

    @Test
    public void migrateAll() throws IOException {
        // 가장 최신 버전의 데이터베이스를 생성한다.
        SupportSQLiteDatabase db = helper.createDatabase(TEST_DB, 1);
        db.close();

        // 생성한 데이터베이스를 룸을 통해 가져온다.
        // Room은 스키마를 확인하고, 모든 마이그레이션을 실행한다.
        AppDatabase appDb = Room.databaseBuilder(
InstrumentationRegistry.getInstrumentation().getTargetContext(),
                AppDatabase.class,
                TEST_DB)
                .addMigrations(ALL_MIGRATIONS).build()
        appDb.getOpenHelper().getWritableDatabase();
        appDb.close();
    }

    // 모든 Migration의 배열
    private static final Migration[] ALL_MIGRATIONS =
    new Migration[]{
            MIGRATION_1_2, MIGRATION_2_3, MIGRATION_3_4
    };
}
```

누락된 마이그레이션 경로를 정상적으로 처리하기

데이터베이스의 스키마를 업데이트한 후에도 일부 데이터베이스는 여전히 이전 스키마 버전을 사용할 수 있다. Room이 해당 장치의 데이터베이스를 이전 버전에서 현재 버전으로 업그레이드하는 마이그레이션 규칙을 찾을 수 없으면 IllegalStateException이 발생한다.

이 상황에서 앱이 중단되지 않도록 하려면 데이터베이스를 작성할 때 fallbackToDestructiveMigration() 메서드를 빌더에서 호출한다.

```
Room.databaseBuilder(getApplicationContext(), MyDb.class, "database-name")
        .fallbackToDestructiveMigration()
        .build();
```

데이터베이스 구축 로직에서 위의 코드를 포함하면, 스키마 버전 간 마이그레이션 경로가 누락된 경우에 데이터베이스 테이블을 영구적으로 파괴하고 다시 만든다.

파괴 후 테이블을 재생성하는 다른 옵션도 있다.

- fallbackToDestructiveMigrationFrom(int...): 이 방법은 데이터베이스 문제가 있는 버전 중 하나에서 마이그레이션을 시도하는 경우에만 Room이 fallback 하도록 지시한다.
- fallbackToDestructiveMigrationOnDowngrade(): 스키마다운 그레이드를 시도할 때만 테이블을 파괴하고 재생성하려면 이 메서드를 호출한다.

Room 2.2.0으로 업그레이드 시 칼럼 기본값 처리

Room 2.2.0에는 @ColumnInfo(defaultValue = "...")를 통해 칼럼 기본값을 정의하는 기능이 추가되었다. 칼럼의 기본값은 데이터베이스 스키마 및 엔터티의 중요한 부분이며 마이그레이션 중에 Room에서 유효성을 검증한다. 이전에 2.2.0 이전 버전의

Room에서 데이터베이스를 작성한 경우 기본값에 대한 마이그레이션을 제공해야 할 수도 있다.

예를 들어, 데이터베이스 버전 1에는 다음과 같이 선언된 Song 엔터티가 있다.

```
//Song Entity, DB Version 1, Room 2.1.0
@Entity
public class Song {
    @PrimaryKey
    final long id;
    final String title;
}
```

동일한 데이터베이스의 버전 2의 경우 @NonNull 칼럼이 추가되었다.

```
//Song Entity, DB Version 2, Room 2.1.0
@Entity
public class Song {
    @PrimaryKey
    final long id;
    final String title;
    @NonNull
    final String tag; // added in version 2
}
```

버전 1에서 버전 2로 마이그레이션한다.

```
//Migration from 1 to 2, Room 2.1.0
static final Migration MIGRATION_1_2 = new Migration(1, 2) {
    @Override
    public void migrate(SupportSQLiteDatabase database) {
      database.execSQL(
      "ALTER TABLE Song ADD COLUMN tag TEXT NOT NULL DEFAULT ''");
    }
};
```

이러한 유형의 마이그레이션은 2.2.0 이전 버전의 Room에서는 무해하지만 Room이 업그레이드되고 @ColumnInfo를 통한 기본값이 동일한 칼럼에 추가되면 문제가 발생할 수 있다. ALTER TABLE을 사용하면 Song 엔터티가 새 칼럼인 tag를 포함할 뿐만 아니라 기본값도 포함하도록 변경된다. 그러나 2.2.0 이전의 Room 버전은 이러한 변경 사항을 인식하지 못하므로 새로 설치한 앱 사용자와 버전 1에서 버전 2로 마이그레이션한 사용자 간 스키마가 일치하지 않는다. 버전 2는 기본값을 포함하지 않는다.

이러한 상황에서, Room 2.2.0은 이제 엔터티 클래스에 정의된 기본값이므로 데이터베이스 스키마가 애플리케이션 사용자 간에 일관되도록 마이그레이션을 진행해야 한다. 필요한 마이그레이션은 다음과 같다.

- @ColumnInfo를 사용하여 엔터티 클래스에서 기본값을 선언한다.
- 데이터베이스 버전을 하나씩 늘린다.
- 이미 작성된 칼럼에 기본값을 추가할 수 있는 삭제 및 재생성 전략을 구현하는 마이그레이션을 제공한다.

다음 예제는 Song 테이블을 삭제하고 다시 작성하는 마이그레이션 예제를 보여 준다.

```
//Migration from 2 to 3, Room 2.2.0
static final Migration MIGRATION_2_3 = new Migration(2, 3) {
    @Override
    public void migrate(SupportSQLiteDatabase database) {
        database.execSQL("CREATE TABLE new_Song (" +
                "id INTEGER PRIMARY KEY NOT NULL," +
                "name TEXT," +
                "tag TEXT NOT NULL DEFAULT '')");
        database.execSQL("INSERT INTO new_Song (id, name, tag) " +
                "SELECT id, name, tag FROM Song");
        database.execSQL("DROP TABLE Song");
        database.execSQL("ALTER TABLE new_Song RENAME TO Song");
    }
};
```

데이터베이스가 파괴적인 마이그레이션으로 대체되거나 기본값과 함께 칼럼을 추가할 수 있는 마이그레이션이 없는 경우에는 이러한 마이그레이션이 필요하지 않다.

데이터베이스 테스트하기

Room 라이브러리를 사용하여 데이터베이스를 생성할 때 앱 데이터베이스 및 사용자 데이터의 안정성을 확인하는 것이 중요하다.

앱에 대한 테스트를 실행할 때 Room을 사용하면 DAO 클래스의 Mock 인스턴스를 만들 수 있다. 이렇게 하면 데이터베이스 자체를 테스트하지 않는 경우 전체 데이터베이스를 만들 필요가 없다. 이 기능은 DAO가 데이터베이스의 세부 정보를 가지지 않아 가능하다.

데이터베이스 구현을 테스트하는 데 권장되는 방법은 Android 디바이스에서 실행되는 JUnit 테스트를 작성하는 것이다. 이러한 테스트에는 액티비티를 만들 필요가 없으므로 UI 테스트보다 실행 속도가 더 빠르다.

테스트를 설정할 때 다음 예제와 같이 메모리 내 데이터베이스를 작성하여 테스트를 더욱 긴밀하게 해야 한다.

```
@RunWith(AndroidJUnit4.class)
public class SimpleEntityReadWriteTest {
    private UserDao userDao;
    private TestDatabase db;

    @Before
    public void createDb() {
        Context context = ApplicationProvider.getApplicationContext();
        db = Room.inMemoryDatabaseBuilder(context, TestDatabase.class).
        build();
        userDao = db.getUserDao();
```

```
    }

    @After
    public void closeDb() throws IOException {
        db.close();
    }

    @Test
    public void writeUserAndReadInList() throws Exception {
        User user = TestUtil.createUser(3);
        user.setName("george");
        userDao.insert(user);
        List<User> byName = userDao.findUsersByName("george");
        assertThat(byName.get(0), equalTo(user));
    }
}
```

6 Paging

페이징(Paging)은 데이터를 작게 나누어 로드하는 데 적합한 라이브러리다. 데이터를 나누어 필요한 만큼만 로드하면 시스템 자원과 네트워크 대역폭의 사용을 줄일 수 있다.

다음 그림은 페이징된 데이터를 가져와 화면에 나타내는 기본적인 워크 플로를 도식화한 것이다.

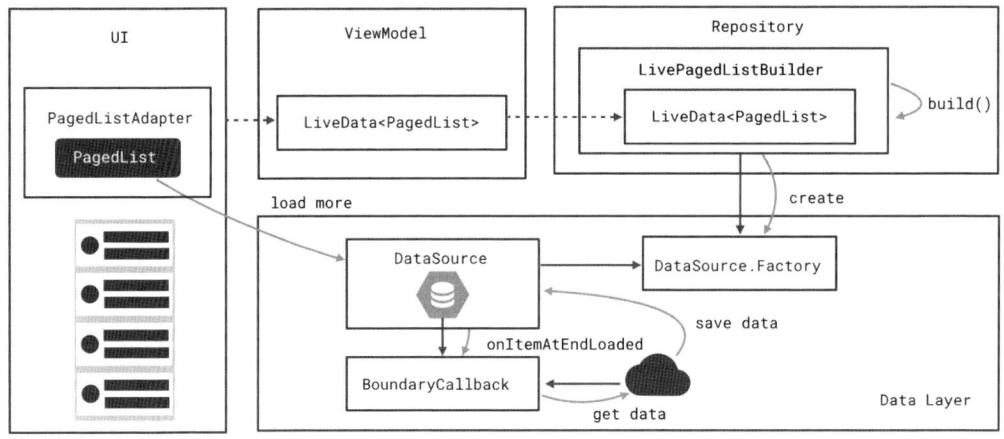

[그림 4-4] Paging 컴포넌트의 워크 플로

DataSource로부터 얻은 데이터를 PageList 형태로 관리하고, PagedListAdapter를 통해 최종적으로 RecyclerView에서 표현된다.

페이징 컴포넌트 프로젝트에 추가하기

페이징 컴포넌트 의존성을 추가하려면 프로젝트에 Google Maven 저장소가 추가되어야 한다.

앱 모듈의 build.gradle 파일에 필요한 아티팩트 의존성을 추가한다.

```
dependencies {
    def paging_version = "2.1.0"

    implementation "androidx.paging:paging-runtime:$paging_version"
    // 코틀린에서는 paging-runtime-ktx로 사용

    // 테스트를 위한 의존성을 제외하고 사용하고 싶다면
    testImplementation "androidx.paging:paging-common:$paging_version"
    // 코틀린에서는 paging-common-ktx로 사용
```

```
// RxJava를 지원하는 페이징 라이브러리를 사용하고 싶다면
implementation "androidx.paging:paging-rxjava2:$paging_version"
// 코틀린에서는 paging-rxjava2-ktx로 사용
}
```

다양한 데이터 구조 지원

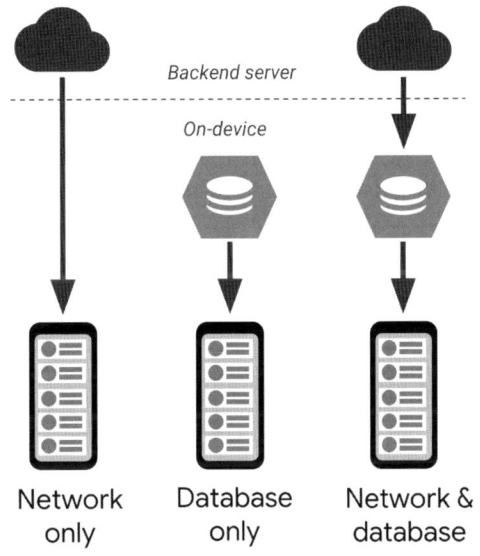

[그림 4-5] 페이징 컴포넌트의 유스 케이스

페이징 라이브러리는 다음과 같은 데이터 구조를 갖는 모델을 타깃으로 설계되었다.

- 네트워크로부터 데이터를 가져오기
- 로컬 데이터베이스로부터 데이터를 가져오기
- 네트워크에서 얻은 데이터를 로컬 데이터베이스에 캐싱하여 사용하기

앞의 시나리오는 데이터를 가져오는 3가지 방법을 보여 준다. 서버 또는 로컬 데이터베이스 전용 구조만 사용하는 경우 가져온 데이터가 앱의 UI 모델로 직접 연결된다.

서버로부터 얻은 데이터를 로컬 데이터베이스에 캐싱하여 사용하는 경우는 서버에서 얻은 데이터를 로컬 데이터베이스에 먼저 저장하고, 로컬 데이터베이스는 앱의 UI 모델과 연결되어 나타난다.

페이징 라이브러리는 데이터를 작게 나누어 로드하는데, 얻은 데이터의 마지막 지점에 도달하면 로컬이나 서버에서 더 많은 데이터를 요청한다.

페이징 컴포넌트의 구성 요소

페이징된 데이터를 가져오는 데 사용되는 구성 요소로 DataSource와 PagedList가 있다. 각 구성 요소가 하는 역할을 살펴보고, 어떻게 사용하는지 확인한다.

DataSource

데이터를 작게 나누어 불러온 다음 PagedList로 로드하는 기본 클래스다. 더 많은 데이터를 로드할수록 PagedList가 커지며, 로드된 데이터는 갱신할 수 없다. 데이터의 재정렬, 삽입, 삭제, 갱신 같은 변경 사항이 발생하면 새로운 PagedList와 DataSource를 생성해야 한다. DataSource가 데이터를 이어서 불러들일 수 없는 상황이면 invalidate()를 호출해야 한다. 그러면 새로운 PagedList와 DataSource 쌍이 새로운 상태로부터 데이터를 로드한다. 변경되지 않는 데이터를 페이징한다면 단일 DataSource를 생성할 수도 있다.

업데이트를 제공하는 소스의 데이터를 페이징하려면 DataSource.Factory를 만들 수 있다. 팩토리에서 생성된 각 DataSource는 데이터 세트에 대한 변경 사항이 발생하면 현재 스냅숏을 무효화시킬 수 있다. 예를 들어, 데이터베이스에서 쿼리를 페이징하고 쿼리 중인 테이블에 추가 또는 제거와 같이 데이터 세트가 변경되는 상황에 invalidate()를 호출할 수 있다. 또한 당겨서 새로고침 같은 작업과 같이 명시적으로 모든 데이터를 다시 로드해야 하는 경우 invalidate()를 호출할 수도 있다.

DataSource.Factory

DataSource 인스턴스를 만들어 제공하는 팩토리 클래스다. create() 메서드에서 DataSource를 반환하며, 데이터 세트가 무효화될 때마다 create() 메서드에서 새로운 DataSource 객체를 만들 수 있다.

PagedList

DataSource에서 변경 불가능한 콘텐츠의 페이지를 지연 로드 목록으로 표시한다. PagedList는 DataSource에서 페이징된 데이터들을 관리하는 리스트다. get(int) 메서드를 사용하여 아이템에 접근할 수 있으며 loadAround(int)를 사용하여 추가 로드를 트리거할 수 있다.

LivePagedListBuilder

DataSource.Factory와 PagedList.Config를 생성자 매개 변수로 가지며, LiveData<PagedList>를 만드는 빌더 클래스이다. 필수 매개 변수는 생성자에 있고, 선택적으로 초기 로드 키 또는 BoundaryCallback 등을 구성 및 활성화하여 빌드할 수 있다.

PagedListAdapter

PagedList에서 페이징된 데이터를 표시하는 RecyclerView.Adapter 기반의 클래스다.

아이템 카운트를 계산하고, PagedList의 상태 변화를 체크하는 일반적인 동작에 대한 구현을 담당하는 AsyncPagedListDiffer 객체를 내부에 가지고 있고, 새로운 목록 사용이 가능할 때 submitList(PagedList) 메서드를 호출할 수 있다.

PagedListAdapter를 구현해야 할 때 주의해야 할 점은 새로운 PagedList에 대한 백그라운드 계산을 위해 DiffUtil.ItemCallback을 필수적으로 구현해야 한다는 것이다.

DataSource 종류 선택하기

PositionalDataSource

다음 그림과 같은 주소록 앱처럼 로컬에 데이터가 있지만 사용자가 임의의 위치로 이동하려는 경우 PositionalDataSource를 사용하는 것이 좋다. 실제로 Room이 내부에서 사용하는 방식이다.

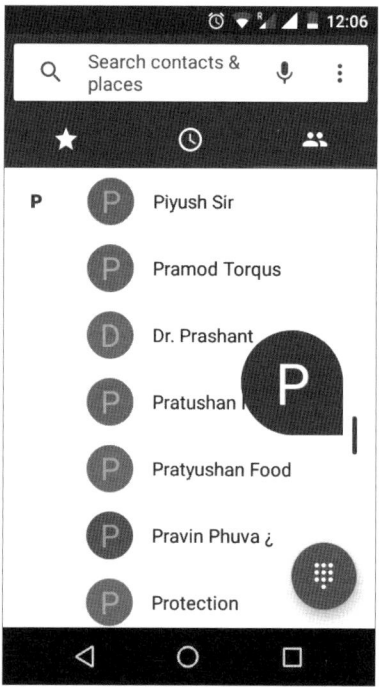

[그림 4-6] PositionalDataSource를 사용하기 적당한 주소록 앱의 화면

RecycleView가 초기화되고 첫 번째 포지션에 오면 PagedList는 이를 DataSource에 알리고, DataSource 내부에서는 loadInitial() 메서드가 호출된다. 메서드의 매개

변수인 LoadInitialParams로부터 시작 위치, 페이지 크기 및 초기에 로드할 데이터 사이즈를 전달받는다.

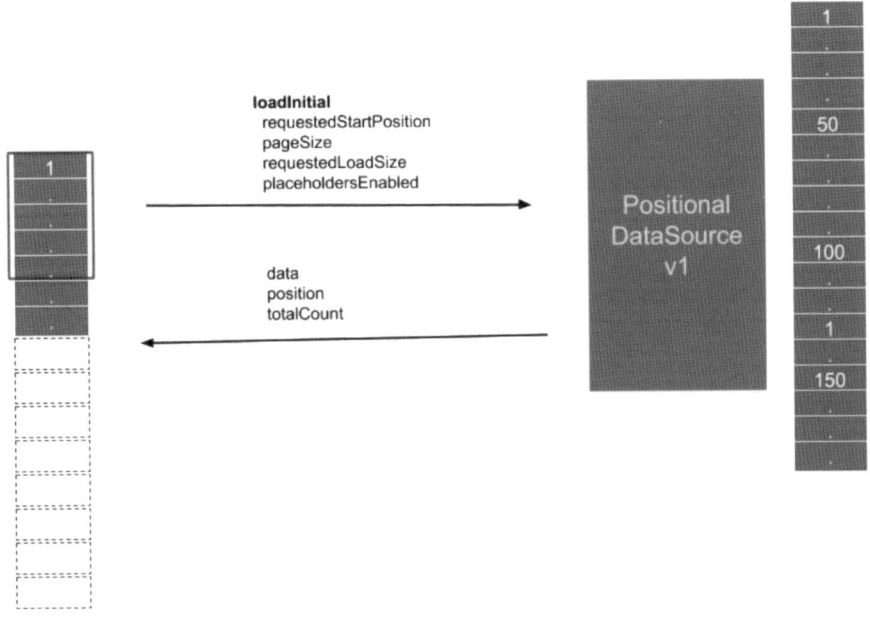

[그림 4-7] PositionalDataSource 사용 시 초기 로드

DataSource는 초깃값으로 가져온 데이터를 LoadInitialCallback.onResult() 메서드를 통해 반환한다. 이때 해당 데이터가 시작되는 위치와 DataSource의 총 아이템 수를 제공할 수 있다. 이를 바탕으로 데이터 표시가 시작되고 아직 얻지 못한 데이터는 placeholder로 나타낸다.

사용자가 스크롤할 때 데이터가 부족하다는 것을 인식하면 PositionalDataSource에서 loadRange() 메서드를 호출하고, 매개 변수인 LoadRangeParams를 통해 누락된 데이터의 시작 위치와 페이지 크기를 전달한다. 추가로 가져온 데이터는 LoadRange Callback.onResult()를 통해 전달한다.

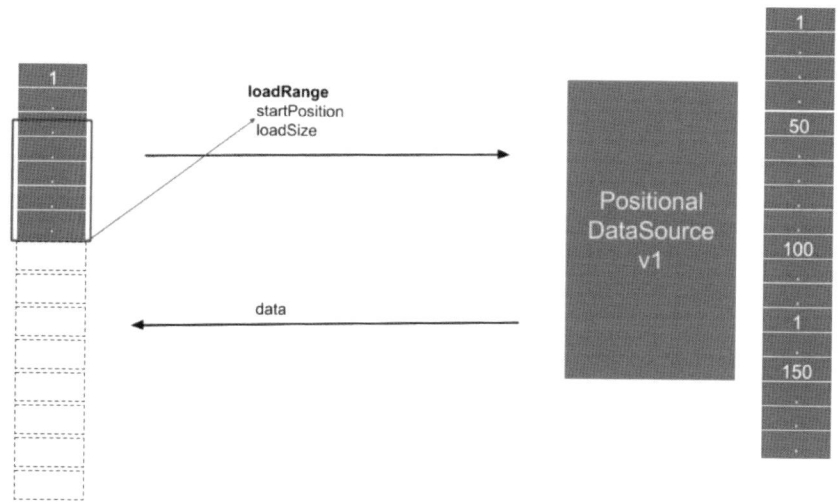

[그림 4-8] PositionalDataSource 사용 시 추가적인 데이터 로딩

데이터를 아직 로드하지 않은 곳으로 scrollToPosition()과 같은 메서드를 사용하여 화면을 빠르게 건너뛰는 경우 DataSource는 이동한 위치부터 데이터를 가져오며, 건너뛴 부분에 대해서는 loadRange()를 호출하지 않는다.

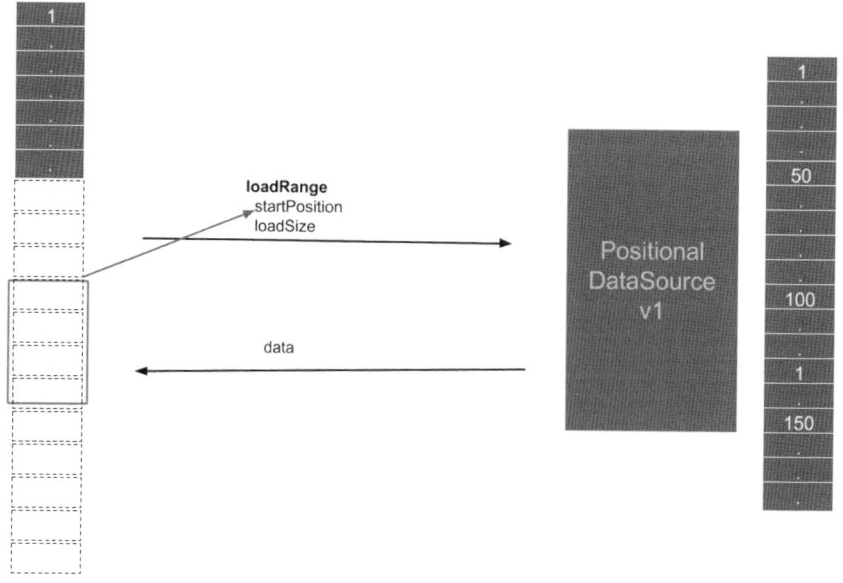

[그림 4-9] PositionalDataSource 사용 시 중간 포지션부터 페이징 로딩

데이터베이스에서 데이터의 삽입 또는 삭제와 같은 트랜잭션이 발생했다고 가정한다면, 지금까지의 데이터는 무효가 되므로, 새로운 DataSource를 생성하는데 이때 사용자가 보던 이전 페이지의 위치에 따라 초기 페이지를 로드한다. 이전 데이터의 스냅숏과 새로운 데이터의 차이점을 계산하고 RecyclerView를 갱신한다.

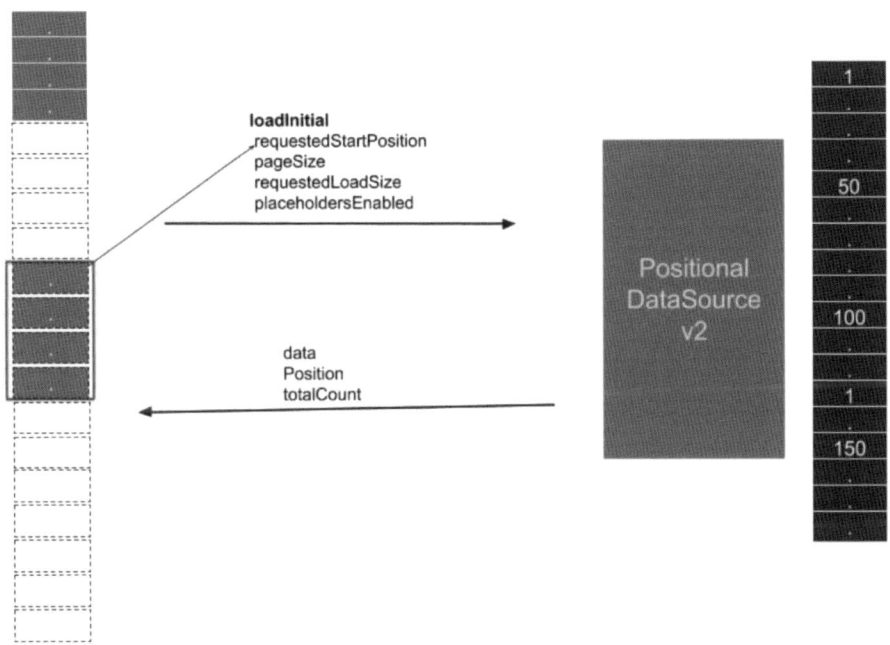

[그림 4-10] PositionalDataSource 사용 시 데이터가 무효가 되었을 때의 초기 로드

ItemKeyedDataSource

유니크한 아이템 키를 페이징하는 DataSource 서브 클래스다. 이전에 로드된 아이템의 키가 다음 아이템을 로드하는 데 사용된다.

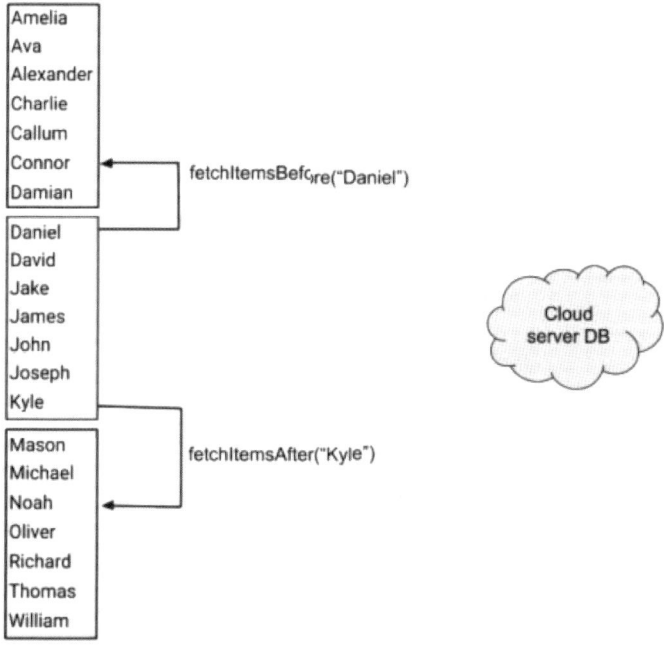

[그림 4-11] ItemKeyedDataSource 사용 예

그림과 같이 이름순으로 정렬된 데이터가 있다면, 이미 가져온 페이지의 첫 번째 이름이나 마지막 이름을 통해 이전 페이지 또는 다음 페이지를 요청할 수 있다.

RecyclerView가 초기화되고 첫 번째 포지션에 오면 ItemKeyedDataSource 내에서 loadInitial() 메서드를 호출하고 매개 변수로부터 초기 키를 얻어 데이터를 로드하고 전달한다.

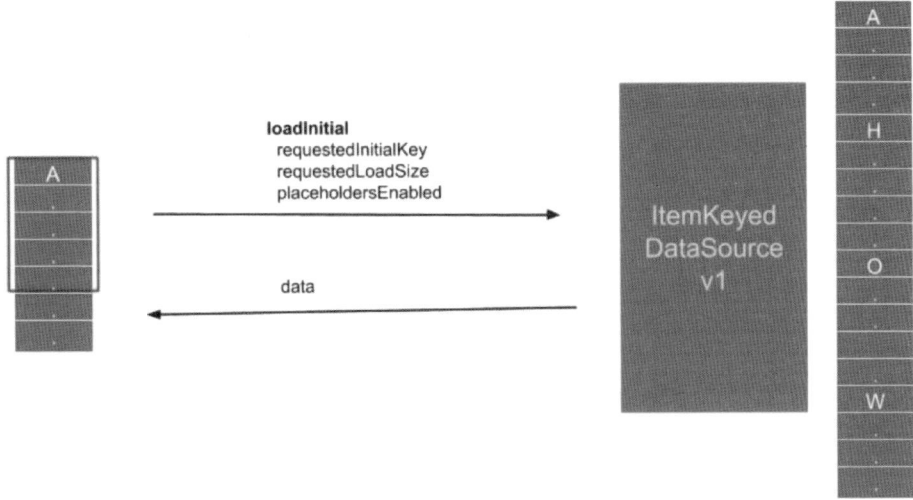

[그림 4-12] ItemKeyedDataSource 사용 시 초기 로드

사용자가 스크롤을 시작하고 마지막 아이템에 도달할 때쯤 loadAfter() 메서드가 호출되며, 매개 변수로부터 키를 얻어 다음 페이지를 로드할 수 있다.

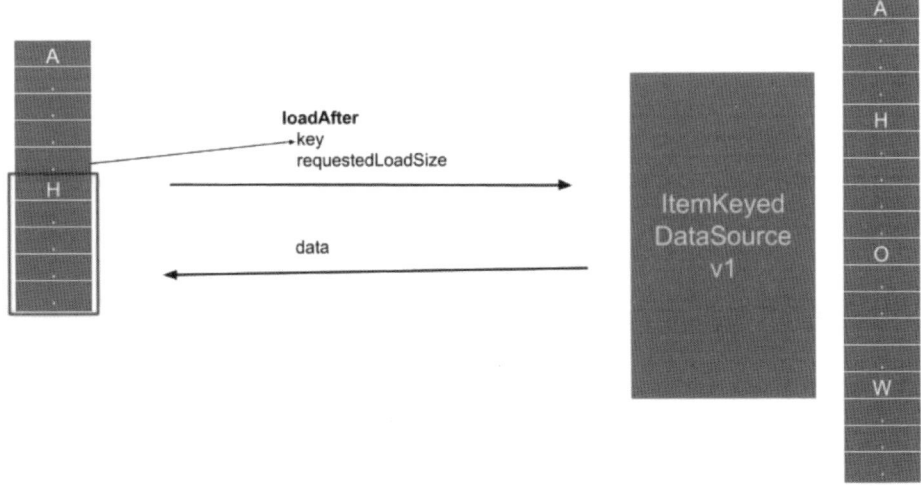

[그림 4-13] 스크롤 시 다음 페이지 로드

이 시점에서 데이터 소스를 무효로 하면 기존 DataSource는 버려지고, 새로운 Data Source를 얻는다. 이 DataSource에 대한 새로운 PageList를 만들면 현재 Recycler View에 현재 표시된 항목 중 가장 상단에 있는 아이템에서 키를 추출하여 새로운 페이지를 로드한다.

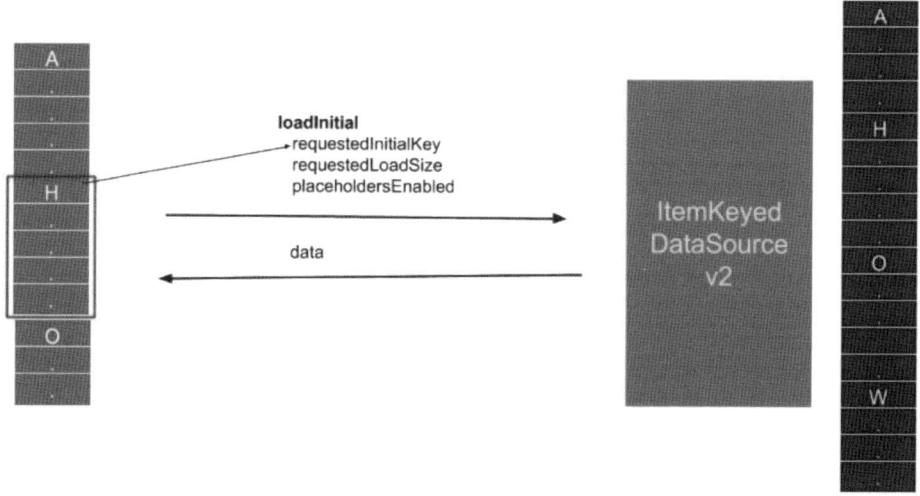

[그림 4-14] ItemKeyedDataSource 사용 시 데이터가 무효가 되었을 때 초기 로드

만약 이 시점에서 스크롤을 위로 이동하면 이전 데이터가 필요하다. 그러므로 DataSource 내부에서 loadBefore() 콜백 메서드가 호출되고, 키를 기반으로 서버에 이전 데이터를 요청할 수 있다.

PageKeyedDataSource

PageKeyedDataSource는 서버 사이드 API에서 가장 일반적인 페이징 방법이다. 클라이언트는 페이징 요청을 보내고 서버에서 페이징된 데이터를 포함한 응답을 내려준다. 다음 및 이전 페이지에 대한 키도 응답에 포함된다.

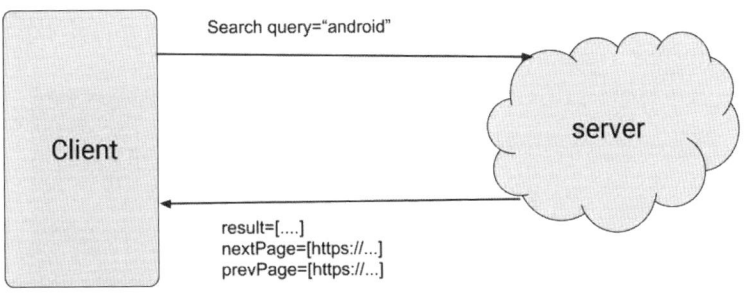

[그림 4-15] PageKeyedDataSource 사용 예

RecyclerView가 초기화되고 첫 번째 포지션에 오면, PageKeyedDataSource 내에서 loadInitial() 메서드가 호출된다. 메서드의 매개 변수로부터 페이징의 크기와 placeholder 지원 여부를 제공받는다. 로드한 데이터를 LoadInitialCallback.onResult() 메서드를 통해 전달하고, 서버로부터 받은 이전 페이지 키와 다음 페이지 키도 전달한다.

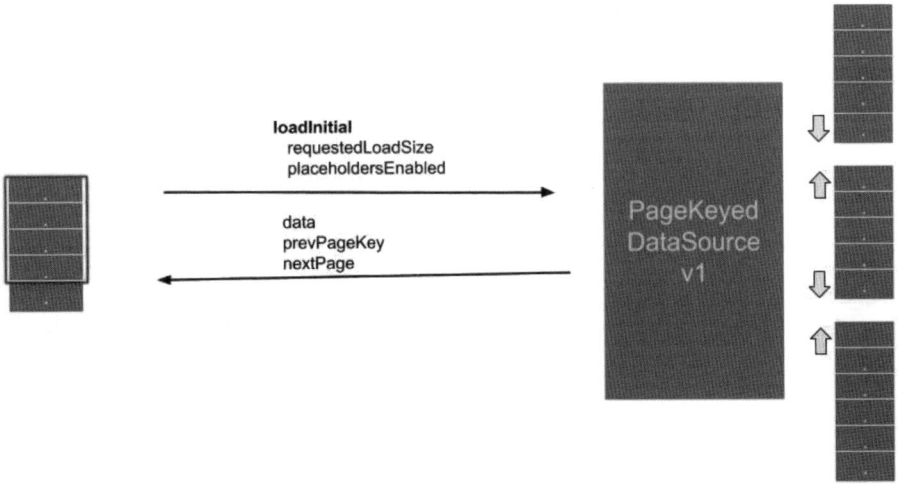

[그림 4-16] PageKeyedDataSource 초기 로드

사용자가 스크롤을 시작하여 마지막 아이템에 도달할 때쯤 DataSource 내에서 loadAfter() 메서드를 호출하고 이전 요청으로부터 반환된 키를 사용하여 다음 페이지를 로드한다.

[그림 4-17] PageKeyedDataSource 사용 시 다음 페이지 로드

사용자가 화면에서 새로고침(refresh)했다고 가정하면 데이터 소스가 무효가 된다. 새로운 데이터 소스를 얻지만 loadInitial() 메서드에는 더는 키가 없다. 따라서 항상 첫 페이지를 다시 로드하여 UI에 표시해야 한다.

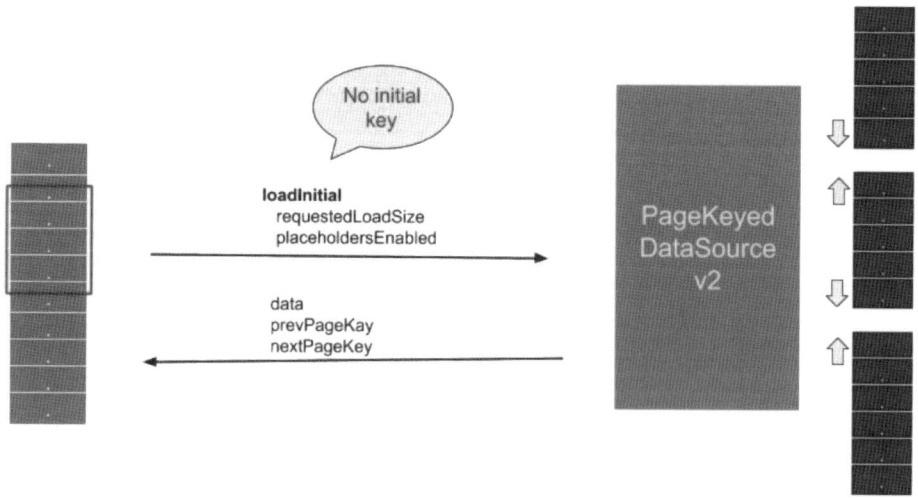

[그림 4-18] PageKeyedDataSource 사용 시 데이터가 무효가 되었을 때 초기 로드

로컬 데이터베이스 페이징 구현 예제

Room에서는 Integer 타입을 키로 갖는 DataSource.Factory를 지원한다. 그러므로 다음 예제처럼 DAO에서 반환형으로 지정할 수 있다.

```
@Dao
public interface UserDao {
    @Query("SELECT * FROM User")
    DataSource.Factory<Integer, User> getUsers();
}
```

반환형을 DataSource.Factory<Integer, Object>로 지정하는 경우, Room은 컴파일 타임에 PositionalDataSource 객체를 제공하는 팩토리 코드를 컴파일 타임에 생성한다. 만약 다른 타입의 DataSource를 생성하고 싶다면 직접 DataSource 서브 클래스를 만들어야 한다.

Room을 사용하는 경우 PositionalDataSource 기반의 객체를 제공하는 팩토리를 제공해, 다음 예제와 같이 뷰 모델로부터 LivePagedListBuilder를 통해 PagedList를 생성할 수 있다.

```
public class UserViewModel extends ViewModel {

    private LiveData<PagedList<User>> users;
    private UserDao userDao;

    @Inject
    public UserViewModel(UserDao userDao){
        this.userDao = userDao;
    }

    public void load(){
        users = new LivePagedListBuilder<>(
                    userDao.getUsers(),
```

```
                    10
            ).build();
    }

    public LiveData<PagedList<User>> getUsers() {
        return users;
    }
}
```

데이터를 불러오는 작업이 끝났다면 RecyclerView를 통해 화면에 나타내야 하므로 Adapter가 필요하다. 페이징 라이브러리에서는 PagedList를 표현하도록 PagedListAdapter를 제공한다. 다음 예제처럼 PagedListAdapter를 상속한 서브 클래스를 생성할 수 있다.

```
public class UserAdapter
    extends PagedListAdapter<User, ViewHolder> {

    private static DiffUtil.ItemCallback<User> diffCallback = ...;

    @Inject
    public UserAdapter() {
        super(diffCallback);
    }

    @NonNull
    @Override
    public ViewHolder onCreateViewHolder(
            @NonNull ViewGroup viewGroup, int i) {
        ...
    }

    @Override
    public void onBindViewHolder(
            @NonNull VH holder, int position) {
        ...
```

        }
}
```

PagedListAdapter는 데이터가 무효가 되었을 때 새로운 데이터와 이전 데이터를 비교하여 자연스러운 애니메이션 등의 효과 연출을 위해 DiffUtil.ItemCallback을 반드시 구현해야 한다.

Adapter 생성이 끝났다면, 데이터와 뷰의 연결을 UI 컨트롤러를 통해 할 수 있다.

```java
public class UserFragment extends Fragment {

    FragmentUserBinding binding;
    UserAdapter adapter;
    UserViewModel viewModel;

    @Nullable
    @Override
    public View onCreateView(
        @NonNull LayoutInflater inflater,
        @Nullable ViewGroup container,
        @Nullable Bundle savedInstanceState) {

        viewModel = ...
        viewModel.load();

        binding.recyclerView.setAdapter(adapter);
        binding.recyclerView.setLayoutManager(...);

        viewModel.getUsers().observe(getViewLifecycleOwner(),
            users -> adapter.submitList(users)
        );

        return binding.getRoot();
    }
}
```
```

뷰 모델에 있는 사용자 목록 LiveData를 구독하고 데이터가 발행되었을 때 PagedList Adapter의 submitList() 메서드를 통해 사용자 목록 데이터를 전달할 수 있다.

네트워크 페이징 구현 예제

네트워크 예제는 https://jsonplaceholder.typicode.com/에서 제공하는 더미 데이터를 사용했다.

대표적인 안드로이드 네트워크 라이브러리인 Retrofit을 사용하여 데이터를 불러오는 예제는 다음과 같다.

```java
public interface PostService {

    @GET("posts")
    Call<List<Post>> getPosts(@Query("_page") int page);

    @GET("posts?_page=1")
    Call<List<Post>> getTopPosts();

}
```

PostService를 이용하여 DataSource를 다음과 같이 만들 수 있다.

```java
public class PostDataSource extends PageKeyedDataSource<Integer, Post> {

    private PostService postService;

    public PostDataSource(PostService postService) {
        this.postService = postService;
    }

    @Override
```

```java
public void loadInitial(
        @NonNull LoadInitialParams<Integer> params,
        @NonNull LoadInitialCallback<Integer, Post> callback) {
    Call<List<Post>> request = postService.getTopPosts();
    try {
        Response<List<Post>> response = request.execute();
        List<Post> items = response.body();
        Integer nextPage = getNextPage(response);
        callback.onResult(items, null, nextPage);
    } catch (IOException e) {
        e.printStackTrace();
    }
}

@Override
public void loadBefore(
        @NonNull LoadParams<Integer> params,
        @NonNull LoadCallback<Integer, Post> callback) {
    //do nothing
}

@Override
public void loadAfter(
        @NonNull LoadParams<Integer> params,
        @NonNull LoadCallback<Integer, Post> callback) {
    Call<List<Post>> request = postService.getPosts(params.key);
    try {
        Response<List<Post>> response = request.execute();
        List<Post> items = response.body();
        Integer nextPage = getNextPage(response);
        callback.onResult(items, nextPage);
    } catch (IOException e) {
        e.printStackTrace();
    }
}

private Integer getNextPage(Response<List<Post>> response) {
    ...
```

        }
    }

loadInitial() 메서드로부터 초기 데이터를 로드하고 이전 및 다음 페이지 키를 지정한다. 사용자 스크롤에 맞춰 loadBefore() 또는 loadAfter()가 호출되는데 초기 데이터를 불러올 때와 마찬가지로 이전 및 다음 페이지 키를 지정해야 한다.

PostDataSource를 생성하는 팩토리 클래스는 다음과 같이 만든다.

```java
public class PostDataSourceFactory
    extends DataSource.Factory<Integer, Post> {

    private PostService postService;

    public PostDataSourceFactory(PostService postService){
        this.postService = postService;
    }
    @Override
    public DataSource<Integer, Post> create() {
        return new PostDataSource(postService);
    }
}
```

데이터를 RecyclerView에 표현하는 방법은 로컬 데이터베이스 페이징 구현 예제와 동일하다.

7 WorkManager

안드로이드는 버전에 따라 배터리의 사용을 최적화하고, 올바른 앱 동작을 강제하고자 사용자에게 보이지 않는 백그라운드 작업을 제한한다. WorkManager를 사용하면 작업을 쉽게 설정하고, 시스템에 전달하여 지정한 조건에서 실행할 수 있다.

안드로이드는 버전별로 다음과 같은 백그라운드 작업에 대한 제약 조건이 있다.

- Android 6.0에는 Doze 모드 및 앱 대기가 도입되었다. Doze 모드는 화면이 꺼져 있고 장치가 정지된 경우 앱 동작을 제한한다. 앱 대기는 사용하지 않는 애플리케이션의 네트워크 사용, 작업 및 동기화를 제한한다.
- Android 7.0에는 암시적 브로드 캐스트를 제한하고 이동 중 잠자기 모드(Doze-on-the-Go)를 도입했다.
- Android 8.0은 백그라운드에서 위치를 가져오고 캐시된 wakelock을 해제하는 등 백그라운드 동작을 더욱 제한했다.
- Android 9에는 앱 사용 패턴을 기반으로 시스템이 앱의 리소스 요청에 우선순위를 지정하는 앱 대기 버킷이 도입되었다.
- Android 10에서는 앱이 백그라운드에서 실행될 때 Activity를 시작할 수 있는 시점에 제한이 있다.

이와 같은 제약 조건들은 매우 강력한 제약 조건이며, 개발자가 모든 제약 조건을 신경 써서 개발하기는 여간 힘든 일이 아니다. 그러므로 구글에서도 WorkManager 라이브러리를 만들어 제공한다.

작업에 적합한 솔루션 선택

장치 또는 애플리케이션이 다시 시작되더라도 지연 가능하고 반드시 실행되어야 하는 작업의 경우 WorkManager를 사용하면 좋지만 만능은 아니다. 상황에 따른 적합한 솔루션을 선택해야 한다.

예를 들어 네트워크로부터 긴 다운로드 작업이 필요한 경우는 DownloadManager를 사용할 수 있다. 이러한 작업이 연기할 수 없는 즉시 실행해야 하는 작업이라면

Foreground Service를 사용해야 한다. 만약 연기 가능하면 시스템의 상태에 의존적인 작업인 WorkManager를 사용하는 것이 바람직하다. 하지만 알람 앱처럼 정확한 시간에 작업을 수행하는 것을 기대한다면 AlarmManager를 사용해야 한다.

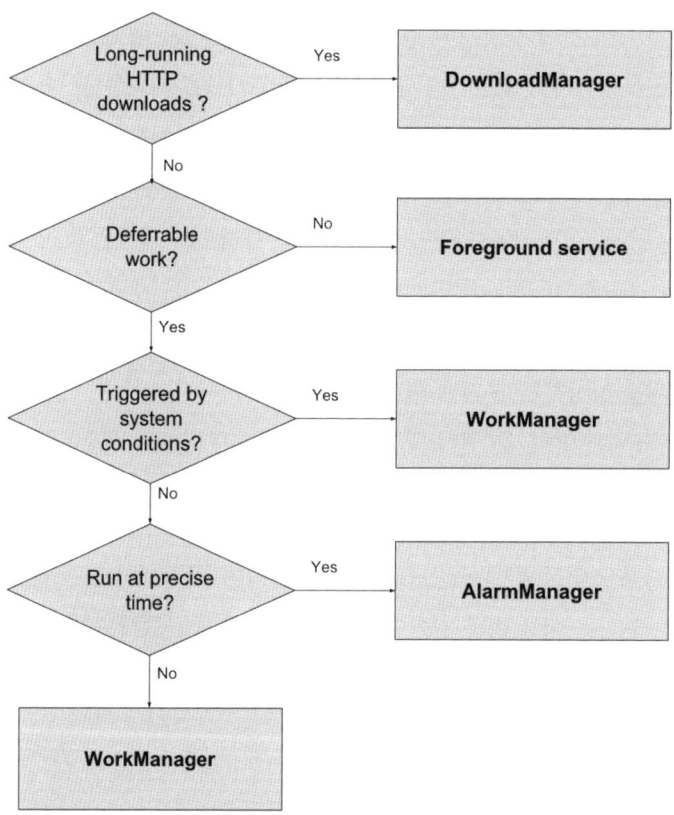

[그림 4-19] 백그라운드 작업에 적합한 솔루션 선택

WorkManager 프로젝트에 설정하기

WorkManager를 추가하려면 프로젝트에 Google Maven 저장소를 추가해야 한다. 앱 모듈의 build.gradle 파일에 필요한 아티팩트를 추가한다.

```
dependencies {
    def work_version = "2.2.0"

    // 자바 사용자만
    implementation "androidx.work:work-runtime:$work_version"

    // 코틀린 + 코루틴
    implementation "androidx.work:work-runtime-ktx:$work_version"

    // RxJava2 지원
    implementation "androidx.work:work-rxjava2:$work_version"

    // 테스트 도우미
    androidTestImplementation "androidx.work:work-testing:$work_version"
}
```

WorkManager 시작하기

백그라운드 작업 만들기

Worker 클래스를 사용하여 작업을 정의한다. Worker 클래스의 doWork() 메서드는 WorkManager에서 제공하는 백그라운드 스레드에서 실행된다.

백그라운드 작업을 만들려면 Worker 클래스를 확장하고 doWork() 메서드를 재정의해야 한다. 예를 들어 이미지를 업로드하는 Worker를 만들려면 다음과 같이 할 수 있다.

```
public class UploadWorker extends Worker {

    public UploadWorker(
        @NonNull Context context,
        @NonNull WorkerParameters params) {
        super(context, params);
```

```
    }

    @Override
    public Result doWork() {
        // 이미지를 동기적으로 업로드한다.
        uploadImages()

        // 작업이 끝나면 성공 여부를 Result를 통해 알린다.
        return Result.success()
    }
}
```

doWork()에서 반환된 Result는 다음과 같이 작업에 관해 WorkManager에 알린다.

- Result.success()를 통해 성공적으로 완료됨
- Result.failure()를 통해 실패함
- Result.retry()를 통해 나중에 다시 시도해야 함

작업 실행 방법 및 시기 구성

Worker는 작업 단위를 정의하고 WorkRequest는 작업이 언제 어떻게 실행되어야 하는지 정의한다. 작업은 일회성이거나 주기적으로 반복될 수 있다. 일회성 WorkRequest의 경우 OneTimeWorkRequest를 사용하고 주기적 작업의 경우 PeriodicWorkRequest를 사용한다.

일회성 업로드 작업을 수행하는 UploadWorker의 경우 다음과 같이 WorkRequest를 빌드할 수 있다.

```
OneTimeWorkRequest request =
new OneTimeWorkRequest.Builder(UploadWorker.class)
        .build()
```

WorkRequest에는 작업 실행의 제약 조건, 작업 입력, 지연, 작업 재시도를 위한 백 오프 정책 등과 같은 추가 정보를 포함할 수 있다.

시스템에 작업 전달하기

WorkRequest를 정의했다면 이제 WorkManager의 enqueue() 메서드를 사용하여 작업을 스케줄링할 수 있다.

```
WorkManager.getInstance(myContext).enqueue(uploadWorkRequest);
```

작업자가 실행될 정확한 시간은 WorkRequest에 사용되는 제약 조건과 시스템 최적화에 따라 달라진다. WorkManager는 이러한 제약 조건 내에서 작업을 잘 수행할 수 있도록 설계되었다.

WorkRequest 정의하기

다음과 같은 유스 케이스를 처리하도록 WorkRequest를 설정하는 방법을 알아본다.

- 네트워크 가용성과 같은 작업 제약 조건 처리
- 작업 실행의 최소 지연 보장
- 작업 다시 시도 및 백 오프 처리
- 작업의 입력 및 출력 처리
- 태그하여 작업 그룹화

작업 제약 조건

작업에 Constraints를 추가하여 실행할 수 있는 시기를 나타낼 수 있다. 예를 들어, 기기가 유휴 상태이고 전원에 연결된 때만 작업을 실행하도록 지정할 수 있다.

아래의 코드는 이러한 제약 조건을 OneTimeWorkRequest에 추가하는 방법을 보여준다.

```
// 언제 작업이 수행되는지 정의하는 Constraints를 생성한다.
Constraints constraints = new Constraints.Builder()
    .setRequiresDeviceIdle(true)
    .setRequiresCharging(true)
     .build();

// 그리고 생성한 Constraints를 WorkRequest를 생성할 때 적용한다.
OneTimeWorkRequest compressionWork =
    new OneTimeWorkRequest.Builder(CompressWorker.class)
        .setConstraints(constraints)
        .build();
```

여러 제약 조건이 지정되면 모든 제약 조건이 충족될 때만 작업이 실행된다.

작업이 실행되는 동안 제약 조건이 실패하면 WorkManager에서 Worker를 중지한다. 그런 다음 제약 조건이 충족되면 작업이 다시 시도된다.

초기 지연

작업이 큐에 추가될 때 작업에 제약 조건이 없거나 모든 작업 조건이 충족되는 경우 시스템은 즉시 작업을 실행하기로 선택할 수 있다. 작업을 즉시 실행하지 않으려면 최소 초기 지연 후 시작하도록 작업을 지정할 수 있다.

다음 코드는 작업이 큐에 추가된 후 최소 10분 후에 실행되도록 작업을 설정한다.

```
OneTimeWorkRequest uploadWorkRequest =
new OneTimeWorkRequest.Builder(UploadWorker.class)
        .setInitialDelay(10, TimeUnit.MINUTES)
        .build();
```

작업자가 실행될 정확한 시간은 WorkRequest에 사용되는 제약 조건과 시스템 최적화에 따라 달라진다. WorkManager는 이러한 제한 사항에 따라 가능한 최적 상태로 동작하도록 설계되었다.

재시도 및 백 오프 정책

WorkManager에서 작업을 다시 시도해야 하는 경우 Worker에서 Result.retry()를 반환할 수 있다.

작업은 기본 백 오프 지연 및 정책을 사용하여 다시 예약된다. 백 오프 지연은 작업을 다시 시도하기 전에 기다려야 하는 최소 시간을 지정한다. 백 오프 정책은 다음 재시도의 백 오프 지연이 시간이 지남에 따라 증가하는 방식을 정의한다. 기본값은 EXPONENTIAL이다.

다음 예제 코드는 백 오프 지연 및 정책을 설정한다.

```
OneTimeWorkRequest uploadWorkRequest =
        new OneTimeWorkRequest.Builder(UploadWorker.class)
            .setBackoffCriteria(
                    BackoffPolicy.LINEAR,
                    OneTimeWorkRequest.MIN_BACKOFF_MILLIS,
                    TimeUnit.MILLISECONDS)
            .build();
```

작업의 입력/출력 정의

Worker에 매개 변수를 전달하거나 결과로 반환되어야 하는 데이터를 요구할 수도 있다. 예를 들어, 이미지 업로드를 처리하는 작업은 이미지의 URI를 입력으로 업로드해야 하며 업로드된 이미지의 URL을 출력으로 요구할 수 있다.

입력 및 출력값은 Key-Value 쌍으로 Data 개체에 저장된다. 아래 코드는 Work Request에서 입력 데이터를 설정하는 방법을 보여 준다.

```java
Data imageData = new Data.Builder
                .putString(Constants.KEY_IMAGE_URI, imageUriString)
                .build();

OneTimeWorkRequest uploadWorkRequest = new OneTimeWorkRequest.
Builder(UploadWorker.class)
        .setInputData(imageData)
        .build()
```

Worker 클래스는 Worker.getInputData() 메서드를 호출하여 입력된 인자를 가져올 수 있다.

마찬가지로 Data 클래스를 사용하여 반환값을 출력할 수 있다. 다음과 같이 Data 객체를 Result의 Result.success() 또는 Result.failure()에 포함하여 반환한다.

```java
public class UploadWorker extends Worker {

    public UploadWorker(
        @NonNull Context context,
        @NonNull WorkerParameters params) {
        super(context, params);
    }

    @Override
    public Result doWork() {

        // 입력값을 가져온다.
        String imageUriInput =
            getInputData().getString(Constants.KEY_IMAGE_URI);
            // 작업을 수행한다.
            Response response = uploadFile(imageUriInput);
```

```
            // 작업 결과에 대한 정보를 출력할 데이터를 생성한다.
            Data outputData = new Data.Builder
                    .putString(
                        Constants.KEY_IMAGE_URL,
                        response.imageUrl
                    )
                    .build();

            // 출력한다.
            return Result.success(outputData);
        }
    }
```

Data 객체 내의 값은 문자열, 원시 타입 또는 배열일 수 있다. Data 객체의 최대 크기는 10KB로 제한되므로, 큰 데이터를 Worker에 전달하거나 Worker에서 반환하려면 Room 데이터베이스와 같은 다른 위치에 데이터를 저장해야 한다.

태그 추가하기

WorkRequest 객체에 태그를 추가하여 작업을 그룹화할 수 있다. 이렇게 하면 특정 태그를 사용하여 모든 작업을 실행할 수 있다.

예를 들어, WorkManager.cancelAllWorkByTag(String) 메서드를 호출하면 특정 태그가 있는 모든 작업을 취소한다. WorkManager.getWorkInfosByTagLiveData(String) 메서드를 호출하면 태그가 있는 모든 작업의 상태 목록과 함께 LiveData를 반환한다.

다음 코드는 WorkRequest.Builder.addTag(String)를 사용하여 작업에 'cleanup' 태그를 추가하는 방법을 보여 준다.

```
OneTimeWorkRequest cacheCleanupTask =
        new OneTimeWorkRequest.Builder(CacheCleanupWorker.class)
```

```
            .setConstraints(constraints)
            .addTag("cleanup")
            .build();
```

작업 상태와 작업 관찰하기

작업 상태

작업이 진행되는 동안 다양한 State(상태)를 거친다. 조금 뒤에 이러한 변화를 어떻게 관찰할지에 대해 알아보겠지만, 먼저 그전에 State의 종류에 대해 알아야 한다.

- BLOCKED: 전제 조건이 완료되지 않아 WorkRequest가 현재 차단되었음을 표시할 때 사용된다.
- CANCELLED: WorkRequest가 취소되었으며 실행되지 않음을 나타내는 데 사용된다. 모든 종속된 작업도 CANCELLED로 표시되며 실행되지 않는다.
- ENQUEUED: Constraints가 충족되고 자원을 사용할 수 있는 경우 WorkRequest가 큐에 대기되어 실행 가능함을 표시하는 데 사용된다.
- FAILED: WorkRequest가 실패 상태에서 완료되었음을 표시하는 데 사용된다. 모든 종속된 작업도 FAILED로 표시되며 실행되지 않는다.
- RUNNING: WorkRequest가 현재 실행 중임을 나타내는 데 사용된다.
- SUCCEEDED: WorkRequest가 성공적인 상태로 완료되었음을 표시하는 데 사용된다. PeriodicWorkRequests는 이 상태로 절대 들어가지 않는다. (ENQUEUED로 돌아가서 다시 실행될 수 있다.)

작업 관찰하기

작업을 대기열에 넣은 후 WorkManager를 사용하여 작업 상태를 확인할 수 있다. 이 정보는 WorkInfo를 알 수 있으며 여기에는 작업 ID, 태그, 현재 State 및 모든 출력 데이터가 포함된다.

다음 세 가지 방법 중 하나로 WorkInfo를 얻을 수 있다.

- **ID로 찾기**: 특정 WorkRequest의 ID를 이용하여 WorkManager.getWorkInfoById(UUID) 메서드 또는 WorkManager.getWorkInfoByIdLiveData(UUID) 메서드를 호출하고 WorkInfo를 검색할 수 있다.
- **태그로 찾기**: WorkManager.getWorkInfosByTag(String) 메서드 또는 WorkManager.getWorkInfosByTagLiveData(String) 메서드를 사용하여 일치하는 모든 WorkRequest에 대한 WorkInfo 객체를 검색할 수 있다.
- **고유 이름으로 찾기**: WorkManager.getWorkInfosForUniqueWork(String) 메서드 또는 WorkManager.getWorkInfosForUniqueWorkLiveData(String) 메서드를 사용하여 일치하는 모든 WorkRequest에 대한 WorkInfo 객체를 검색할 수 있다.

LiveData를 반환하는 각 메서드를 사용하면 리스너를 등록하여 WorkInfo의 변경 사항을 관찰할 수 있다. 예를 들어, 일부 작업이 성공적으로 완료되었을 때 사용자에게 메시지를 표시하려는 경우 다음과 같이 설정할 수 있다.

```
WorkManager.getInstance(myContext)
    .getWorkInfoByIdLiveData(uploadWorkRequest.id)
    .observe(lifecycleOwner, Observer { workInfo ->
       if (workInfo != null &&
            workInfo.state == WorkInfo.State.SUCCEEDED) {
          displayMessage("작업 끝!")
       }
    });
```

작업 체이닝

WorkManager를 사용하면 여러 종속 작업을 지정하고 실행 순서를 정의하는 작업 체인을 만들어 대기열에 추가할 수 있다. 특정 순서로 여러 작업을 실행해야 할 때 특히 유용하다.

작업 체인을 만들려면 WorkManager.beginWith(OneTimeWorkRequest) 메서드 또는 WorkManager.beginWith(List<OneTimeWorkRequest>) 메서드를 사용할 수 있으며 이를 통해 WorkContinuation 인스턴스가 반환된다.

WorkContinuation.then(OneTimeWorkRequest) 메서드 또는 WorkContinuation.then(List<OneTimeWorkRequest>) 메서드를 사용하여 OneTimeWorkRequest를 추가하는 데 WorkContinuation이 사용될 수 있다.

모든 WorkContinuation.then(…)의 호출은 새로운 WorkContinuation의 인스턴스를 반환한다. 만약 OneTimeWorkRequest 리스트를 추가한다면, 이 작업은 잠재적으로 동시에 실행된다.

마지막으로 WorkContinuation.enqueue() 메서드를 사용하여 WorkContinuation을 큐에 더할 수도 있다.

애플리케이션에서 이미지 3개에 동시에 필터를 씌우는 작업을 수행하고 함께 압축한 다음 업로드하는 예제를 살펴본다.

```
WorkManager.getInstance(myContext)
    // 동시에 실행될 후보자들
    .beginWith(Arrays.asList(filter1, filter2, filter3))
    // 이전 작업들이 끝난 뒤 실행되는 작업
    .then(compress)
    .then(upload)
    // 큐에 넣는 것을 잊으면 안 된다.
    .enqueue();
```

Input Merger

OneTimeWorkRequests 체인을 사용하는 경우 상위 OneTimeWorkRequests의 출력이 하위 항목에 입력으로 전달된다. 따라서 앞의 예제 코드에서 filter1, filter2 및 filter3의 출력은 압축을 위한 WorkRequest에 대한 입력으로 전달된다. 여러 상위 OneTimeWorkRequests의 입력을 관리하도록 WorkManager는 InputMergers를 사용한다. WorkManager에서 제공하는 두 가지 유형의 InputMergers가 있다.

- OverwritingInputMerger: 모든 입력으로부터 모든 키를 출력에 추가하려고 시도한다. 충돌이 발생하면 이전에 설정한 키를 덮어쓴다.
- ArrayCreatingInputMerger: 입력을 병합하고, 필요한 경우 배열을 만든다.

앞의 예제 코드에서 모든 이미지 필터의 출력을 유지하려면 ArrayCreatingInputMerger를 사용해야 한다.

```
OneTimeWorkRequest compress =
    new OneTimeWorkRequest.Builder(CompressWorker.class)
        .setInputMerger(ArrayCreatingInputMerger.class)
        .setConstraints(constraints)
        .build();
```

체이닝과 작업 상태

OneTimeWorkRequests 체인을 만들 때 명심해야 할 것이 몇 가지 있다.

- 모든 상위 OneTimeWorkRequest가 성공하면 Result.success()를 반환하고, 종속된 OneTimeWorkRequests의 상태가 BLOCKED에서 ENQUEUED로 전환된다.
- 상위 OneTimeWorkRequest가 실패하면 Result.failure()를 반환하고, 모든 종속된 OneTimeWorkRequests도 FAILED로 표시된다.

- 상위 OneTimeWorkRequest가 취소되면 모든 종속된 OneTimeWork Request도 CANCELLED로 표시된다.

작업 취소 및 중단

이전에 대기열에 추가한 작업을 더는 실행할 필요가 없는 경우 작업 취소를 요청할 수 있다. 가장 간단한 방법은 id를 사용하여 WorkManager.cancelWorkById(UUID)를 호출하는 것이다.

```
WorkManager.cancelWorkById(workRequest.getId());
```

WorkManager는 내부에서 작업 상태를 확인하고, 작업이 이미 완료되었으면 아무 일도 하지 않는다. 작업이 완료되지 않은 경우 작업의 상태를 취소로 변경하고, 작업은 실행되지 않는다. 이 작업에 종속된 모든 WorkRequests도 취소된다.

또한 작업이 현재 RUNNING 상태면 Worker는 ListenableWorker.onStopped()의 호출을 받는다. 리소스 정리를 다루도록 이 메서드를 재정의할 수 있다.

WorkManager.cancelAllWorkByTag(String) 메서드를 사용하여 태그로 WorkRequests를 취소할 수도 있다. 이 메서드는 해당 태그에 대한 모든 작업을 취소한다. 또한 WorkManager.cancelUniqueWork(String)를 사용하여 고유한 이름으로 모든 작업을 취소할 수 있다.

실행 중인 작업 중단하기

WorkManager가 실행 중인 Worker가 중단되는 케이스가 몇 가지 있다.

- WorkManager.cancelWorkById(UUID) 호출과 같이 명시적으로 취소를 요청했을 때

- 고유한 작업에 대해 ExistingWorkPolicy가 REPLACE인 경우 새 WorkRequest를 명시적으로 대기열에 추가하면, 이전 WorkRequest는 즉시 종료된다.
- 작업 제약 조건(Constraints)이 더는 충족되지 않을 때
- 시스템이 앱에 어떤 이유로 작업을 중지하도록 명령했을 때 실행 기한이 10분을 초과하면 이런 일이 발생할 수 있다. 작업은 나중에 다시 시도될 수 있도록 예약된다.

이러한 조건에서 Worker는 ListenableWorker.onStopped() 호출을 받는다. OS가 앱을 종료하기로 한 경우, 협력하여 리소스 정리를 수행하고 Worker를 마무리해야 한다. 예를 들어, 이 시점에서 데이터베이스 및 파일에 대한 열린 핸들을 닫거나 가능하면 빨리 작업을 시작해서 끝내야 한다. 또한 이미 중지되었는지 확인하고 싶을 때마다 ListenableWorker.isStopped() 메서드를 호출할 수 있다. onStopped() 메서드가 호출된 후 결과를 리턴하여 작업 완료를 알리더라도 Worker가 이미 중지된 것으로 간주하므로 WorkManager는 해당 결과를 무시한다.

반복 작업

때때로 응용 프로그램에서 특정 작업을 주기적으로 실행해야 할 수도 있다. 예를 들어 주기적으로 데이터를 백업하거나 앱에서 최신 콘텐츠를 다운로드하거나 서버에 로그를 업로드하는 경우가 해당한다. 주기적으로 실행해야 하는 작업에는 PeriodicWorkRequest를 사용할 수 있다. PeriodicWorkRequest는 체이닝 작업을 할 수 없다. 체인이 필요한 경우 OneTimeWorkRequest를 사용해야 한다. 다음 코드는 PeriodicWorkRequest를 작성하는 방법이다.

```
Constraints constraints = new Constraints.Builder()
        .setRequiresCharging(true)
        .build();
```

```
PeriodicWorkRequest saveRequest =
        new PeriodicWorkRequest.Builder(SaveImageFileWorker.class,
                                1,
                                TimeUnit.HOURS
                )
                .setConstraints(constraints)
                .build();

WorkManager.getInstance(myContext)
    .enqueue(saveRequest);
```

앞의 예제 코드는 1시간 간격으로 반복되는 작업 요청을 보여 준다. 반복 간격은 반복들 사이의 최소 시간으로 정의된다. Worker가 실행되는 정확한 시간은 Work Request에 사용 중인 Constraints와 시스템에 따라 다르다.

앞의 예제에서는 디바이스가 충전 중일 때만 작업을 수행하도록 제약 조건을 걸었다. 이 경우 정의된 1시간의 반복 간격이 지나도 장치가 충전 중일 때만 PeriodicWork Request가 실행된다.

최소 반복 시간은 15분으로 JobScheduler API와 동일하다.

OneTimeWorkRequests와 같은 방식으로 PeriodicWorkRequests의 상태를 관찰할 수 있다.

고유한 작업

고유한 작업은 한 번에 하나의 특정 이름을 가진 작업 체인만 갖도록 하는 강력한 개념이다. ID와 달리 고유 이름은 사람이 읽을 수 있으며, WorkManager에 의해 자동 생성되는 대신 개발자가 지정한다. 태그와 달리 고유 이름은 하나의 작업 체인에만 연관된다.

WorkManager.enqueueUniqueWork(String, ExistingWorkPolicy, OneTimeWorkRequest) 메서드 또는 WorkManager.enqueueUniquePeriodicWork(String, ExistingPeriodicWorkPolicy, PeriodicWorkRequest) 메서드를 호출하여 고유한 작업 순서를 작성할 수 있다. 첫 번째 인자는 고유한 이름이다. 이는 WorkRequests를 식별하는 데 사용되는 키다. 두 번째 인자는 충돌 해결 정책으로, 고유한 이름을 가진 완료되지 않은 작업 체인이 있는 경우 WorkManager가 수행할 작업을 지정한다.

- REPLACE: 동일한 고유 이름을 가진 기존에 완료되지 않은 작업이 있는 경우 취소하고 삭제한 뒤 새로 지정한 작업을 추가한다.
- KEEP: 동일한 고유 이름을 가진 기존에 완료되지 않은 작업이 있는 경우 아무 것도 수행하지 않는다.
- APPEND: 동일한 고유 이름을 가진 기존에 완료되지 않은 작업이 있는 경우 새로 지정된 작업을 해당 작업 순서의 하위로 추가한다. PeriodicWorkRequests와 함께 APPEND를 사용할 수는 없다.

여러 차례 대기열에 넣지 말아야 할 작업이 있는 경우 고유한 작업이 유용하다. 예를 들어 앱이 데이터를 네트워크에 동기화해야 하는 경우 "sync"라는 시퀀스를 대기열에 추가하고 해당 이름의 시퀀스가 이미 있는 경우 새 작업을 무시하도록 지정할 수 있다. 긴 작업 체인을 점진적으로 구축해야 하는 경우에도 고유한 작업 순서가 유용하다. 예를 들어 사진 편집 앱을 사용할 때 사용자가 undo를 눌러 긴 작업을 취소할 수 있다. 각 실행 취소 작업은 시간이 걸릴 수 있지만 올바른 순서로 수행되어야 한다. 이 경우 앱은 "undo" 체인을 생성하고 필요에 따라 각 실행 취소 작업을 체인에 추가할 수 있다.

마지막으로 고유한 작업 체인을 만들어야 하는 경우 beginWith() 대신 WorkManager.beginUniqueWork(String, ExistingWorkPolicy, OneTimeWorkRequest) 메서드를 사용할 수 있다.

8 Navigation Component

Navigation(내비게이션)은 사용자가 앱 내의 화면에서 다른 화면으로 이동하고, 돌아오는 상호 작용을 말한다. Jetpack의 내비게이션 컴포넌트를 사용하면 간단한 버튼 클릭에서부터 앱 바 및 내비게이션 서랍과 같은 더욱 복잡한 패턴에 이르기까지 내비게이션을 구현할 수 있다. 또한 내비게이션 컴포넌트는 정해진 원칙을 준수하여 일관되고 예측 가능한 사용자 환경을 보장한다.

내비게이션 컴포넌트는 다음과 같은 세 가지 주요 요소로 구분된다.

- **내비게이션 그래프**: 화면 간 이동 관계를 한군데 모아 나타내는 XML 리소스다. 여기에는 목적지(Destination)라고 하는 앱 내의 모든 개별 콘텐츠 영역과 사용자가 앱을 통해 이동할 수 있는 경로가 포함된다.
- **NavHost**: 내비게이션 그래프로부터 모든 목적지를 표시하는 빈 컨테이너다. 내비게이션 컴포넌트 라이브러리에는 NavHost를 구현한 기본 NavHostFragment를 제공한다.
- **NavController**: NavController는 NavHost 내에서 사용자의 액션에 의해 목적지를 변경하는 것을 관리한다.

앱에서 화면을 이동할 때 NavController는 내비게이션 그래프의 특정 경로를 따라 이동하거나 특정 목적지로 직접 이동하도록 지시한다. 그런 뒤 NavHost에서 NavController는 적절한 목적지를 보여 준다.

내비게이션 컴포넌트를 사용하면 다음과 같은 장점이 있다.

- 프래그먼트 트랜잭션을 직접 하지 않아도 된다.
- 기본적으로 목적지 간 이동 및 복귀를 올바르게 수행한다.
- 기본적인 화면 전환 애니메이션 제공
- 딥 링크 구현 및 처리 제공

- 최소한의 추가 작업으로 내비게이션 서랍 그리고 보텀 내비게이션과 같은 내비게이션 UI 패턴을 구현한다.
- 목적지 간 인자 전달 시 타입 안정성(type-safety)을 위해 Safe Args를 그레이들 플러그인을 통해 제공한다.
- ViewModel 범위를 내비게이션 그래프로 지정하여 그래프 내 목적지 간 UI 관련 데이터를 공유할 수 있다.

추가로 안드로이드 스튜디오에서는 내비게이션 그래프를 확인하고 편집할 수 있는 Navigation Editor를 제공한다.

Navigation 프로젝트에 설정하기

```
dependencies {
  def nav_version = "2.1.0"

  // Java language implementation
  implementation "androidx.navigation:navigation-fragment:$nav_version"
  implementation "androidx.navigation:navigation-ui:$nav_version"

  // Kotlin
  implementation "androidx.navigation:navigation-fragment-ktx:$nav_version"
  implementation "androidx.navigation:navigation-ui-ktx:$nav_version"
}
```

내비게이션 그래프 만들기

내비게이션 그래프는 목적지들과 액션 모두 포함하는 리소스 파일이다. 그래프에서는 애플리케이션의 모든 탐색 경로를 시각화해서 보여 준다.

다음 그림은 액션으로 연결된 6개의 목적지가 포함된 샘플 앱의 내비게이션 그래프를 보여 준다. 각 목적지는 미리보기 섬네일로 표시되고 연결된 액션은 한 대상에서 다른 목적지로 이동하는 방법을 나타내는 화살표로 표시된다.

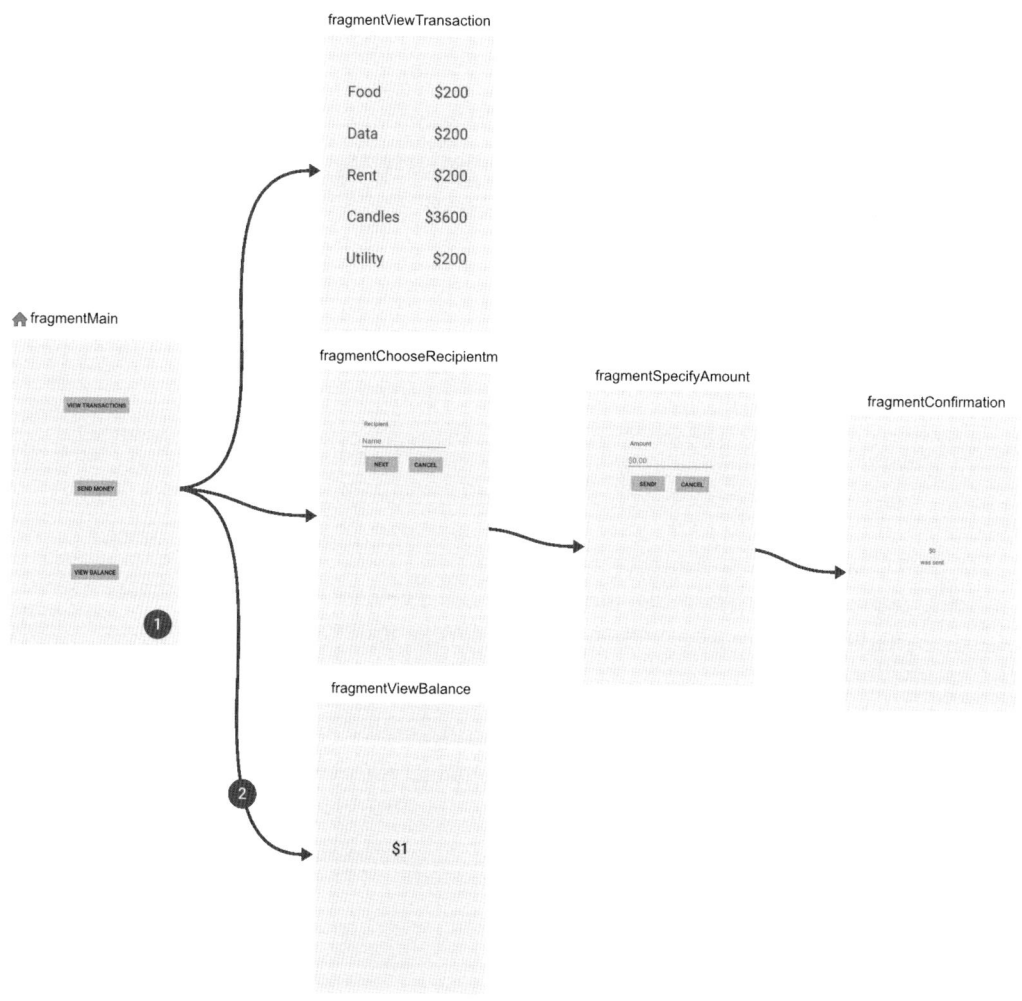

[그림 4-20] 내비게이션 그래프

그림에서 1번은 홈 아이콘이 붙어 있으므로 시작 목적지 프래그먼트다. 2번은 액션으로 사용자가 취할 수 있는 목적지 간의 논리적 연결 경로를 나타낸다.

프로젝트에 내비게이션 그래프 파일 추가하기

1. 프로젝트 창에서 res 디렉터리를 마우스 오른쪽 단추로 클릭하고 New > Android Resource File을 선택하면 다이얼로그가 나타난다.
2. File name 필드에 "nav_graph" 또는 지정하고 싶은 이름을 적는다.
3. ResourceType 드롭다운 목록으로부터 Navigation을 선택하고 OK를 누른다.

처음 내비게이션 그래프를 추가하면 안드로이드 스튜디오가 자동으로 navigation 디렉터리를 만든다. 이 디렉터리에는 내비게이션 그래프 리소스 파일(nav_graph.xml)이 포함된다.

Navigation 그래프 편집기

그래프를 추가한 후 Android Studio에서 그래프 파일을 열면, Design 탭에서는 그래프를 시각적으로 편집할 수 있고, Text 탭에서는 xml 코드를 직접 편집할 수 있다.

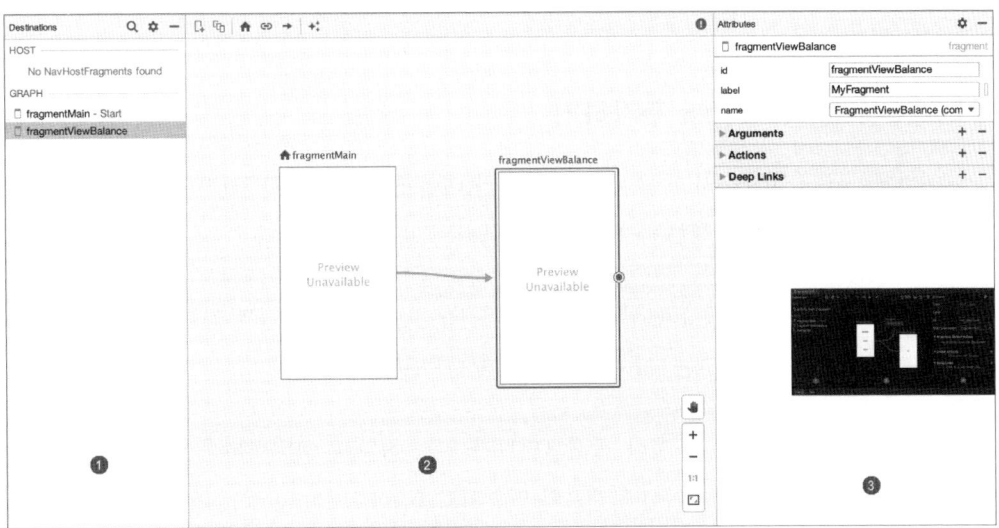

[그림 4-21] 내비게이션 그래프 편집기 화면

1. **목적지 패널**: 현재 그래프 편집기에 있는 내비게이션 호스트 및 모든 목적지가 나열된다.
2. **그래프 편집기**: 디자인 탭에서는 내비게이션 그래프를 시각적으로 표현하며, 텍스트 탭을 통해 XML 코드로 확인할 수 있다.
3. **속성 패널**: 내비게이션 그래프에서 현재 선택된 항목의 속성을 표시한다.

Text 탭을 클릭하여 다음과 같은 코드를 확인할 수 있다.

```xml
<?xml version="1.0" encoding="utf-8"?>
<navigation xmlns:android="http://schemas.android.com/apk/res/android"
    xmlns:app="http://schemas.android.com/apk/res-auto"
    android:id="@+id/nav_graph">

</navigation>
```

태그는 내비게이션 그래프의 루트 요소이다. 그래프 편집기를 통해 목적지를 추가하고 그래프에 액션을 연결하면 여기에 해당 목적지의 <destination> 및 <action> 태그가 추가되는 것을 확인할 수 있다.

Action에 NavHost 추가하기

내비게이션 구성 요소의 핵심 부분 중 하나가 내비게이션 호스트다. 내비게이션 호스트는 사용자가 앱을 탐색할 때 목적지가 전환되는 빈 컨테이너이다.

내비게이션 호스트는 NavHost로 표현되며, Navigation 컴포넌트 라이브러리에서 제공하는 기본 구현체로는 NavHostFragment가 있다.

Navigation 컴포넌트는 여러 프래그먼트가 있는 하나의 액티비티를 위해 설계되었다. 액티비티는 내비게이션 그래프와 연관되고, NavHostFragment를 포함하며 필요에 따라 목적지를 변경할 책임이 있다.

NavHostFragment via XML

아래의 XML 코드에서 NavHostFragment는 액티비티의 일부로 나타난다.

```xml
<?xml version="1.0" encoding="utf-8"?>
<android.support.constraint.ConstraintLayout
    xmlns:android="http://schemas.android.com/apk/res/android"
    xmlns:app="http://schemas.android.com/apk/res-auto"
    xmlns:tools="http://schemas.android.com/tools"
    android:layout_width="match_parent"
    android:layout_height="match_parent"
    tools:context=".MainActivity">

    <androidx.appcompat.widget.Toolbar
        .../>

    <fragment
        android:id="@+id/nav_host_fragment"
        android:name="androidx.navigation.fragment.NavHostFragment"
        android:layout_width="0dp"
        android:layout_height="0dp"
        app:layout_constraintLeft_toLeftOf="parent"
        app:layout_constraintRight_toRightOf="parent"
        app:layout_constraintTop_toTopOf="parent"
        app:layout_constraintBottom_toBottomOf="parent"

        app:defaultNavHost="true"
        app:navGraph="@navigation/nav_graph" />

    <com.google.android.material.bottomnavigation.BottomNavigationView
        .../>

</android.support.constraint.ConstraintLayout>
```

- android:name 속성은 NavHost 구현체의 클래스 이름을 포함한다.
- 이 app:navGraph 속성은 NavHostFragment와 내비게이션 그래프를 연결

한다. 내비게이션 그래프는 NavHostFragment에서 사용자가 탐색할 수 있는 모든 목적지를 지정한다.

- app:defaultNavHost="true" 속성은 NavHostFragment 시스템이 Back 버튼 이벤트를 가로채도록 한다. 단 하나의 NavHost만이 기본값이 될 수 있으므로, 동일한 레이아웃에 호스트가 여러 개인 경우 하나의 NavHost만 기본값으로 지정해야 한다.

Layout Editor를 사용하여 NavHostFragment를 액티비티에 추가할 수 있다.

1. 프로젝트 파일 목록에서 액티비티의 레이아웃 XML 파일을 두 번 클릭하여 Layout editor에서 연다.
2. Palette 패널에서 Containers 카테고리를 선택한다. 또는 "NavHostFragment"를 검색한다.
3. NavHostFragment를 미리보기 화면으로 드래그 앤 드롭한다.
4. Navigation Graph 다이얼로그가 나타나고, 알맞은 내비게이션 그래프를 선택한 다음 OK를 누른다.

내비게이션 그래프에 목적지 추가하기

기존 프래그먼트 또는 액티비티에서 목적지를 작성할 수 있다. Navigation Editor(내비게이션 에디터)를 사용하여 새 목적지를 만들거나 플레이스 홀더를 만들어 나중에 프래그먼트 또는 액티비티로 바꿀 수도 있다.

새로운 목적지를 하나 만들어 본다. 내비게이션 에디터를 사용하여 새 목적지를 추가하고자 다음 내용을 따른다.

1. 내비게이션 에디터에서 새 목적지(New Destination) 아이콘 을 클릭한 다음 Create new destination을 클릭한다.

2. New Android Component 다이얼로그가 나타나고, 새로운 프래그먼트를 만든다.

다시 내비게이션 에디터로 돌아가서 그래프에 목적지가 추가되었는지 확인한다.

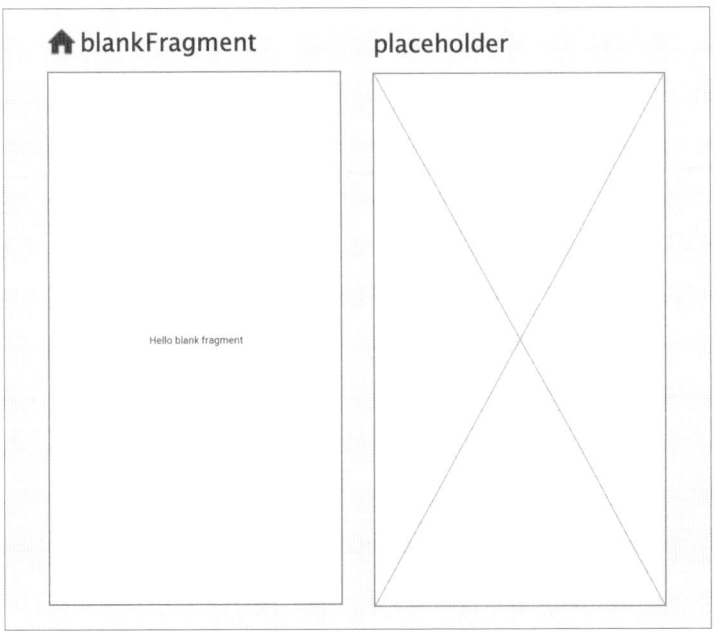

[그림 4-22] 내비게이션 그래프 목적지

목적지의 속성

목적지를 클릭하여 선택하면 Attributes 패널에서 보이는 속성에 대한 설명은 다음과 같다.

- Type 필드는 목적지가 프래그먼트, 액티비티 또는 사용자 정의 클래스로 구현되는지를 나타낸다.
- Label 필드는 목적지 XML 레이아웃 파일의 이름을 포함한다.

- ID 필드는 목적지를 참조하는 데 사용되는 목적지의 ID를 포함한다.
- Class 필드는 목적지와 연관된 클래스의 이름을 나타내고, 드롭다운 형식으로 된 이 필드를 클릭하면 연결된 클래스를 다른 타입으로 변경할 수 있다.

Text 탭을 클릭하여 내비게이션 그래프의 XML 코드를 살펴보면 id, name, label, layout의 속성이 포함된 것을 확인할 수 있다.

시작 목적지로 지정하기

시작 목적지는 사용자에게 나타나는 첫 번째 화면이며, 앱을 종료할 때 사용자에게 표시되는 마지막 화면이다. 내비게이션 에디터는 홈 아이콘을 사용하여 시작 목적지를 나타낸다.

모든 목적지가 정해지면 다음과 같이 출발지를 선택할 수 있다.

1. Design 탭에서 목적지를 클릭하여 하이라이트시킨다.
2. 홈 아이콘(Assign start destination)을 클릭한다. 또는 목적지를 위해서 우클릭 후 Set as Start Destination을 클릭한다.

목적지 연결하기

액션(Action)은 목적지 사이의 논리적인 연결 관계다. 액션은 내비게이션 그래프에서 화살표로 표시되며, 일반적으로 하나의 목적지를 다른 목적지에 연결하지만 앱의 어느 곳에서나 한 목적지에서 다른 목적지로 이동하는 글로벌 액션을 만들 수도 있다.

액션을 사용하면 사용자가 앱을 통해 취할 수 있는 다양한 경로를 나타낸다. 실제로 목적지를 탐색하려면 탐색을 수행할 코드를 작성해야 한다.

내비게이션 에디터를 사용하여 다음과 같이 두 목적지를 연결할 수 있다.

1. Design 탭에서 목적지를 클릭하면 오른쪽 위에 원이 나타난다.
2. 사용자가 탐색하고 해제할 목적지 위로 커서를 끌어 [그림 4-23]처럼 연결한다.

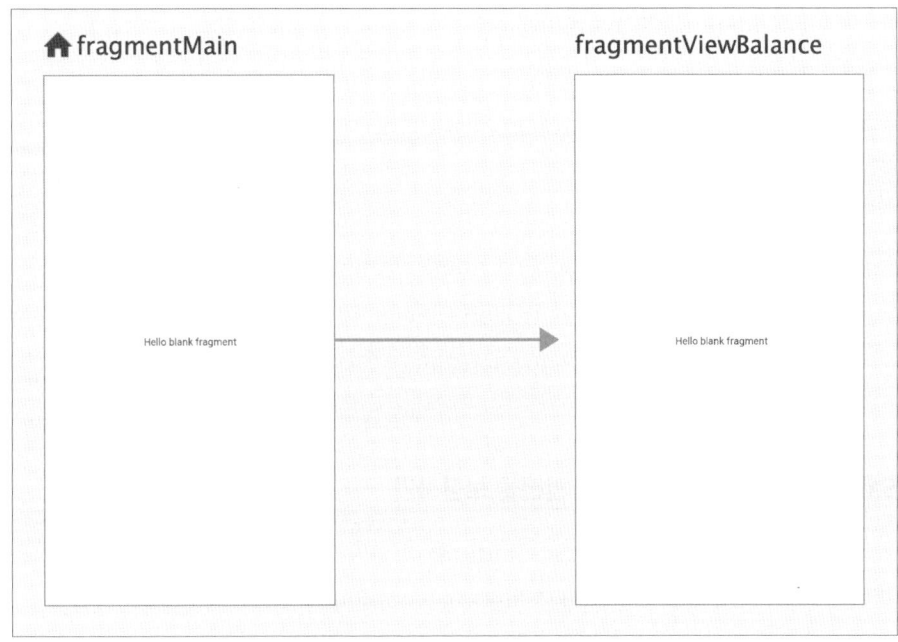

[그림 4-23] 내비게이션 목적지 연결하기

3. 화살표를 클릭하여 액션을 하이라이트시키면 Attributes 패널에는 속성 필드들이 나타난다. (Type, ID, Destination)
4. Text 탭을 클릭하여 XML 코드를 살펴보면 〈action〉 태그가 추가되는 것을 확인할 수 있다. 〈action〉 태그에는 액션의 ID와 목적지의 ID를 포함하는 속성들이 있다.

목적지로 이동하기

NavController를 이용하여 목적지 간 이동을 할 수 있다. 각 NavHost는 NavController를 가지며, 다음과 같이 NavController 객체를 얻을 수 있다.

코틀린:

- Fragment.findNavController()
- View.findNavController()
- Activity.findNavController(viewId: Int)

자바:

- NavHostFragment.findNavController(fragment)
- Navigation.findNavController(Activity, @IdRes int viewid)
- Navigation.findNavController(View)

Safe Args를 사용하여 타입의 안전을 보장하기

목적지 간 탐색을 할 때 Safe Args Gradle 플러그인 사용을 권장한다. 이 플러그인은 목적지 간 이동 시 안전하게 인자를 전달하도록 객체 및 빌더 클래스를 생성한다.

Safe Args를 프로젝트에 설정하려면 다음 classpath를 프로젝트 레벨 build.gradle 파일에 추가한다.

```
buildscript {
    repositories {
        google()
    }
    dependencies {
        classpath "androidx.navigation:navigation-safe-args-gradle-
        plugin:2.1.0"
    }
}
```

위의 classpath를 추가한 뒤 반드시 다음 플러그인을 적용한다.

자바:

```
apply plugin: "androidx.navigation.safeargs"
```

코틀린:

```
apply plugin: "androidx.navigation.safeargs.kotlin"
```

마지막으로 반드시 gradle.properties 파일에 android.useAndroidX=true가 추가되어야만 한다.

Safe Args를 활성화하면 플러그인은 사용자가 정의한 각 액션에 대한 클래스와 메서드가 포함된 코드를 생성한다. 각 액션에 대해 Safe Args는 각 목적지를 시작하는 클래스도 생성한다. 생성된 클래스 이름은 원래 목적지 클래스 이름과 단어 "Direction"의 조합으로 이루어진다. 예를 들어, 대상의 이름이 SpecifyAmountFragment인 경우 생성된 클래스의 이름이 SpecifyAmountFragmentDirections가 된다. 생성된 클래스에는 원래 목적지에 정의된 각 액션에 대한 정적 메서드가 포함된다. 이 메서드는 정의된 액션 매개 변수를 사용하고 navigate() 메서드에 전달할 수 있는 NavDirections 오브젝트를 리턴한다.

예를 들어, SpecifyAmountFragment에서 ConfirmationFragment로 연결되는 단일 액션이 있는 내비게이션 그래프가 있다고 가정해 본다.

Safe Args는 단일 메서드를 갖는 SpecifyAmountFragmentDirections 클래스를 생성한다. actionSpecifyAmountFragmentToConfirmationFragment() 메서드는 NavDirections 객체를 반환하며 이 반환된 NavDirections 객체는 navigate() 메서드의 인자로 전달된다. 다음 예제 코드를 살펴본다.

```java
@Override
public void onClick(View view) {
    NavDirections action =
        SpecifyAmountFragmentDirections
            .actionSpecifyAmountFragmentToConfirmationFragment();
    Navigation.findNavController(view).navigate(action);
}
```

아키텍처를 알아야 앱 개발이 보인다

CHAPTER
05

나만 몰랐던
자바의 고급 기술

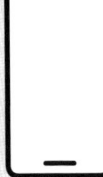

CHAPTER 05
나만 몰랐던 자바의 고급 기술

1 리플렉션

리플렉션은 자바의 고급 기능 중 하나이며, 런 타임에 실행 중인 애플리케이션의 정보를 JVM으로부터 참조하거나 수정하는 기술이다. 예를 들면, 자바 클래스의 모든 멤버 이름을 가져와서 표시할 수 있다.

다른 언어에서는 이러한 기능이 보통 존재하지 않는다. 예를 들어 파스칼, C, C++ 등의 언어에서 정의된 함수에 대한 정보를 얻는 방법은 없다.

간단한 리플렉션 예제

특정 클래스의 Canonical 이름을 통해 모든 메서드를 출력할 수 있다. 다음 예제는 String 클래스의 Canonical 이름을 통해 String 클래스가 가진 모든 메서드 이름을 출력한다.

```
Class c = Class.forName("java.lang.String");
Method m[] = c.getDeclaredMethods();
```

```
for (int i = 0; i < m.length; i++){
    System.out.println(m[i].getName());
}
```

▼ 실행 결과

```
equals
toString
hashCode
compareTo
...
```

Class<T>는 T 클래스를 표현하므로, Class 인스턴스의 getDeclaredMethods() 메서드를 호출하면 Method 배열을 얻을 수 있다. Method는 java.lang.reflect 패키지에 있는 클래스 중 하나로 단일 메서드에 대한 정보 및 접근을 할 수 있도록 해 준다. Method.getName()은 메서드의 이름을 반환한다.

리플렉션을 사용하는 3가지 단계

Method와 같은 리플렉션 클래스는 java.lang.reflect 패키지에 존재한다. reflect 패키지의 클래스를 사용하여 리플렉션을 구현하려면 다음 세 단계를 수행해야 한다.

첫 번째 단계는 조작하려는 클래스에 대한 java.lang.Class 객체를 얻는 것이다. java.lang.Class는 실행 중인 Java 프로그램에서 클래스와 인터페이스를 나타내는 데 사용된다. 클래스를 얻는 방법으로는 다음과 같은 방법을 사용할 수 있다.

```
Class c1 = Class.forName("java.lang.String");
Class c2 = int.class;
Class c3 = Integer.TYPE;
```

첫 번째 방법은 간단히 클래스의 Canonical 이름을 통해 내부적으로 리플렉션을 거쳐 클래스 객체를 얻는다. 예제 코드 c1의 경우 String 클래스 오브젝트를 얻는다.

두 번째 방법은 직접 클래스 오브젝트를 얻는 것이다. 예를 들어 클래스이름.class를 통해 특정 클래스 오브젝트를 얻을 수 있다.

마지막 방법은 원시 타입을 표현하는 래퍼 클래스인 경우 클래스이름.Type을 통해 래퍼 클래스 오브젝트를 얻을 수 있다.

클래스 오브젝트를 얻는 데 성공했다면 리플렉션을 사용하는 두 번째 단계로 넘어가도록 한다.

두 번째 단계는 클래스 멤버에 접근하는 메서드를 호출하는 것이다.

클래스 오브젝트에는 특정 클래스를 표현하므로, 클래스의 멤버 변수, 생성자, 메서드 등의 정보에 접근할 수 있다.

[표 5-1] 클래스가 포함하는 메서드

클래스 메서드 이름	요약
getDeclaredConstructors()	클래스에 선언된 생성자들을 배열로 반환한다.
getDeclaredMethods()	클래스에 선언된 메서드들을 배열로 반환한다.
getDeclaredFields()	클래스에 선언된 필드들을 배열로 반환한다.

클래스가 가진 다른 메서드는 오라클 자바 공식 문서에서 확인 가능하다. https://docs.oracle.com/javase/8/docs/api/java/lang/Class.html

마지막 단계로 리플렉션을 사용하는 정보들이 준비되었다면 리플렉션 API를 사용하여 정보를 다루는 것이다. 예를 들어 앞에서 다룬 간단한 리플렉션 예제처럼 메서드 목록을 출력할 수도 있고, 특정 메서드의 이름만으로 메서드를 임의로 호출할 수도 있다.

```
Class c = Class.forName("java.lang.String");
Method m = c.getMethod("isEmpty");
String foo = "Hello World";
boolean empty = (boolean) m.invoke(foo);
```

String.isEmpty()를 호출하는 것이 아니라 메서드 이름인 "isEmpty"만으로 해당 메서드를 호출하여 empty라는 반환값을 얻을 수 있다.

instanceOf 연산자 시뮬레이팅하기

클래스 정보를 일단 얻고 나면 Class.isInstance() 메서드를 사용하여 instanceOf를 시뮬레이션해 볼 수 있다. 다음 예제를 확인한다.

```
Class cls = String.class;
boolean b1 = cls.isInstance(37);
System.out.println(b1); // false
boolean b2 = cls.isInstance("I am String");
System.out.println(b2); // true
```

앞의 예제에서 cls는 String Class를 표현한 객체이고 isInstance() 메서드를 통해 오브젝트의 어느 클래스로부터 생성된 오브젝트인지 검사한다. 37은 Integer 클래스의 오브젝트이므로 false를 반환하고, 문자열의 경우 String 클래스의 오브젝트이므로 true를 리턴한다. 결과적으로 instanceOf 연산자와 동일한 기능을 하는 것을 확인할 수 있다.

메서드 정보 가져오기

많이 사용하는 리플렉션의 기본적인 기능 중 하나가 정의된 메서드 정보를 클래스로부터 가져오는 것이다. 아래 코드를 확인한다.

```
Class cls = Class.forName("java.lang.String");
Method methods[] = cls.getDeclaredMethods();
PrintStream ps = System.out;
for (int i = 0; i < methods.length; i++) {
    Method m = methods[i];
    ps.println("이름 = " + m.getName());
    ps.println("제어 = " + Modifier.toString(m.getModifiers()));
    ps.println("메서드가 선언된 클래스 = " + m.getDeclaringClass());
    Class param[] = m.getParameterTypes();
    for (int j = 0; j < param.length; j++) {
        ps.println("매개 변수 #" + j + " " + param[j]);
    }
    Class expt[] = m.getExceptionTypes();
    for (int j = 0; j < expt.length; j++) {
        ps.println("예외 사항 #" + j + " " + expt[j]);
    }
    ps.println("반환형 = " + m.getReturnType());
    ps.println("----------------------------------");
}
```

▼ 실행 결과

```
이름 = equals
제어자 = public
메서드가 선언된 클래스 = class java.lang.String
매개 변수 #0 class java.lang.Object
반환형 = boolean
----------------------------------
이름 = toString
제어자 = public
메서드가 선언된 클래스 = class java.lang.String
반환형 = class java.lang.String
----------------------------------
이름 = hashCode
제어자 = public
메서드가 선언된 클래스 = class java.lang.String
반환형 = int
...
```

클래스 오브젝트로부터 getDeclaredMethods() 메서드를 호출하면 Method 오브젝트 배열을 가져올 수 있다. 앞의 예제 코드에서는 메서드 배열을 순회하면서 각 메서드가 가진 메서드 이름, 제어자, 매개 변수, 메서드가 선언된 클래스 타입, 예외 클래스, 반환형을 출력한다.

Modifier를 이용하면 접근 제어자 등과 같은 정보를 가져올 수 있는데, Modifier.toString(int)을 호출하면 정형화된 제어자를 출력한다.

이외에도 Method가 가진 메서드 목록을 오라클 자바 문서에서 확인할 수 있다.

https://docs.oracle.com/javase/8/docs/api/java/lang/reflect/Method.html

생성자 정보 가져오기

메서드 정보를 찾는 방법과 마찬가지로 클래스 오브젝트로부터 생성자 정보를 가져올 수도 있다.

```java
Class cls = Class.forName("java.lang.String");
Constructor constructors[] = cls.getDeclaredConstructors();
PrintStream ps = System.out;
for (int i = 0; i < constructors.length; i++) {
    Constructor ct = constructors[i];
    ps.println("생성자 이름 = " + ct.getName());
    Class pvec[] = ct.getParameterTypes();
    for (int j = 0; j < pvec.length; j++) {
        ps.println("매개 변수 #" + j + " " + pvec[j]);
    }
    ps.println("---------------------------------");
}
```

▼ 실행 결과

```
생성자 이름 = java.lang.String
매개 변수 #0 class [B
매개 변수 #1 int
매개 변수 #2 int
----------------------------------
생성자 이름 = java.lang.String
매개 변수 #0 class [B
매개 변수 #1 class java.nio.charset.Charset
----------------------------------
생성자 이름 = java.lang.String
매개 변수 #0 class [B
매개 변수 #1 class java.lang.String
...
```

생성자는 Constructor 클래스로 표현되며, 생성자와 관련된 정보는 Constructor 오브젝트의 메서드 호출로 가져올 수 있다.

자세한 내용은 다음 문서를 참조할 수 있다.

https://docs.oracle.com/javase/8/docs/api/java/lang/reflect/Constructor.html

필드 정보 가져오기

다음과 같이 클래스에 정의된 필드 정보를 가져올 수 있다.

```
Class cls = Class.forName("java.lang.String");
Field fields[] = cls.getDeclaredFields();
PrintStream ps = System.out;
for (int i = 0; i < fields.length; i++) {
    Field fld = fields[i];
    ps.println("이름 = " + fld.getName());
    ps.println("타입 = " + fld.getType());
```

```
    int mod = fld.getModifiers();
    ps.println("제어자 = " + Modifier.toString(mod));
    ps.println("--------------------------------");
}
```

▼ 실행 결과

```
이름 = value
타입 = class [C
제어자 = private final
--------------------------------
이름 = hash
타입 = int
제어자 = private
--------------------------------
이름 = serialVersionUID
타입 = long
제어자 = private static final
--------------------------------
이름 = serialPersistentFields
타입 = class [Ljava.io.ObjectStreamField;
제어자 = private static final
--------------------------------
이름 = CASE_INSENSITIVE_ORDER
타입 = interface java.util.Comparator
제어자 = public static final
--------------------------------
```

리플렉션을 사용하면 private 필드에도 접근이 가능하다. gson과 같은 json 라이브러리가 리플렉션을 이용하여 private 필드의 정보를 가져오고 조작하여, 직렬화/역직렬화를 구현한다.

이름으로 메서드 호출하기

앞에서는 특정 정보를 가져오는 예제를 다루었다. 하지만 리플렉션의 가장 큰 장점 중 하나는 정보를 가져오는 것뿐만 아니라 메서드의 이름으로 메서드를 호출할 수 있다는 점이다. 다음 예제를 확인한다.

```
Class strCls = Class.forName("java.lang.String");
Class csCls = Class.forName("java.lang.CharSequence");
Method m = strCls.getMethod("replace", csCls, csCls);
String msg = "Hello World";
msg = (String) m.invoke(msg,"World", "Charles");
System.out.println(msg);
```

▼ 실행 결과

```
Hello Charles
```

String 클래스가 가진 replace(CharSequence, CharSequence) 메서드를 사용하여 Hello World의 World 부분을 Charles로 치환하여 Hello Charles로 만들었다.

새로운 객체 생성하기

다음과 같이 User 클래스가 있다고 가정한다.

```
package com.charlezz.advancedjava;

import androidx.annotation.NonNull;

public class User {

    private int id;
    private String name;
```

```
    public User(int id, String name) {
        this.id = id;
        this.name = name;
    }

    public String getName() {
        return name;
    }

    public int getId() {
        return id;
    }

    @NonNull
    @Override
    public String toString() {
        return String.format("id = %s, name = %s", id, name);
    }
}
```

이제 User 클래스의 Canonical 이름을 통해 객체를 생성해 본다. User 클래스 객체로부터 Constructor 객체를 가져온 뒤, newInstance() 메서드를 호출하면 객체를 생성할 수 있다.

```
Class usrCls = Class.forName("com.charlezz.advancedjava.User");
Class paramTypes[] = new Class[2];
paramTypes[0] = Integer.TYPE;
paramTypes[1] = String.class;
Constructor ct = usrCls.getConstructor(paramTypes);
Object arglist[] = new Object[2];
arglist[0] = new Integer(1);
arglist[1] = "Charles";
User user = (User) ct.newInstance(arglist);
System.out.println(user.toString());
```

▼ 실행 결과

```
id = 1, name = Charles
```

생성자의 매개 변수 정보를 모른다면, 생성자 배열을 먼저 조회하고 알맞은 Constructor 객체를 얻어, User 객체를 생성할 수도 있다.

필드 정보 변경하기

또 다른 리플렉션 사용 방법으로는 필드의 값을 변경하는 것이다. 클래스로부터 필드를 조회하여 Field 객체를 얻고 값을 변경하는 예제를 살펴본다.

```
Class cls = Class.forName("com.charlezz.advancedjava.User");
Field fld = cls.getDeclaredField("name");
User user = new User(100, "Charles");
System.out.println("user.name = " + user.getName());
fld.setAccessible(true);
fld.set(user, "Runa");
System.out.println("user.name = " + user.getName());
```

▼ 실행 결과

```
user.name = Charles
user.name = Runa
```

앞의 예제 코드에서는 String 타입인 name 필드를 가져와서 조작한다. 하지만 name 필드는 private 필드이므로 접근이 불가능하다. 하지만 Field.setAccessible(true)을 호출하면, 접근이 가능해진다. Field.set() 메서드를 호출하여 user 객체의 name 필드를 변경하고 변경 사항을 확인할 수 있다. 만약 SecurityManager가 존재하고, 리플렉션을 사용한 필드의 액세스를 불허한다면 SecurityException이 발생할 수 있음을 유의한다.

2 Dynamic proxy

프락시란 무엇인가?

다이내믹 프락시를 배우기 전에 프락시가 무엇인지 먼저 알아본다. 프락시(Proxy)의 사전적 의미는 대리자 또는 대리인을 뜻한다. 객체 지향 프로그래밍 관점에서 이야기 하자면 객체의 요청 또는 메서드 호출 등을 대신 처리해 주는 객체를 말한다.

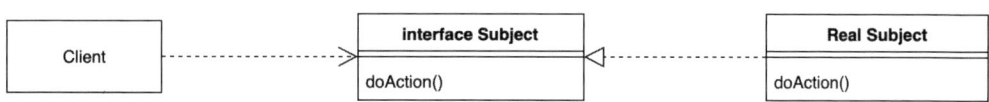

[그림 5-1] 프락시를 사용하지 않는 일반적인 이벤트의 전달

다음과 같이 클라이언트 객체와 어떤 일을 수행하는 Subject 객체가 있다고 가정해 본다. Client는 Subject를 참조하여 doAction()을 호출하고, 실제로는 이를 구현한 RealSubject가 doAction()의 호출을 처리한다. RealSubject의 doAction()이 호출되기 전에 우회적으로 이벤트를 받아서 데이터를 변경하거나 RealSubject의 doAction() 호출 여부를 결정할 때 프락시를 사용할 수 있다.

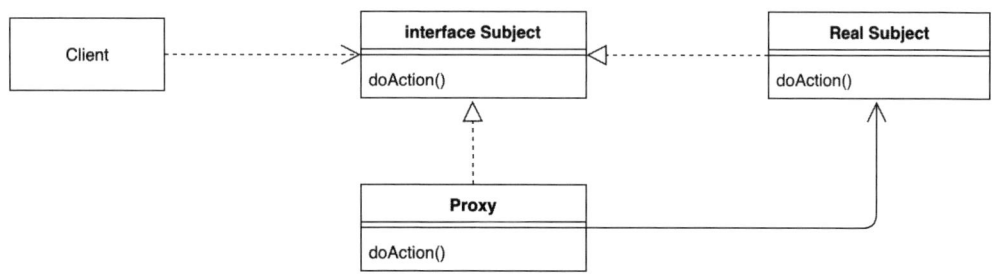

[그림 5-2] 프락시 객체를 사용한 이벤트 우회 전달

앞의 그림은 프락시 객체를 사용하여 Client의 요청을 대신 받아서 처리하고, 이에 대한 결과를 RealSubject로 다시 전달한다. Client는 Subject에만 의존적이며, 원래 객체의 구조 변경 없이 이벤트를 제어할 수 있는 게 프락시의 특징이다.

다이내믹 프락시란?

다이내믹 프락시(Dynamic proxy) 클래스는 런 타임에 지정된 인터페이스 목록을 구현하여 특정 객체의 메서드 호출이 일제히 한 인터페이스를 통해 다른 객체로 전달되도록 하는 것을 의미한다.

다이내믹 프락시 클래스를 사용하면 프락시 클래스를 컴파일 타임에 생성하지 않고도 인터페이스 목록에 대한 타입에 안전한 프락시 객체를 만들 수 있다. 다이내믹 프락시 클래스 인스턴스의 메서드 호출은 InvocationHandler의 invoke(Object, Method, Object[]) 메서드로 전달된다. 첫 번째 인자는 메서드가 호출된 프락시 인스턴스이고, 두 번째 인자는 호출된 메서드를 표현하는 Method 인스턴스다. 마지막으로 호출된 메서드의 인자로 전달된 객체들을 Object 타입의 배열로 부호화한다.

다이내믹 프락시 클래스는 여러 임의의 이벤트 리스너 인터페이스를 구현하는 오브젝트를 작성하여 모든 유형의 로깅처럼 다양한 유형의 이벤트를 균일한 방식으로 처리할 때 유용하다.

프락시 클래스 생성하기

런 타임에 프락시 클래스를 생성하는 방법으로는 java.lang.reflect.Proxy 클래스에 포함된 정적 메서드인 Proxy.getProxyClass()를 통해 생성할 수 있다.

Proxy.getProxyClass() 메서드는 클래스 로더 및 인터페이스 배열이 제공된 프락시 클래스에 대한 java.lang.Class 객체를 반환한다. 프락시 클래스는 지정된 클래스 로더에 정의되며, 제공된 모든 인터페이스를 구현한다. 동일한 인터페이스 순열을 위한 프락시 클래스가 클래스 로더에 이미 정의된 경우 기존 프락시 클래스가 리턴된다. 그렇지 않으면 인터페이스에 대한 프락시 클래스는 동적으로 생성되어 클래스 로더에 정의된다.

Proxy.getProxyClass()에 전달되는 매개 변수에는 몇 가지 제약 사항이 있다.

- 인터페이스 배열에서 모든 클래스 오브젝트는 반드시 인터페이스여야 한다.
- 인터페이스 배열에서 두 개의 요소가 동일한 클래스 오브젝트를 참조해서는 안 된다.
- 지정된 클래스 로더를 통해 모든 인터페이스 클래스 이름으로 볼 수 있어야 한다. 다시 말해, 클래스 로더(cl) 및 모든 인터페이스(i)에 대해 다음 표현식은 항상 참이어야 한다.

    ```
    Class.forName(i.getName(), false, cl) == i
    ```

- 모든 public이 아닌 인터페이스들은 반드시 같은 패키지 안에 있어야 한다.
- 인터페이스들에 선언된 메서드 시그니처가 동일한 경우에 만약 메서드의 반환형이 원시 타입이거나 void인 경우는 동일한 반환형을 가져야 하고, 메서드 중 하나는 나머지 메서드의 모든 반환형에 지정할 수 있는 반환형을 가져야 한다.
- 프락시 클래스는 VM이 부과한 제약 사항을 위반해서는 안 된다. 예를 들어, VM은 클래스가 구현할 수 있는 인터페이스 수를 65535로 제한한다. 이 경우 인터페이스 배열의 크기는 65535를 초과하지 않아야 한다.

만약 이 중 하나라도 제약 사항에 위반된다면, Proxy.getProxyClass()는 IllegalArgumentException을 발생시킨다. 만약 인터페이스 배열 인자 또는 어떤 요소가 null일 경우, NullPointerException이 발생한다.

지정된 프락시 인터페이스의 순서는 중요하다. 인터페이스 조합은 동일하지만 순서가 다른 프락시 클래스에 대한 두 개의 요청은 두 개의 별개 프락시 클래스가 된다. 프락시 클래스는 둘 이상의 프락시 인터페이스가 동일한 메서드 시그니처를 공유하는 경우 메서드 호출 인코딩을 위해 프락시 인터페이스의 순서로 구별한다.

Proxy.getProxyClass() 메서드가 동일한 클래스 로더 및 인터페이스 목록으로 호출될 때마다 새 프락시 클래스를 생성할 필요가 없도록 다이내믹 프락시 클래스 API를 구현하면 생성된 프락시 클래스의 캐시를 해당 키로 유지해야 한다. 실제 구현 시에는 클래스 로더와 모든 클래스가 GC되지 않도록 클래스 로더, 인터페이스 및 프락시 클래스를 참조하지 않아야 한다.

프락시 클래스 속성

프락시 클래스는 다음과 같은 속성을 갖는다.

- 프락시 클래스는 public, final이고 abstract는 아니다.
- 동적으로 생성되는 프락시 클래스를 위해 접두어 "$Proxy"가 사용된다.
- 프락시 클래스는 java.lang.reflect.Proxy 클래스를 상속한다.
- 프락시 클래스 생성 시 지정된 인터페이스를 동일한 순서로 정확하게 구현한다.
- 프락시 클래스가 public이 아닌 인터페이스를 구현하면, 해당 인터페이스와 동일한 패키지에 정의된다. 그렇지 않으면 프락시 클래스의 패키지도 지정되지 않는다. 패키지 실링은 런 타임에 특정 패키지로부터 성공적으로 정의된 프락시 클래스를 막지 않고, 또한 같은 클래스 로더에서 이미 정의된 프락시 클래스 그리고 특정 서명자와 함께 동일 패키지에 정의된 프락시 클래스도 막지 않는다.
- 프락시 클래스는 생성 시 지정된 모든 인터페이스를 구현하므로, Class 객체에서 getInterfaces() 메서드를 호출하면 동일한 인터페이스 목록을 포함하는 배열이 반환된다. Class 객체에서 getMethods()를 호출하면 해당 인터페이스의 모든 메서드를 포함하는 Method 객체의 배열이 반환된다.
- Proxy.isProxyClass() 메서드의 인자로 프락시 클래스를 전달하면 true를 반환하고, 그렇지 않으면 false를 반환한다. 이 메서드는 보안과 관련된 결정을

내릴 때 중요하므로 해당 클래스의 구현이 java.lang.reflect.Proxy를 확장하는지 여부만 테스트해서는 안 된다.
- 프락시 클래스의 코드는 신뢰할 수 있는 시스템 코드에 의해 생성되므로 프락시 클래스의 java.security.ProtectionDomain은 부트 스트랩 클래스 로더가 로드한 시스템 클래스와 동일하다. 이 보호 도메인에는 일반적으로 java.security.AllPermission이 부여된다.

프락시 인스턴스 생성하기

동적으로 생성된 각 프락시 클래스에는 InvocationHandler 하나만 매개 변수로 갖는 생성자가 있어 각 프락시 인스턴스는 InvocationHanlder 인스턴스를 하나씩 가진다. Proxy.newProxyInstance() 메서드를 호출하거나 Proxy.getProxyClass() 메서드를 통해 Constructor 객체를 얻은 뒤 인스턴스를 생성할 수 있다.

프락시 인스턴스의 속성

프락시 인스턴스는 다음과 같은 속성을 갖는다.

- 생성된 프락시 인스턴스는 지정된 인터페이스 중 하나인 instanceOf 연산자에 대해 true를 반환한다. 지정된 인터페이스 중 하나로 클래스 캐스팅이 가능하다.
- Proxy.getInvocationHandler(Object) 메서드는 프락시 인스턴스가 생성될 때 인자로 넘겨받은 InvocationHandler 인스턴스를 반환한다. 만약 메서드의 매개 변수가 프락시 인스턴스가 아닐 경우 IllegalArgumentException을 발생시킨다.
- 프락시 인스턴스의 인터페이스 메서드가 호출되면 이 호출 내용이 인코딩되어 InvocationHandler의 invoke(Object, Method, Object[]) 메서드로 호출된다.

첫 번째 인자는 프락시 인스턴스 자신이며, 두 번째 인자는 프락시 인스턴스의 호출된 메서드를 표현한다. 세 번째 인자는 메서드가 호출될 때 전달된 인자들인데, 원시 타입의 경우 해당 원시 타입에 알맞은 래퍼 클래스의 인스턴스가 전달된다.

invoke() 메서드는 반환 타입이 Object형이며, 프락시 인스턴스에서 호출한 메서드의 반환형이 된다. invoke() 메서드 내에서 반환되는 값이 원시 타입이라면, 이를 적절한 래퍼 클래스의 인스턴스로 변경해야 한다. 반환되는 값이 null이거나 원시 타입인 경우 NullPointerException이 발생할 수 있다. 반환된 값이 프락시 클래스에 선언된 반환 타입과 호환하지 않으면 ClassCastException이 발생한다.

- 프락시 인스턴스 Object 내에 선언된 hashCode(), equals(), toString() 메서드 호출은 앞에서 설명한 방식과 동일하게 인코딩되고 전달된다.

여러 프락시 인터페이스 간 중복되는 메서드

여러 개의 인터페이스를 포함하는 프락시 클래스에서 동일한 시그니처를 갖는 메서드가 포함되면 프락시 클래스의 인터페이스 순서가 중요해진다. 프락시 인스턴스에서 이러한 중복 메서드가 호출될 때 InvocationHandler로 전달된 Method 객체가 꼭 해당 인터페이스의 메서드 객체일 필요는 없다. 그 이유는 생성된 프락시 클래스의 메서드 구현이 어떤 인터페이스의 메서드를 호출할지 판별할 수 없기 때문이다. 그러므로 프락시 인스턴스에서 중복된 메서드의 호출 시, 가장 우선되는 인터페이스의 메서드가 Method 객체로 표현되어 InvocationHandler의 인자로 전달된다.

만약 프락시 인터페이스가 hashCode(), equals() 또는 toString()과 같은 Object가 포함하는 메서드 시그니처를 포함한다면, Object에 선언된 메서드를 참조하여 Method 객체가 InvocationHandler의 Invoke() 메서드로 전달된다.

DynamicProxy를 사용하는 예제

메서드를 호출하기 전에 메시지를 출력하고 메서드를 호출한 뒤 메시지를 출력하는 간단한 예제부터 살펴본다.

```java
public interface Foo {
   void bar();
}

public class FooImpl implements Foo {

   @Override
   public void bar(){
      System.out.println("Hello World");
   }
}

public class DebugProxy implements InvocationHandler {

    private final Object target;

    public DebugProxy(Object target) {
        this.target = target;
    }

    public Object invoke(Object proxy, Method m, Object[] args) throws Throwable{
        Object result;
        System.out.println(m.getName() + " 메서드 호출 전");
        result = m.invoke(target, args);
        System.out.println(m.getName() + " 메서드 호출 후");
        return result;
    }
}

public class Main {
```

```java
public static void main(String[] args) {
    Foo foo = (Foo) Proxy.newProxyInstance(
            Foo.class.getClassLoader(),
            new Class[]{Foo.class},
            new DebugProxy(new FooImpl())
    );
    foo.bar();

}
}
```

▼ 결과:

```
bar 메서드 호출 전
Hello World
bar 메서드 호출 후
```

Foo 프락시 인스턴스를 생성하여 메서드 호출을 제어하는 예제이다. DebugProxy는 InvocationHandler를 구현한 클래스로 Foo를 구현한 FooImpl 인스턴스의 메서드 호출을 제어한다.

3 Annotation

애노테이션이란 무엇인가?

애노테이션(Annotation)은 자바 소스 코드에 추가할 수 있는 메타 데이터의 한 형태로 클래스, 인터페이스, 메서드, 변수, 매개 변수 등에 사용된다. 단순한 애노테이션 사용만으로는 프로젝트에 아무런 영향을 끼치지 않는 것이 특징이다. 하지만 런 타임 또는 컴파일 타임에 애노테이션을 어떻게 해석하느냐에 따라 생산성과 협업에 많은 영향을 끼친다.

애노테이션을 작성하면 애플리케이션의 런 타임 특정 애노테이션에 대해 원하는 동작을 수행할 수 있도록 하는 데 사용할 수 있다. 또는 javac에 의한 컴파일 타임에 애노테이션 프로세서(Annotation Processor)를 사용하여 특정 애노테이션을 처리하면서 자바 코드를 생성할 수도 있다.

애노테이션 사용의 장점은 다음과 같다.

- 특정 소스 코드 라인에 삽입하여 코드의 가독성 증가
- 애노테이션을 사용하여 보일러 플레이트 코드를 자동으로 생성
- 특정 데이터들에 대한 유효성 검사
- 생산성 증대

기본적인 애노테이션의 사용

애노테이션은 우리가 흔히 골뱅이라 부르는 문자 '@'를 사용한다. 자주 사용하는 @Override가 대표적인 예다.

```
@Override
protected void onCreate(Bundle savedInstanceState) {...}
```

안드로이드의 Room 라이브러리는 컴파일 타임에 @Entity, @PrimaryKey, @ColumnInfo 등과 같은 애노테이션을 읽어 컴파일 타임에 자바 코드를 생성한다.

```
@Entity
public class User {
    @PrimaryKey
    public int uid;

    @ColumnInfo(name = "first_name")
    public String firstName;
```

```
    @ColumnInfo(name = "last_name")
    public String lastName;
}
```

@ColumnInfo처럼 애노테이션에는 선택적으로 값을 지정할 수도 있다.

애노테이션 정의하기

간단히 애노테이션을 정의하여 코멘트를 대체하도록 하는 예제를 살펴본다. 다음과 같은 소스 코드가 있다고 가정해 본다.

```
public class Generation3List extends Generation2List {

    // Author: John Doe
    // Date: 3/17/2002
    // Current revision: 6
    // Last modified: 4/12/2004
    // By: Jane Doe
    // Reviewers: Alice, Bill, Cindy
    ...
}
```

애노테이션을 사용하여 위의 메타 데이터 포맷을 정의하고 싶다면 다음과 같이 애노테이션 타입을 정의할 수 있다.

```
@interface ClassPreamble {
    String author();
    String date();
    int currentRevision() default 1;
    String lastModified() default "N/A";
    String lastModifiedBy() default "N/A";
```

```
    String[] reviewers();
}
```

애노테이션의 정의를 마쳤다면 다음과 같이 애노테이션을 사용할 수 있다.

```
@ClassPreamble (
    author = "John Doe",
    date = "3/17/2002",
    currentRevision = 6,
    lastModified = "4/12/2004",
    lastModifiedBy = "Jane Doe",
    reviewers = {"Alice", "Bob", "Cindy"}
)
public class Generation3List extends Generation2List {...}
```

애노테이션을 정의하는 데 사용되는 다른 애노테이션

애노테이션을 정의할 때 사용되는 다른 애노테이션을 메타 애노테이션(meta-annotations)이라고 한다. java.lang.annotation에 선언된 몇 가지 메타 애노테이션을 살펴본다.

@Retention

@Retention 애노테이션은 애노테이션이 어떻게 저장되는지를 기술한다.

- RetentionPolicy.SOURCE: 이 애노테이션은 소스 코드 레벨에서만 유지되고, 컴파일러에서는 무시된다.
- RetentionPolicy.CLASS: 이 애노테이션은 컴파일 시 컴파일러에서는 유지되지만, 가상 머신에서는 무시된다.

- RetentionPolicy.RUNTIME: 이 애노테이션은 가상 머신에서도 유지되므로 런타임 환경에서 사용 가능하다.

@Documented

@Documented 애노테이션은 해당 요소가 Javadoc 도구를 사용하여 문서화되는 것을 나타낸다.

@Target

@Target 애노테이션은 애노테이션을 적용할 수 있는 자바 요소의 종류를 제한하려고 표시한다. @Target 애노테이션은 다음 요소 유형 중 하나를 값으로 지정한다.

- ElementType.ANNOTATION_TYPE: 애노테이션 유형에 적용할 수 있다.
- ElementType.CONSTRUCTOR: 생성자에 적용할 수 있다.
- ElementType.FIELD: 필드 또는 속성에 적용할 수 있다.
- ElementType.LOCAL_VARIABLE: 지역 변수에 적용할 수 있다.
- ElementType.PACKAGE: 패키지 선언에 적용할 수 있다.
- ElementType.PARAMETER: 메서드의 매개 변수에 적용할 수 있다.
- ElementType.TYPE: 클래스의 모든 요소에 적용할 수 있다.

@Inherited

@Inherited 애노테이션은 해당 클래스에 선언된 애노테이션이 자식 클래스에 상속될 수 있음을 나타낸다. 이 애노테이션은 클래스 선언에만 적용된다.

애노테이션 프로세서란?

애노테이션 프로세서(Annotation Processor)는 컴파일 타임에 애노테이션을 스캔하고 처리하도록 javac에 포함된 도구이다. 특정 애노테이션에 대해 고유한 애노테이션 프로세서를 등록하여 코드 베이스를 검사, 수정 또는 생성하는 데 사용된다. 애노테이션 프로세서를 적재적소에 잘 사용한다면 개발자의 작업 및 코드를 단순화할 수 있다.

일반적으로 애노테이션 프로세서는 자바 소스 코드를 읽어 또 다른 자바 파일을 출력하는 데 사용된다.

애노테이션을 사용해야 하는 3가지 이유

빠르다

애노테이션 프로세서는 실제로 javac의 일부이므로 모든 처리가 컴파일 타임에 발생된다. 런 타임이 아닌 컴파일에 특정 작업을 수행할 수 있다는 것은 큰 장점이다.

리플렉션을 사용하지 않는다

자바의 리플렉션은 런 타임에 많은 예외를 발생시킨다. 아무도 예외 처리를 많이 하는 것을 원치 않는다. 리플렉션은 비용이 큰 작업이며, 애노테이션 프로세서는 리플렉션 없이 Mirror API를 사용하여 프로그램의 구조를 알 수 있게 한다.

보일러 플레이트 코드 제거

애노테이션 프로세서를 사용하는 가장 큰 장점이 보일러 플레이트 코드를 자동으로 생성할 수 있다는 것이다. Databinding, Room, Retrofit, Dagger2 등 많은 라이브러리가 반복되는 보일러 플레이트 코드를 생성하고자 애노테이션을 사용한다.

애노테이션 프로세서 동작 원리 이해

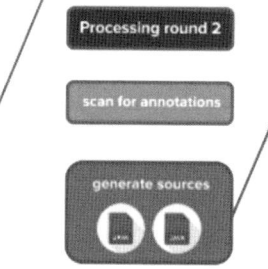

[그림 5-3] 애노테이션 프로세싱 과정

먼저 애노테이션 프로세서들이 구현되어 있으며, 컴파일러가 알 수 있게 등록되어 있다고 가정한다. 컴파일러가 컴파일을 수행하면 애노테이션 처리는 여러 라운드에 걸쳐 수행될 수 있다. 첫 번째 라운드가 수행되면 실행되지 않은 애노테이션 프로세서들이 소스 코드에 있는 모든 애노테이션을 스캔하여 작업을 수행하고 필요한 소스 코드들을 생산한다. 이런 작업을 반복한 뒤 첫 번째 라운드가 끝나면, 두 번째 라운드가 실행된다.

두 번째 라운드에서는 첫 번째 라운드에서 수행하여 생성한 소스 코드와 기존에 작성한 소스 코드 내의 애노테이션을 모두 스캔하여 첫 번째 라운드와 마찬가지로 처리하지 않은 소스 코드에 대해 작업을 수행하고 필요한 소스 코드들을 생산한다.

이러한 라운드들을 반복하여 더는 처리할 애노테이션이 없다면 애노테이션 처리는 끝난다.

애노테이션을 처리하는 예제 만들기

애노테이션을 읽어 Intent 관련 코드를 생성할 수 있도록 하는 예제를 만드는 과정을 통해 애노테이션 프로세서의 작성과 등록 그리고 자바 소스 코드를 생성하는 방법을 알아본다.

예제 코드는 https://github.com/Charlezz/AnnotationProcessorStudy에서 확인할 수 있다.

애노테이션 프로세서를 사용하려면 3개의 안드로이드 스튜디오 모듈이 필요하다.

- 애노테이션 모듈
- 애노테이션 프로세서 모듈
- 애플리케이션 모듈

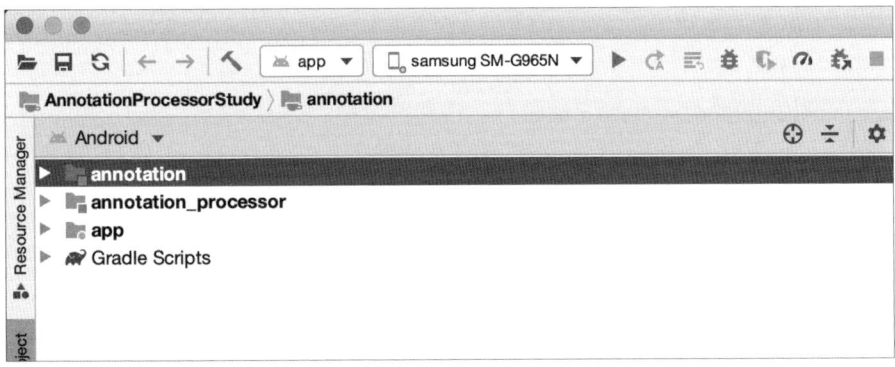

[그림 5-4] 애노테이션 프로세서 예제 안드로이드 프로젝트 모듈 구성

총 3개의 모듈이 준비되었다면 앞의 그림과 같이 나타날 것이다. 이 모듈의 관계는 다음과 같다.

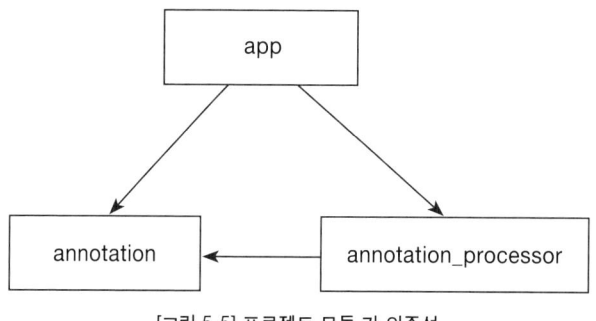

[그림 5-5] 프로젝트 모듈 간 의존성

앞의 그림과 같은 의존성을 구성하고자 다음과 같은 코드를 작성할 수 있다.

▼ app/build.gradle

```
dependencies {
    ...
    implementation project(':annotation')
    annotationProcessor project(':annotation_processor')
}
```

▼ annotation_processor/build.gradle

```
dependencies {
    implementation project(':annotation')
}
```

이제 모든 준비가 끝났다면, 커스텀 애노테이션을 만드는 annotation 모듈을 선택하여 CharlesIntent.java 파일을 생성한다.

```
@Target(ElementType.TYPE)
@Retention(RetentionPolicy.SOURCE)
public @interface CharlesIntent {   }
```

이제 @CharlesIntent 애노테이션을 처리할 애노테이션 프로세서를 생성해 본다.

애노테이션 프로세서 만들기

모든 애노테이션 프로세서는 AbstractProcessor를 확장하는 것으로 시작하며, 다음과 같이 4가지 메서드를 모두 구현해야 한다.

void init(ProcessingEnvironment)

모든 애노테이션 프로세서 클래스는 빈 생성자가 있어야 하며, 매개 변수의 전달은 이 메서드의 매개 변수인 ProcessingEnvironment를 통해 이루어진다. 이 인자를 통해 값을 전달받고 프로세서를 초기화한다.

boolean process(Set<? extends TypeElement>, RoundEnvironment)

이 메서드를 통해 애노테이션을 처리하고 자바 파일을 생성하는 코드를 작성한다.

애노테이션을 처리한 뒤 해당 애노테이션이 프로세서에 의해 다시 처리되는지 여부를 반환한다. true가 반환되면 다음에는 이를 처리하지 않고, false가 반환되면 다음에 처리하도록 요청할 수 있다.

Set<String> getSupportedAnnotationTypes()

이 애노테이션 프로세서가 처리할 애노테이션을 지정한다. 반환 타입에 처리하려는 애노테이션 타입의 Canonical 이름을 포함하는 Set<String>을 반환한다.

SourceVersion getSupportedSourceVersion()

사용하는 자바의 버전을 지정한다. 일반적으로 SourceVersion.latestSupported()를 반환한다.

@CharlesIntent 애노테이션을 처리하는 애노테이션 프로세서는 다음과 같이 작성할 수 있다.

```java
public class CharlesProcessor extends AbstractProcessor {

    @Override
    public synchronized void init(ProcessingEnvironment processingEnvironment) {
        super.init(processingEnvironment);
        //프로세싱에 필요한 정보들을 processingEnvironment로부터 가져온다.
    }

    @Override
    public boolean process(Set<? extends TypeElement> set,
    RoundEnvironment roundEnvironment) {
        //이곳에서 애노테이션을 처리한다.
        return false;
    }

    @Override
    public Set<String> getSupportedAnnotationTypes() {
        return new HashSet<String>(){
            {
                add(CharlesIntent.class.getCanonicalName());
                // 어떤 애노테이션을 처리할지 Set에 추가한다.
            }
        };
    }

    @Override
    public SourceVersion getSupportedSourceVersion() {
        return SourceVersion.latestSupported();
                //지원하는 자바 버전을 반환한다.
    }

}
```

애노테이션 프로세서 등록하기

애노테이션 프로세서를 등록하려면 annotation_processor 모듈에서 다음과 같은 경로에 폴더를 생성한다.

```
annotation_processor/src/main/resources/META-INF/services
```

이 폴더 내에 파일을 하나 만들고, 파일 이름은 반드시 다음과 일치해야 한다.

```
javax.annotation.processing.Processor
```

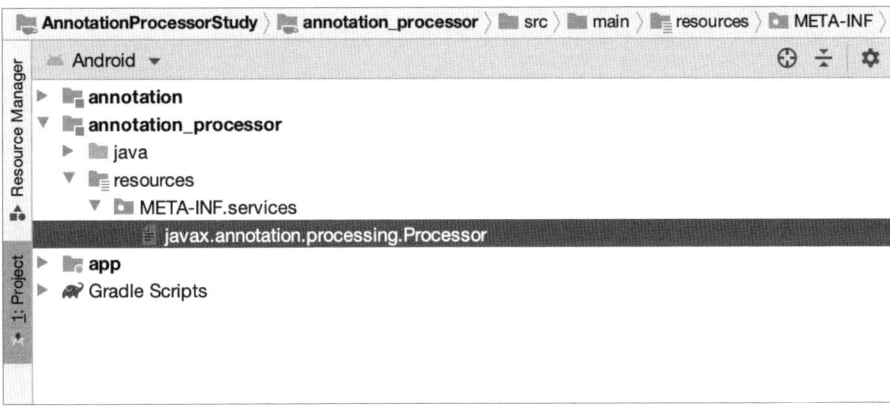

[그림 5-6] 애노테이션 프로세서 등록을 위한 프로젝트 구조

이 파일을 열어 애노테이션 프로세서의 패키지명을 포함하는 Canonical 이름을 적는다.

```
com.charlezz.annotation_processor.CharlesProcessor
```

이제 애플리케이션(app) 모듈을 빌드하고, 애노테이션 프로세서가 정상적으로 동작하는지 확인한다.

JavaPoet으로 자바 파일 생성하기

JavaPoet은 java 소스 파일을 쉽게 생성하는 라이브러리다. 자세한 내용은 https://github.com/square/javapoet을 참조할 수 있으며, 애노테이션 처리 시 이 라이브러리를 통해 자바 소스 코드를 생성한다.

annotation_processor 모듈에 다음과 같이 JavaPoet의 의존성을 추가할 수 있다.

```
implementation 'com.squareup:javapoet:1.11.1'
```

이제 CharlesProcessor의 소스 코드를 수정하여 인텐트 관련 코드를 생성한다.

```
public class CharlesProcessor extends AbstractProcessor {

    private static final ClassName intentClass = ClassName.get("android.content", "Intent");
    private static final ClassName contextClass = ClassName.get("android.content", "Context");
    private static final String METHOD_PREFIX_NEW_INTENT = "intentFor";

    ArrayList<MethodSpec> newIntentMethodSpecs = new ArrayList<>();

    private String packageName;

    @Override
    public synchronized void init(ProcessingEnvironment processingEnvironment) {
        super.init(processingEnvironment);
    }

    @Override
    public boolean process(Set<? extends TypeElement> set,
    RoundEnvironment roundEnvironment) {
        final Set<? extends Element> elements = roundEnvironment.getElementsAnnotatedWith(CharlesIntent.class);
```

```java
        for (Element element : elements) {
            if(packageName==null){
                Element e = element;
                while (!(e instanceof PackageElement)) {
                    e = e.getEnclosingElement();
                }
                packageName = ((PackageElement)e).getQualifiedName().
                toString();
            }

            if (element.getKind() != ElementKind.CLASS) {
                processingEnv.getMessager().printMessage(Diagnostic.Kind.
                ERROR, "CharlesIntent can only use for classes!");
                return false;
            }
            newIntentMethodSpecs.add(generateMethod((TypeElement) element));
        }

        if (roundEnvironment.processingOver()) {
            try {
                generateJavaFile(newIntentMethodSpecs);
                return true;
            } catch (IOException ex) {
                processingEnv.getMessager().printMessage(Diagnostic.Kind.
                ERROR, ex.toString());
            }
        }
        return true;
    }

    @Override
    public Set<String> getSupportedAnnotationTypes() {
        return new HashSet<String>(){
            {
                add(CharlesIntent.class.getCanonicalName());
            }
        };
```

```
    }

    @Override
    public SourceVersion getSupportedSourceVersion() {
        return SourceVersion.latestSupported();
    }

    private MethodSpec generateMethod(TypeElement element) {
        return MethodSpec
                .methodBuilder(METHOD_PREFIX_NEW_INTENT + element.
                getSimpleName())
                .addModifiers(Modifier.PUBLIC, Modifier.STATIC)
                .addParameter(contextClass, "context")
                .returns(intentClass)
                .addStatement("return new $T($L, $L)", intentClass,
                "context", element.getQualifiedName() + ".class")
                .build();
    }

    private void generateJavaFile(List<MethodSpec> methodSpecList) throws
    IOException {
        System.out.println("methodSpecList Count = "+methodSpecList.size());
        final TypeSpec.Builder builder = TypeSpec.classBuilder("Charles");
        builder.addModifiers(Modifier.PUBLIC, Modifier.FINAL);
        for (MethodSpec methodSpec : methodSpecList) {
            builder.addMethod(methodSpec);
        }

        final TypeSpec typeSpec = builder.build();

        JavaFile.builder(packageName, typeSpec)
                .build()
                .writeTo(processingEnv.getFiler());
    }
}
```

```
@CharlesIntent
public class SecondActivity extends AppCompatActivity {...}
```

빌드를 수행하여 애노테이션을 처리하고 나면 Charles.java 파일이 생성되는 것을 확인할 수 있다. 생성된 Charles.java 파일을 이용하여 다음과 같이 액티비티를 실행할 수 있다.

```
startActivity(Charles.intentForSecondActivity(this));
```

4 Android Lint

Android 스튜디오에 있는 Lint라는 코드 스캔 도구를 사용하면 앱을 실행하거나 테스트 사례를 작성하지 않고도 코드의 구조적 문제를 식별하고 수정할 수 있다. 탐지된 각 문제는 설명 메시지 및 심각도 수준과 함께 보고되므로 개선이 시급한 순서대로 신속히 우선순위를 결정할 수 있다. 또한 프로젝트와 관련 없는 문제를 무시해서 문제의 심각도 수준을 낮추거나 특정 문제를 강조하여 심각도 수준을 높일 수 있다.

Lint 도구는 잠재적 버그를 찾아내고 정확성, 보안, 성능, 사용성, 접근성 및 국제성을 높이려고 Android 프로젝트 소스 파일을 검사한다. Android 스튜디오를 사용할 경우 앱을 빌드할 때마다 구성된 Lint와 IDE 검사가 실행된다. 하지만 검사를 수동으로 실행하거나 명령 줄에서 Lint를 실행할 수도 있다. Lint가 버그를 찾을 코드 탐색 워크플로는 다음과 같다.

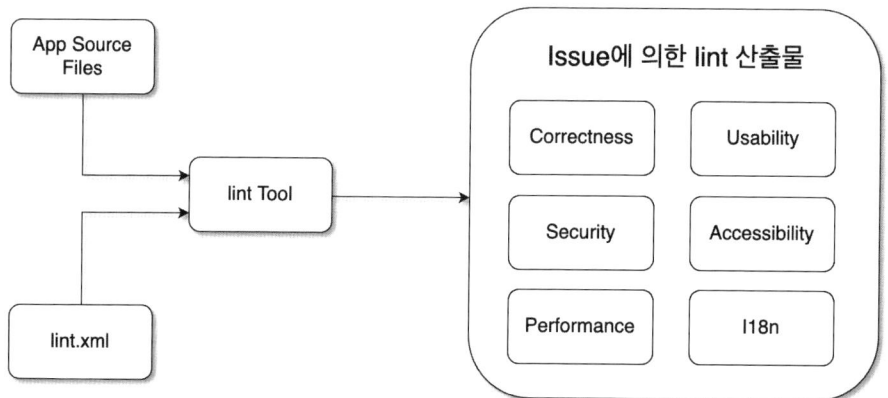

[그림 5-7] Lint의 워크 플로

안드로이드 스튜디오의 프로젝트에서는 기본적으로 포함된 lint가 활성화되므로, 문제가 발생할 상황에서 오류를 검출하고 메시지를 출력한다. 예를 들어 Toast 객체를 만들기만 하고 show()를 호출하지 않아 화면에 토스트가 노출되지 않는 실수를 종종 하곤 한다. lint는 이런 실수를 예방하려고 다음과 같은 메시지를 출력한다.

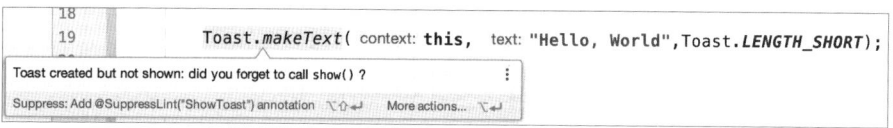

[그림 5-8] Toast의 show() 메서드 미호출 시 메시지 노출

Custom Lint 프로젝트에 설정하기

우선 안드로이드 프로젝트에서 커스텀 lint를 위한 'checker' 모듈을 생성한다. 애플리케이션 모듈(app)의 build.gradle에 checker 모듈의 의존성을 추가한다.

```
dependencies {
    lintChecks project(':checker')
}
```

추가한 checker 모듈의 build.gradle에 다음 의존성을 추가한다.

```
apply plugin: 'java' //코틀린 사용자는 kotlin으로 변경
dependencies {
    compileOnly "com.android.tools.lint:lint-api:26.5.0"
    compileOnly "com.android.tools.lint:lint-checks:26.5.0"
}
```

최신 lint-api 버전 확인은 https://mvnrepository.com/artifact/com.android.tools.lint/lint-gradle-api에서 확인할 수 있다.

다음은 IssueRegistry가 상속한 서브 클래스를 생성하는 것이다. IssueRegistry는 안드로이드 프로젝트에서 수행할 검사 목록을 제공하는 레지스트리이다.

```java
public class CustomIssueRegistry extends IssueRegistry {

    @Override
    public int getApi() {
        //이 레지스트리의 검사를 수행할 API 버전을 명시한다.
        return ApiKt.CURRENT_API;
    }

    @NotNull
    @Override
    public List<Issue> getIssues() {
        /**
         * 이슈 등록은 이곳에서.
         */
        return Arrays.asList();
    }
}
```

checker 모듈의 build.gradle에 IssueRegistry 서브 클래스를 등록하여, lint 검사를 수행할 수 있도록 한다. 클래스의 Canonical 이름을 정확하게 적는다.

```
dependencies{ ... }
jar {
    manifest {
        attributes("Lint-Registry-v2": "com.charlezz.checker.
        CustomIssueRegistry")
    }
}
```

이제 lint를 수행하는 설정은 끝났으니 이슈(Issue) 클래스를 만들어서 레지스트리에 등록한다.

Issue 생성하기

이슈를 생성하려면 Issue.create(…) 메서드를 사용해야 한다. create() 메서드는 다음 매개 변수를 갖는다.

- id: 이슈의 고유 식별 문자열을 입력한다.
- briefDescription: 5~6문자로 Issue를 짧게 요약해서 표현한다.
- explanation: 이슈에 대한 전체 설명과 제안 사항을 이곳에 적는다.
- category: 이슈와 연관된 카테고리를 적는다. 예) Category.CORRECTNESS
- priority: 이슈의 우선순위를 결정한다. 1~10 사이의 정수를 적는다.
- severity: 이슈의 심각도를 지정한다.
- 확정된 API는 아니지만 현재 다음과 같은 심각도를 사용할 수 있다.

```
Severity.FATAL
Severity.ERROR
Severity.WARNING
Severity.INFORMATIONAL
Severity.IGNORE
```

- implementation: 문제 사항을 검출하는 비즈니스 로직을 포함한 Implementation 클래스를 구현한다.

Detector 구현하기

Detector는 특정 문제들을 검출하는 클래스다. XmlScanner 또는 SourceCode Scanner 인터페이스와 함께 구현되지 않으면 동작하지 않는다.

XmlScanner는 xml 파일 내의 코드에서 오류 사항을 검출하고, SourceCodeScanner는 java 파일 내의 코드에서 오류 사항을 검출한다.

간단한 예제 작성을 통해 Detector의 사용법을 알아본다. 데이터 바인딩 라이브러리의 사용을 강제하고자 Activity.setContentView() 호출을 막고, DatabindingUtil.setContentView()를 사용하도록 유도하는 예제를 작성한다.

먼저 Detector와 SourceCodeScanner를 상속하는 서브 클래스를 생성한다.

```java
public class SetContentViewDetector
        extends Detector
        implements SourceCodeScanner {

}
```

메서드 이름이 setContentView라는 것에 초점을 맞춰 해당 메서드명을 검출하는 코드를 다음과 같이 작성한다.

```java
@Nullable
@Override
public List<String> getApplicableMethodNames() {
    return Arrays.asList("setContentView");
}
```

getApplicableMethodName()에서 반환하는 리스트에 포함된 메서드 이름들을 소스 코드로부터 검출하는 역할을 한다.

해당 메서드와 일치하는 소스 코드를 검출 시 수행할 작업을 작성하는 코드는 다음과 같다.

```java
public static final Issue ISSUE = Issue.create(
        SetContentViewDetector.class.getSimpleName(),
        "Prohibits usages of setContentView()",
        "Prohibits usages of setContentView(), use DataBindingUtil.setContentView() instead",
        Category.CORRECTNESS,
        5,
        Severity.ERROR,
        new Implementation(SetContentViewDetector.class, Scope.JAVA_FILE_SCOPE)
);

@Override
public void visitMethodCall(@NotNull JavaContext context, @NotNull UCallExpression node, @NotNull PsiMethod method) {
    if (context.getEvaluator().isMemberInClass(method, "androidx.databinding.DataBindingUtil")) {
        return;
    }
    context.report(
            ISSUE,
            node,
            context.getLocation(node),
            "Use DataBindingUtil.setContentView() instead"
    );
}
```

visitMethodCall() 메서드는 getApplicableMethodNames() 메서드에서 반환된 메서드의 이름이 검출되면 호출된다. JavaContext, UCallExpression, PsiMethod를

매개 변수로 갖는데 각 매개 변수에 대한 설명은 다음과 같다.

- JavaContext: 분석한 자바 파일에 대한 정보들을 가진다.
- UCallExpression: 호출된 메서드의 노드 정보다.
- PsiMethod: 호출된 메서드를 표현한다.

setContentView 이름을 갖는 메서드가 검출되었다면 context.report(…) 메서드 호출을 통해 lint에 에러를 알린다. 주의해야 할 점은 DatabindingUtil.setContentView() 메서드도 이름이 같아 데이터 바인딩 클래스의 메서드일 경우 report하지 않으려면 Evaluator로부터 메서드가 DatabindingUtil 클래스에 속하는지 확인해야 한다.

이제 마지막 단계로, 생성한 이슈를 CustomIssueRegistry에 등록한다.

```java
public class CustomIssueRegistry extends IssueRegistry {
    ...
    @NotNull
    @Override
    public List<Issue> getIssues() {
        return Arrays.asList(
                SetContentViewDetector.ISSUE
        );
    }
}
```

모든 과정이 끝났다면 Clean Project를 수행하여 프로젝트를 초기화한다. 이제 Activity.setContentView()를 호출하면 다음 그림과 같이 lint 에러가 발생하는 것을 확인할 수 있다.

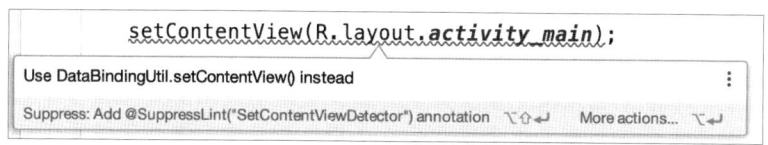

[그림 5-9] setContentView 메서드 사용 시 lint에 의한 에러 메시지 노출

Lint를 사용하면 빌드 타임 및 런 타임 이전의 오류를 검출할 수 있어, 생산성을 높이고 프로그램을 안정화할 수 있다. 간단히 Java 코드를 정적 분석하는 예제를 소개했지만, xml 코드도 마찬가지로 XmlScanner를 통해 분석하고 오류를 검출할 수 있다.

앞의 예제는 https://github.com/Charlezz/LintCheck에서 확인 가능하다.

아키텍처를 알아야 앱 개발이 보인다

CHAPTER
06

따라 하며 배우는 앱 설계

CHAPTER 06

따라 하며 배우는 앱 설계

지금까지 배운 내용을 토대로 앱을 하나 만들면서 다시 복습하는 시간을 가져 보도록 한다. 앞에서 다룬 모든 유스 케이스를 커버할 수는 없지만, 기본적인 앱의 뼈대를 설계해 보는 것만으로도 많은 내용의 요점을 다룰 수 있다.

이번 장에서 다루는 예제 코드는 기본적으로 MVVM 패턴을 따르지만, 구현하는 사람 또는 라이브러리 및 기술에 따라 조금씩 형태가 다를 수 있다. 이런 점을 유념하고 자신만의 코드를 작성하도록 노력한다. 예제 코드는 https://github.com/Charlezz/ArchSample에서 확인할 수 있다.

1 목록형 UI를 갖는 앱

지금부터 만들 앱은 https://jsonplaceholder.typicode.com/에서 제공하는 Dummy 데이터를 이용한다. 간단한 게시 글 목록을 구성하고, 각 게시 글에 대해서 제목, 내용, 사용자 정보, 댓글 등의 정보를 보여 줄 수 있는 UI를 갖는 앱을 구현해 본다.

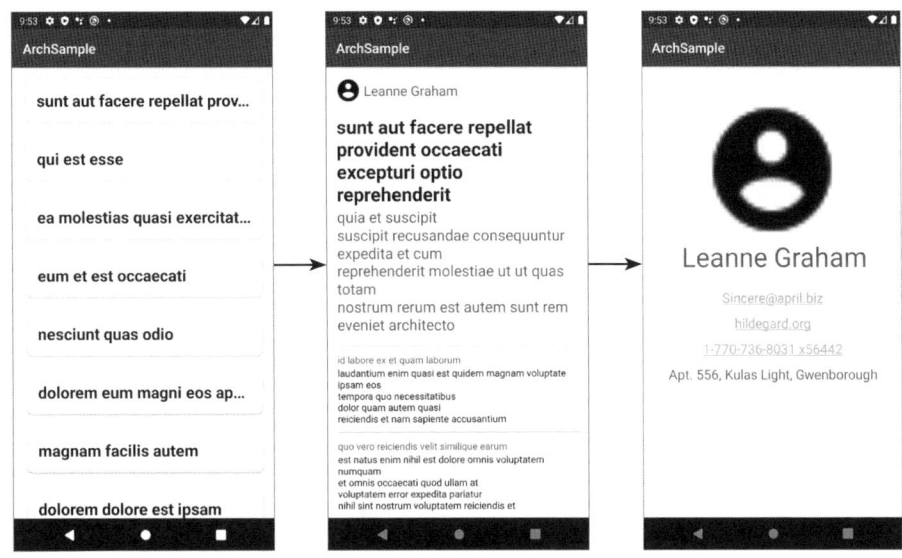

[그림 6-1] 목록형 UI를 갖는 앱

[그림 6-1]은 목록형 UI를 갖는 앱으로 첫 번째 화면에서 하나의 게시 글을 선택하면 두번째 화면으로 진입하며 상세 정보가 노출된다. 두 번째 화면에서 사용자의 정보를 확인하기 위해 사용자 이름 영역을 선택하면 세 번째 화면으로 이동해서 사용자의 상세 정보를 확인할 수 있다.

데이터 소스

https://jsonplaceholder.typicode.com/에서 제공하는 REST API는 다음과 같다.

- Base Url(호스트): https://jsonplaceholder.typicode.com/

게시 글 목록 요청 및 응답: [GET] /posts

- https://jsonplaceholder.typicode.com/users/1/posts

```
[
  {
    "userId": 1,
    "id": 1,
    "title": "sunt aut facere repellat provident occaecati excepturi optio reprehenderit",
    "body": "quia et suscipit\nsuscipit recusandae consequuntur expedita et cum\nreprehenderit molestiae ut ut quas totam\nnostrum rerum est autem sunt rem eveniet architecto"
  },
  {
    "userId": 1,
    "id": 2,
    "title": "qui est esse",
    "body": "est rerum tempore vitae\nsequi sint nihil reprehenderit dolor beatae ea dolores neque\nfugiat blanditiis voluptate porro vel nihil molestiae ut reiciendis\nqui aperiam non debitis possimus qui neque nisi nulla"
  }
  ...
]
```

댓글 목록 요청 및 응답: [GET] /comments

```
[
  {
    "postId": 1,
    "id": 1,
    "name": "id labore ex et quam laborum",
    "email": "Eliseo@gardner.biz",
    "body": "laudantium enim quasi est quidem magnam voluptate ipsam eos\ntempora quo necessitatibus\ndolor quam autem quasi\nreiciendis et nam sapiente accusantium"
  },
  {
    "postId": 1,
```

```
    "id": 2,
    "name": "quo vero reiciendis velit similique earum",
    "email": "Jayne_Kuhic@sydney.com",
    "body": "est natus enim nihil est dolore omnis voluptatem numquam\net
omnis occaecati quod ullam at\nvoluptatem error expedita pariatur\
nnihil sint nostrum voluptatem reiciendis et"
  }
  ...
]
```

사용자 정보 요청 및 응답: [GET] /users

```
[
  {
    "id": 1,
    "name": "Leanne Graham",
    "username": "Bret",
    "email": "Sincere@april.biz",
    "address": {
      "street": "Kulas Light",
      "suite": "Apt. 556",
      "city": "Gwenborough",
      "zipcode": "92998-3874",
      "geo": {
        "lat": "-37.3159",
        "lng": "81.1496"
      }
    }
  ...
]
```

더 자세한 내용은 https://jsonplaceholder.typicode.com/에서 확인한다.

2 프로젝트 설정하기

안드로이드 스튜디오 3.6을 기준으로 했을 때 다음과 같이 app 모듈의 build.gradle을 설정하자. 각 라인에 대한 부연 설명을 주석에 추가했다.

```
apply plugin: 'com.android.application'
apply plugin: "androidx.navigation.safeargs"//내비게이션 컴포넌트의 Safe Args
플러그인 추가

android {
    compileSdkVersion 29
    buildToolsVersion "29.0.2"

    defaultConfig {
        applicationId "com.charlezz.arch"
        minSdkVersion 21
        targetSdkVersion 29
        versionCode 1
        versionName "1.0"
        multiDexEnabled true
        testInstrumentationRunner "androidx.test.runner.AndroidJUnitRunner"
    }

    buildTypes {
        release {
            minifyEnabled false
            proguardFiles getDefaultProguardFile('proguard-android-
            optimize.txt'), 'proguard-rules.pro'
        }
    }
    dataBinding { // 데이터 바인딩 라이브러리 적용
        enabled = true
    }
    //Dagger2는 컴파일 오류가 발생하면 오류 라인 수가 많아 참고하기 힘들다.
    //컴파일 오류 최대 라인 수를 설정한다.
    gradle.projectsEvaluated {
        tasks.withType(JavaCompile) {
```

```
            options.compilerArgs << "-Xmaxerrs" << "500" // or whatever
            number you want
        }
    }
    //자바 8 설정
    compileOptions {
        sourceCompatibility JavaVersion.VERSION_1_8
        targetCompatibility JavaVersion.VERSION_1_8
    }

}

dependencies {
    implementation fileTree(dir: 'libs', include: ['*.jar'])

    implementation "androidx.appcompat:appcompat:1.1.0"
    implementation "androidx.constraintlayout:constraintlayout:1.1.3"
    testImplementation "junit:junit:4.12"
    androidTestImplementation "androidx.test.ext:junit:1.1.1"
    androidTestImplementation "androidx.test.espresso:espresso-core:3.2.0"

    // ViewModel and LiveData
    implementation "androidx.lifecycle:lifecycle-extensions:2.2.0"

    //Dagger2
    implementation "com.google.dagger:dagger-android:2.25.4"
    implementation "com.google.dagger:dagger-android-support:2.25.4"
    annotationProcessor "com.google.dagger:dagger-android-
    processor:2.25.4"
    annotationProcessor "com.google.dagger:dagger-compiler:2.25.4"

    //디자인 서포트 라이브러리
    implementation 'com.google.android.material:material:1.1.0'

    //Retrofit
    implementation "com.squareup.retrofit2:retrofit:2.7.1"
    implementation "com.squareup.retrofit2:converter-gson:2.6.0"
    implementation "com.github.akarnokd:rxjava3-retrofit-adapter:3.0.0-
```

```
    RC8"

    //RxJava
    implementation "io.reactivex.rxjava3:rxjava:3.0.0"
    implementation "io.reactivex.rxjava3:rxandroid:3.0.0"

    //multidex
    implementation "androidx.multidex:multidex:2.0.1"

    //timber, 로그 라이브러리
    implementation "com.jakewharton.timber:timber:4.7.1"

    //navigation component
    implementation "androidx.navigation:navigation-fragment:2.2.1"
    implementation "androidx.navigation:navigation-ui:2.2.1"

    //fragment
    implementation "androidx.fragment:fragment:1.2.2"

    //CardView
    implementation "androidx.cardview:cardview:1.0.0"
}
```

내비게이션 컴포넌트 Safe Arg 플러그인 설정을 위해 프로젝트 레벨의 build.gradle 에 다음 내용을 추가한다.

```
buildscript {
    dependencies {
        classpath "androidx.navigation:navigation-safe-args-gradle-
        plugin:2.2.1"
    }
}
...
```

3 엔터티 정의하기

API 응답 모델에 맞는 엔터티 클래스를 생성해 본다. 응답 모델에 있는 모든 필드를 다 사용하지는 않지만, 추후 확장성이나 이해를 돕고자 이 책에서는 생략하지 않고 다 만들었다.

게시 글 엔터티 정의하기

▼ /data/entity/Post.java

```java
public class Post implements Parcelable {
    private long userId;
    private long id;
    private String title;
    private String body;

    public Post(long userId, long id, String title, String body) {
        this.userId = userId;
        this.id = id;
        this.title = title;
        this.body = body;
    }

    public long getUserId() {
        return userId;
    }

    public long getId() {
        return id;
    }

    public String getTitle() {
        return title;
    }

    public String getBody() {
```

```java
        return body;
    }


    @Override
    public int describeContents() {
        return 0;
    }


    @Override
    public void writeToParcel(Parcel dest, int flags) {
        dest.writeLong(this.userId);
        dest.writeLong(this.id);
        dest.writeString(this.title);
        dest.writeString(this.body);
    }

    protected Post(Parcel in) {
        this.userId = in.readLong();
        this.id = in.readLong();
        this.title = in.readString();
        this.body = in.readString();
    }

    public static final Parcelable.Creator<Post> CREATOR = new Parcelable.Creator<Post>() {
        @Override
        public Post createFromParcel(Parcel source) {
            return new Post(source);
        }

        @Override
        public Post[] newArray(int size) {
            return new Post[size];
        }
    };
}
```

댓글 엔터티 정의하기

▼ /data/entity/Comment.java

```java
public class Comment {
    private long postId;
    private long id;
    private String name;
    private String email;
    private String body;

    public long getPostId() {
        return postId;
    }

    public long getId() {
        return id;
    }

    public String getName() {
        return name;
    }

    public String getEmail() {
        return email;
    }

    public String getBody() {
        return body;
    }
}
```

사용자 정보 엔터티 정의하기

▼ /data/entity/User.java

```java
public class User {
    private long id;
```

```java
    private String name;
    private String username;
    private String email;
    private Address address;
    private String phone;
    private String website;
    private Company company;

    public long getId() {
        return id;
    }

    public String getName() {
        return name;
    }

    public String getUsername() {
        return username;
    }

    public String getEmail() {
        return email;
    }

    public Address getAddress() {
        return address;
    }

    public String getPhone() {
        return phone;
    }

    public String getWebsite() {
        return website;
    }

    public Company getCompany() {
        return company;
```

        }
}
```

▼ /data/entity/Address.java

```
public class Address {
    private String street;
    private String suite;
    private String city;
    private String zipcode;
    private Geo geo;

    public String getStreet() {
        return street;
    }

    public String getSuite() {
        return suite;
    }

    public String getCity() {
        return city;
    }

    public String getZipcode() {
        return zipcode;
    }

    public Geo getGeo() {
        return geo;
    }

    @NonNull
    @Override
    public String toString() {
        return String.format("%s, %s, %s", suite, street, city);
    }
}
```
```

▼ /data/entity/Geo.java

```java
public class Geo {
    private String lat;
    private String lng;

    public String getLat() {
        return lat;
    }
    public String getLng() {
        return lng;
    }
}
```

▼ /data/entity/Company.java

```java
public class Company {
    private String name;
    private String catchPhrase;
    private String bs;

    public String getName() {
        return name;
    }
    public String getCatchPhrase() {
        return catchPhrase;
    }
    public String getBs() {
        return bs;
    }

}
```

4 Dagger2 설정하기

의존성 주입을 위한 Dagger2를 설정한다. 새로운 프로젝트를 생성할 때 Dagger2의 설정을 다른 작업보다 우선적으로 해 주는 것이 좋다. Dagger2를 나중에 적용하는 것보다 최대한 프로젝트 사이즈가 작을 때 Dagger2를 적용하는 것이 빌드업하기 편하기 때문이다.

커스텀 스코프 및 커스텀 한정자 정의하기

액티비티 Context 한정자

▼ /di/ActivityContext.java

```java
@Qualifier
@Retention(RetentionPolicy.RUNTIME)
public @interface ActivityContext {
}
```

애플리케이션 Context 한정자

▼ /di/ApplicationContext.java

```java
@Qualifier
@Retention(RetentionPolicy.RUNTIME)
public @interface ApplicationContext {
}
```

액티비티 범위 지정자

▼ /di/ActivityScope.java

```java
@Scope
@Retention(RetentionPolicy.RUNTIME)
```

```
public @interface ActivityScope {
}
```

프래그먼트 범위 지정자

▼ /di/FragmentScope.java;

```
@Scope
@Retention(RetentionPolicy.RUNTIME)
public @interface FragmentScope {
}
```

AppComponent 정의하기

▼ /di/AppComponent.java

```
@Singleton
@Component(modules = {
        AndroidSupportInjectionModule.class, // dagger.android 사용을 위한 설정
        ActivityModule.class, // 액티비티 스코프 모듈
        AppModule.class // 애플리케이션 스코프 모듈
})
//안드로이드 애플리케이션 컴포넌트 정의
public interface AppComponent extends AndroidInjector<App> {
    //안드로이드 애플리케이션 컴포넌트 팩토리 정의
    @Component.Factory
    abstract class Factory implements AndroidInjector.Factory<App> {
    }
}
```

android.dagger 적용 시 Application 클래스를 먼저 정의한다. 다음과 같이 이 프로젝트에서는 DaggerApplication을 상속한 App 클래스를 정의하였다.

▼ /App.java

```java
public class App extends DaggerApplication {

    @Override
    public void onCreate() {
        super.onCreate();
        //로그용 Timber 설정
        Timber.plant(new Timber.DebugTree());
    }

    @Override
    protected AndroidInjector<? extends DaggerApplication>
    applicationInjector() {
        //AppComponent 설정이 끝난 뒤,
        //컴파일 타임에 DaggerAppComponent가 생성된다.
        return DaggerAppComponent.factory().create(this);
    }
}
```

잊지 말고 AndroidManifest.xml에서 App 클래스를 참조할 수 있도록 다음과 같이 android:name 속성을 설정한다.

네트워크를 사용하는 앱이므로 인터넷 사용을 위한 권한 또한 추가해야 한다.

```xml
<?xml version="1.0" encoding="utf-8"?>
<manifest xmlns:android="http://schemas.android.com/apk/res/android"
    package="com.charlezz.arch">

    <!--인터넷 사용을 위한 권한 추가-->
    <uses-permission android:name="android.permission.INTERNET" />

    <application
        android:name="com.charlezz.arch.App"
        android:allowBackup="true"
        android:icon="@mipmap/ic_launcher"
```

```xml
            android:label="@string/app_name"
            android:roundIcon="@mipmap/ic_launcher_round"
            android:supportsRtl="true"
            android:theme="@style/AppTheme">
        <activity android:name="com.charlezz.arch.ui.MainActivity">
            <intent-filter>
                <action android:name="android.intent.action.MAIN" />

                <category android:name="android.intent.category.LAUNCHER" />
            </intent-filter>
        </activity>
    </application>

</manifest>
```

애플리케이션 범위 또는 액티비티 범위로 한정하여 객체를 관리하고 의존성을 주입하도록 AppModule과 ActivityModule을 정의한다.

▼ /di/AppModule.java

```java
@Module
public class AppModule {

    @Provides
    @Singleton
    Application provideApp(App app) {
        return app;
    }

    @Provides
    @Singleton
    @ApplicationContext
    Context provideContext(App app) {
        return app;
    }

    //앱의 오류 이벤트를 처리하는 SingleLiveEvent
```

```java
    @Singleton
    @Provides
    @Named("errorEvent")
    SingleLiveEvent<Throwable> provideErrorEvent(){
        return new SingleLiveEvent<>();
    }
}
```

▼ /di/ActivityModule.java

```java
@Module
public abstract class ActivityModule {
}
```

▼ /util/SingleLiveEvent.java

```java
/**
 * 생명 주기에 안전하게 이벤트를 처리
 */
public class SingleLiveEvent<T> extends MutableLiveData<T> {

    private final AtomicBoolean mPending = new AtomicBoolean(false);

    @MainThread
    public void observe(LifecycleOwner owner, final Observer<? super T> observer) {

        if (hasActiveObservers()) {
            Timber.w("여러 Observer가 존재하지만, 단 하나만 알림을 받을 수 있다.");
        }

        super.observe(owner, t -> {
            if (mPending.compareAndSet(true, false)) {
                observer.onChanged(t);
            }
        });
    }
```

```
@MainThread
public void setValue(@Nullable T t) {
    mPending.set(true);
    super.setValue(t);
}

@MainThread
public void call() {
    setValue(null);
}
}
```

Dagger2와 ViewModel 설정

Dagger2는 오브젝트 그래프를 생성하고 정해진 범위 내에서 객체를 주입하는 프레임워크다. ViewModel은 액티비티 생명 주기 동안 데이터 및 상태를 보관하는 컨테이너로 액티비티가 재생성되어도 ViewModel 인스턴스는 유지된다는 특징이 있다.

Dagger2의 오브젝트 그래프 생명 주기는 액티비티의 생명 주기와 같기 때문에 액티비티가 재생성된다면 오브젝트 그래프도 재생성된다. 하지만 오브젝트 그래프의 생명 주기와 ViewModel의 생명 주기는 다르다. 오브젝트 그래프에서 주입받은 객체를 ViewModel에서 보관하는 경우 액티비티가 재생성되었을 때 객체의 동일성을 보장하지 않아 버그가 발생할 수 있다.

버그 없이 Dagger2와 ViewModel을 함께 이용하려면 이 둘의 제약 사항에 대해서 충분히 숙지하고 앱을 설계해야 한다. 구글의 GihubBrowserSample (https://github.com/android/architecture-components-samples/tree/master/GithubBrowserSample) 앱에서 이런 문제를 해결하는 솔루션을 제공한다. 이 프로젝트에서도 같은 방식을 따른다. 해결 방법은 다음과 같다.

1. ViewModel의 생성 시 필요한 생성자 매개 변수를 오브젝트 그래프의 @Singleton 범위 내에서만 제공받는다.
2. ViewModel 생성자 매개 변수를 필드에 할당 시 final로 선언하여 외부로부터 변경하지 못하도록 한다.
3. 단일의 ViewModelProvider.Factory 인스턴스를 오브젝트 그래프에서 관리하고 Activity 또는 Fragment에 제공하여 ViewModelProvider로부터 ViewModel 인스턴스를 요청한다.
4. 단일의 ViewModelProvider.Factory로 모든 ViewModel 서브 클래스를 생성해야 하므로, 리플렉션과 멀티 바인딩으로 모든 ViewModel 타입을 생성하고 관리해야 한다.

커스텀 ViewModelProvider.Factory와 ViewModel을 멀티 바인딩하고자 다음과 같은 내용을 Dagger에 설정한다.

▼ /di/ViewModelKey.java

```java
@Retention(RetentionPolicy.RUNTIME)
@MapKey
public @interface ViewModelKey {
    Class<? extends ViewModel> value();
}
```

▼ /di/AppViewModelFactory.java

```java
//애플리케이션 스코프를 싱글턴으로 관리한다.
@Singleton
public class AppViewModelFactory implements ViewModelProvider.Factory {

    //ViewModel 클래스를 키로 갖는 멀티 바인딩된 Map
    private Map<Class<? extends ViewModel>, Provider<ViewModel>> creators;

    @Inject
    public AppViewModelFactory(@NonNull Map<Class<? extends ViewModel>, Provider<ViewModel>> creators) {
```

```java
        this.creators = creators;
    }

    @SuppressWarnings("unchecked")
    @NonNull
    @Override
    public <T extends ViewModel> T create(@NonNull Class<T> modelClass) {
        //ViewModel 클래스를 키로 하여, ViewModel 객체를 생성하는 Provider를 가져온다.
        Provider<? extends ViewModel> creator = creators.get(modelClass);
        if (creator == null) {
            //클래스 키로 못 찾았다면 적당한 Provider가 있는지, 다시 Map에서 찾는다.
            for (Map.Entry<Class<? extends ViewModel>, Provider<ViewModel>>
                    entry : creators.entrySet()) {
                if (modelClass.isAssignableFrom(entry.getKey())) {
                    creator = entry.getValue();
                }
            }
        }

        if (creator == null) {
            throw new IllegalArgumentException("Unknown model class " +
                    modelClass);
        }

        try {
            //Dagger의 Provider로부터 ViewModel 객체 생성 및 반환
            return (T) creator.get();
        } catch (Exception e) {
            throw new RuntimeException(e);
        }
    }
}
```

▼ /di/ViewModelModule.java

```java
//ViewModel과 관련된 내용을 오브젝트 그래프로 관리
@Module
public abstract class ViewModelModule {
```

```
    @Binds
    abstract ViewModelProvider.Factory bindViewModelFactory(AppViewModelFa
    ctory factory);
}
```

ViewModelModule을 애플리케이션 범위로 관리하도록 AppModule에 포함한다.

```
@Module(includes = ViewModelModule.class)
public class AppModule {
    ...
}
```

MainActivity 설정하기

MainActivity를 위한 서브 컴포넌트를 생성하는 @ContributesAndroidInject를 사용한다. MainActivity 범위 내 객체 바인딩 담당은 MainModule이 한다.

▼ /res/layout/activity_main.xml

```
<?xml version="1.0" encoding="utf-8"?>
<layout xmlns:android="http://schemas.android.com/apk/res/android"
    xmlns:app="http://schemas.android.com/apk/res-auto"
    xmlns:tools="http://schemas.android.com/tools">

    <androidx.constraintlayout.widget.ConstraintLayout
        android:layout_width="match_parent"
        android:layout_height="match_parent"
        tools:context=".ui.MainActivity">
        ...
    </androidx.constraintlayout.widget.ConstraintLayout>
</layout>
```

▼ /ui/MainActivity.java

```java
//멤버 인젝션을 하도록 DaggerAppCompatActivity를 상속한다.
public class MainActivity extends DaggerAppCompatActivity {

    //바인딩 클래스 주입
    @Inject
    Lazy<ActivityMainBinding> binding;

    @Override
    protected void onCreate(Bundle savedInstanceState) {
        super.onCreate(savedInstanceState);
        // 이 액티비티를 lifecycleOwner로 설정하여,
        // 생명 주기에 안전하게 데이터 바인딩을 할 수 있도록 한다.
        binding.get().setLifecycleOwner(this);
    }
}
```

MainActivity의 ActivityMainBinding에 대해 Lazy 인젝션을 하는 이유는 액티비티 생성이 끝나기 전에 setContentView ()가 호출되면 안 되기 때문이다.

```java
@Module
public abstract class ActivityModule {
    /**
     * MainActivity를 위한 서브 컴포넌트를 정의한다.
     */
    @ActivityScope
    @ContributesAndroidInjector(modules = MainModule.class)
    abstract MainActivity mainActivity();

}
```

▼ /ui/MainModule.java

```java
@Module
public abstract class MainModule {
```

```
    @Provides
    @ActivityScope
    static ActivityMainBinding provideBinding(MainActivity activity) {
        return DataBindingUtil.setContentView(activity, R.layout.activity_
        main);
    }

    @Provides
    @ActivityContext
    static Context provideContext(MainActivity activity) {
        return activity;
    }
}
```

여기까지 코드를 작성했다면, 빌드를 한 번 수행하여 에러가 없는지 확인한다.

Retrofit 설정하기

서버로부터 데이터를 가져오도록 Retrofit을 구성한다. 우선적으로 해야 할 것은 Retrofit 객체를 만드는 것이다. Gson 컨버터와 Rx 어댑터를 적용한 Retrofit 객체를 생성한다.

```
@Module(includes = ViewModelModule.class)
public class AppModule {
    ...
    @Provides
    @Singleton
    Retrofit provideRetrofit() {
        return new Retrofit.Builder()
                .baseUrl("https://jsonplaceholder.typicode.com/")
                .addConverterFactory(GsonConverterFactory.create())
                .addCallAdapterFactory(RxJava3CallAdapterFactory.create())
                .build();
    }
}
```

AppModule에 @Singleton 스코프로 바인딩하게 되므로 앱 전역에서 동일한 Retrofit 객체를 주입하게 된다.

서버로부터 데이터를 가져오도록 Retrofit 서비스 인터페이스를 정의한다.

▼ /data/PostService.java

```java
public interface PostService {
    @GET("/posts")
    Single<List<Post>> getPosts();
}
```

▼ /data/CommentService.java

```java
public interface CommentService {
    @GET("/comments")
    Single<List<Comment>> getComments(@Query("postId") long id);
}
```

▼ /data/UserService.java

```java
public interface UserService {
    @GET("/users/{userId}")
    Single<User> getUser(@Path("userId") long userId);
}
```

Retrofit 객체를 통해 각 인터페이스를 구현할 수 있도록 추가 모듈을 만든 뒤 AppModule에 포함한다.

▼ /di/RetrofitModule.java

```java
@Module
public class RetrofitModule {
    @Provides
    @Reusable
    PostService providePostService(Retrofit retrofit) {
```

```
        return retrofit.create(PostService.class);
    }

    @Provides
    @Reusable
    UserService provideUserService(Retrofit retrofit) {
        return retrofit.create(UserService.class);
    }

    @Provides
    @Reusable
    CommentService provideCommentService(Retrofit retrofit) {
        return retrofit.create(CommentService.class);
    }
}
```

```
@Module(includes = {
        ViewModelModule.class,
        RetrofitModule.class
})
public class AppModule {
    ...
}
```

5 Navigation Component 설정하기

이 프로젝트에서는 Navigation Component를 적용하여 단일 액티비티(MainActivity)에서 여러 프래그먼트로 UI를 구성한다.

데이터 바인딩을 적용하고, z-order를 준수하는 자연스러운 프래그먼트 트랜지션을 위해 FragmentContainerView에 NavHostFragment를 적용한다.

▼ /res/layout/activity_main.xml

```xml
<?xml version="1.0" encoding="utf-8"?>
<layout xmlns:android="http://schemas.android.com/apk/res/android"
    xmlns:app="http://schemas.android.com/apk/res-auto"
    xmlns:tools="http://schemas.android.com/tools">

    <androidx.constraintlayout.widget.ConstraintLayout
        android:layout_width="match_parent"
        android:layout_height="match_parent"
        tools:context=".ui.MainActivity">

        <androidx.fragment.app.FragmentContainerView
            android:id="@+id/container"
            android:layout_width="0dp"
            android:layout_height="0dp"
            android:name="androidx.navigation.fragment.NavHostFragment"
            app:layout_constraintBottom_toBottomOf="parent"
            app:layout_constraintEnd_toEndOf="parent"
            app:layout_constraintStart_toStartOf="parent"
            app:layout_constraintTop_toTopOf="parent"
            app:defaultNavHost="true"
            app:navGraph="@navigation/nav_graph"
            />

    </androidx.constraintlayout.widget.ConstraintLayout>
</layout>
```

▼ /res/navigation/nav_graph.xml

```xml
<?xml version="1.0" encoding="utf-8"?>
<navigation xmlns:android="http://schemas.android.com/apk/res/android"
    xmlns:app="http://schemas.android.com/apk/res-auto"
    xmlns:tools="http://schemas.android.com/tools"
    android:id="@+id/nav_graph">

</navigation>
```

이대로 빌드하면 시작 목적지(Fragment)가 없어 에러가 발생한다. 게시 글 화면 Fragment를 만든다.

6 게시 글 화면 구성하기

[그림 6-2] 게시 글 화면

위의 그림처럼 게시 글 화면을 구성하고자 PostFragment를 만든다.

PostFragment는 DaggerFragment를 상속하여 멤버 인젝션을 구현하고, 서버에 게시 글(Post) 데이터를 요청하고 응답을 받아 RecyclerView로 글 목록을 표현한다.

▼ ui/post/PostFragment.java

```java
/**
 * 게시 글 화면 구성하기
 * 멤버 인젝션을 위해 DaggerFragment 상속
 */
public class PostFragment extends DaggerFragment {

    /**
     * 오브젝트 그래프로부터 멤버 인젝션
     */
    @Inject
    FragmentPostBinding binding;
    @Inject
    AppViewModelFactory viewModelFactory;

    PostViewModel viewModel;

    @Override
    public void onCreate(@Nullable Bundle savedInstanceState) {
        super.onCreate(savedInstanceState);
        //ViewModel 객체를 요청
        viewModel = new ViewModelProvider(this, viewModelFactory).
        get(PostViewModel.class);
        if (savedInstanceState == null) {
            // 데이터 요청, 프래그먼트가 재생성되었을 때는 요청하지 않는다.
            viewModel.loadPosts();
        }
    }

    @Nullable
    @Override
    public View onCreateView(@NonNull LayoutInflater inflater, @Nullable
    ViewGroup container, @Nullable Bundle savedInstanceState) {
        return binding.getRoot();
    }
}
```

▼ res/layout/fragment_post.xml

```xml
<?xml version="1.0" encoding="utf-8"?>
<layout xmlns:android="http://schemas.android.com/apk/res/android"
    xmlns:app="http://schemas.android.com/apk/res-auto">

    <data>
        <!--ProgressBar 표현을 위한 View 패키지 참조 및 ViewModel 변수 선언-->
        <import type="android.view.View"/>
        <variable
            name="viewModel"
            type="com.charlezz.arch.ui.post.PostViewModel" />
    </data>

    <androidx.constraintlayout.widget.ConstraintLayout
        android:layout_width="match_parent"
        android:layout_height="match_parent">

        <androidx.recyclerview.widget.RecyclerView
            android:id="@+id/recycler_view"
            android:layout_width="0dp"
            android:layout_height="0dp"
            app:layout_constraintBottom_toBottomOf="parent"
            app:layout_constraintEnd_toEndOf="parent"
            app:layout_constraintStart_toStartOf="parent"
            app:layout_constraintTop_toTopOf="parent" />

        <!--데이터가 로드 중임을 알린다.-->
        <ProgressBar
            android:layout_width="wrap_content"
            android:layout_height="wrap_content"
            android:visibility="@{viewModel.loading? View.VISIBLE : View.GONE}"
            app:layout_constraintStart_toStartOf="parent"
            app:layout_constraintEnd_toEndOf="parent"
            app:layout_constraintTop_toTopOf="parent"
            app:layout_constraintBottom_toBottomOf="parent"
            />
```

```xml
    </androidx.constraintlayout.widget.ConstraintLayout>
</layout>
```

PostFragment를 만들었으므로 nav_graph에 PostFragment를 시작 목적지로 다음과 같이 등록한다.

```xml
<?xml version="1.0" encoding="utf-8"?>
<navigation xmlns:android="http://schemas.android.com/apk/res/android"
        xmlns:app="http://schemas.android.com/apk/res-auto"
        xmlns:tools="http://schemas.android.com/tools"
        android:id="@+id/nav_graph"
        app:startDestination="@id/post_fragment">

    <fragment
            android:id="@+id/post_fragment"
            android:name="com.charlezz.arch.ui.post.PostFragment"
            android:label="fragment_post"
            tools:layout="@layout/fragment_post">
    </fragment>

</navigation>
```

PostFragment를 위한 ViewModel도 다음과 같이 생성한다.

▼ /ui/post/PostViewModel.java

```java
public class PostViewModel extends AndroidViewModel {

    private final MutableLiveData<Boolean> loading = new MutableLiveData<>(true);

    @Inject
    public PostViewModel(@NonNull Application application) {
        super(application);
    }
}
```

```
    public void loadPosts() {
        ...
    }


    public MutableLiveData<Boolean> getLoading() {
        return loading;
    }
}
```

PostViewModel까지 만들었다면, 오브젝트 그래프에 멀티 바인딩하도록 View ModelModule에 다음과 같은 내용을 추가한다.

```
@Module
public abstract class ViewModelModule {
    ...
    @Binds
    @IntoMap
    @ViewModelKey(PostViewModel.class)
    abstract ViewModel bindsPostViewModel(PostViewModel viewModel);
}
```

이제 PostFragment에 멤버 인젝션의 필요 모듈을 정의하고 서브 컴포넌트로 연결해야 한다. PostModule을 정의하고 MainModule의 서브 컴포넌트로 선언한다.

▼ /ui/post/PostModule.java

```
@Module
public class PostModule {

    //데이터 바인딩 클래스 제공
    @Provides
    @FragmentScope
    FragmentPostBinding provideBinding(@ApplicationContext Context context) {
```

06장 따라 하며 배우는 앱 설계   441

```java
            return FragmentPostBinding.inflate(LayoutInflater.from(context),
            null, false);
    }

    //RecyclerView용 레이아웃 매니저
    @Provides
    @FragmentScope
    LinearLayoutManager provideLinearLayoutManager(@ApplicationContext
    Context context) {
        return new LinearLayoutManager(context) {
            @Override
            public RecyclerView.LayoutParams generateDefaultLayoutParams() {
                return new RecyclerView.LayoutParams(ViewGroup.
                LayoutParams.MATCH_PARENT,ViewGroup.LayoutParams.WRAP_
                CONTENT);
            }
        };
    }
}
```

```java
@Module
public abstract class MainModule {
    ...
    /**
     * 서브 컴포넌트 정의
     */
    @FragmentScope
    @ContributesAndroidInjector(modules = PostModule.class)
    abstract PostFragment getPostFragment();

}
```

RecyclerView 구현하기

도메인 레이어와 프레젠테이션 레이어 분리를 위해 다음과 같은 PostItem 클래스를 정의한다. PostItem 인스턴스는 View에 해당하는 RecyclerView.ViewHolder 인스턴스의 ViewModel 역할을 한다.

▼ /ui/post/PostItem.java

```java
public class PostItem {
    @NonNull
    private final Post post;

    public PostItem(@NonNull Post post) {
        this.post = post;
    }

    @NonNull
    public Post getPost() {
        return post;
    }

    public String getTitle() {
        return post.getTitle();
    }
}
```

RecyclerView.Adapter를 만들기 전에 ViewDataBinding 클래스 사용을 강제하는 ViewHolder를 만든다.

▼ /util/ViewBindingHolder.java

```java
public class ViewBindingHolder<VDB extends ViewDataBinding>
        extends RecyclerView.ViewHolder {
    private VDB binding;
    public ViewBindingHolder(@NonNull VDB binding) {
        super(binding.getRoot());
        this.binding = binding;
    }

    public ViewBindingHolder(Context context, @LayoutRes int layoutId) {
```

```
        this(DataBindingUtil.inflate(
            LayoutInflater.from(context),
            layoutId,
            null,
            false));
    }

    public VDB getBinding() {
        return binding;
    }
}
```

ViewBindingHolder를 만들었다면 각 홀더에 포함되는 레이아웃과 RecyclerView. Adapter를 만들어야 한다. 하나의 뷰 홀더는 다음과 같은 레이아웃을 갖는다.

> **sunt aut facere**

[그림 6-3] 게시 글 목록을 표현하는 뷰 홀더

▼ /res/layout/view_post.xml

```xml
<?xml version="1.0" encoding="utf-8"?>
<layout xmlns:android="http://schemas.android.com/apk/res/android"
    xmlns:app="http://schemas.android.com/apk/res-auto"
    xmlns:tools="http://schemas.android.com/tools">

    <data>

        <variable
            name="item"
            type="com.charlezz.arch.ui.post.PostItem" />
    </data>
```

```xml
<LinearLayout
    android:layout_width="match_parent"
    android:layout_height="wrap_content">

    <androidx.cardview.widget.CardView
        android:layout_width="match_parent"
        android:layout_height="wrap_content"
        android:layout_marginStart="16dp"
        android:layout_marginTop="10dp"
        android:layout_marginEnd="16dp"
        app:cardCornerRadius="8dp"
        app:cardUseCompatPadding="true">

        <TextView
            android:id="@+id/title"
            android:layout_width="match_parent"
            android:layout_height="wrap_content"
            android:ellipsize="end"
            android:padding="16dp"
            android:singleLine="true"
            android:text="@{item.title}"
            android:textColor="#000000"
            android:textSize="24dp"
            android:textStyle="bold"
            tools:text="sunt aut facere " />
    </androidx.cardview.widget.CardView>
</LinearLayout>
</layout>
```

어댑터는 다음과 같다.

▼ /ui/post/PostAdapter.java

```
/**
 * 게시 글 목록을 위한 Adapter
 */
public class PostAdapter extends RecyclerView.Adapter<ViewBindingHolder> {
```

```java
//뷰 홀더용 뷰 모델 리스트 변수
private final List<PostItem> items = new ArrayList<>();

//생성자 인젝션
@Inject
public PostAdapter(){

}

//레이아웃 종류
@Override
public int getItemViewType(int position) {
    return R.layout.view_post;
}

//뷰 홀더 생성
@NonNull
@Override
public ViewBindingHolder<?> onCreateViewHolder(@NonNull ViewGroup parent, int viewType) {
    return new ViewBindingHolder(parent.getContext(), viewType);
}

//뷰 홀더와 뷰 모델을 바인딩한다.
@Override
public void onBindViewHolder(@NonNull ViewBindingHolder holder, int position) {
    holder.getBinding().setVariable(BR.item, items.get(position));
    holder.getBinding().executePendingBindings();
}

//외부로부터 게시 글 목록을 받아서 UI를 갱신한다.
public void setItems(List<PostItem> items) {
    this.items.clear();
    this.items.addAll(items);
    this.notifyDataSetChanged();
}
```

```java
    //게시 글 목록 수
    @Override
    public int getItemCount() {
        return items.size();
    }
}
```

RecyclerView 구현을 위한 준비가 끝났으니, 프래그먼트에서 이제 각 컴포넌트들을 조합한다.

```java
public class PostFragment extends DaggerFragment {
    ...
    @Inject
    PostAdapter adapter;
    @Inject
    LinearLayoutManager layoutManager;
    ...
    @Override
    public void onViewCreated(@NonNull View view, @Nullable Bundle savedInstanceState) {
        super.onViewCreated(view, savedInstanceState);
        //Lifecycle Owner 등록
        binding.setLifecycleOwner(getViewLifecycleOwner());
        //RecyclerView Adapter 지정
        binding.recyclerView.setAdapter(adapter);
        //RecyclerView 레이아웃 매니저 지정
        binding.recyclerView.setLayoutManager(layoutManager);
        //바인딩 클래스에 ViewModel 연결
        binding.setViewModel(viewModel);
        //ViewModel이 가진 게시 글 목록을 구독하여 Adapter에 반영
        viewModel.getLivePosts()
                .observe(getViewLifecycleOwner(), list -> adapter.
                setItems(list));
    }
}
```

데이터를 가져오는 비즈니스 로직을 구현하여 화면에 글 목록이 그려질 수 있도록 한다. Retrofit을 이용해 서버로부터 글 목록 데이터를 가져온다.

```java
public class PostViewModel extends AndroidViewModel {

    @NonNull
    private final PostService postService;
    @NonNull
    private final SingleLiveEvent<Throwable> errorEvent;

    //RecyclerView에 표현할 아이템들을 LiveData로 관리
    private final MutableLiveData<List<PostItem>> livePosts = new MutableLiveData<>();
    private final CompositeDisposable compositeDisposable = new CompositeDisposable();
    private final MutableLiveData<Boolean> loading = new MutableLiveData<>(true);

    @Inject
    public PostViewModel(@NonNull Application application,
                         PostService postService,
                         @Named("errorEvent") SingleLiveEvent<Throwable> errorEvent) {
        super(application);
        Timber.d("PostViewModel created");
        //오브젝트 그래프로부터 생성자 주입
        this.postService = postService;
        this.errorEvent = errorEvent;
    }
    /**
     * 게시 글 목록 불러오기
     */
    public void loadPosts() {
        compositeDisposable.add(postService.getPosts()
                .flatMapObservable(Observable::fromIterable)
                .map(post -> new PostItem(post))
                .toList()
```

```java
                .subscribeOn(Schedulers.io())
                .observeOn(AndroidSchedulers.mainThread())
                .doOnSuccess(item -> loading.postValue(false))
                .subscribe(livePosts::setValue, errorEvent::setValue));
    }

    @NonNull
    public MutableLiveData<List<PostItem>> getLivePosts() {
        return livePosts;
    }
    /**
     * ViewModel은 생명 주기를 알고 동작한다.
     * 뷰 모델이 파괴될 때, RxJava의 Disposable과 같은
     * 리소스 등을 해제할 수 있도록 한다.
     */

    @Override
    protected void onCleared() {
        super.onCleared();
        Timber.d("onCleared");
        compositeDisposable.dispose();
    }

    public MutableLiveData<Boolean> getLoading() {
        return loading;
    }
}
```

이제 PostFragment에서 PostViewModel의 loadPosts() 메서드를 호출하면 Retrofit 객체를 통해 서버로부터 글 목록 데이터를 불러온다. 이 데이터를 LiveData로 관리하며, PostFragment를 해당 LiveData로 구독하므로, 변경 시점에 데이터를 가져와 PostAdapter에 전달한다.

오류 이벤트는 MainActivity에서 포스트 메시지를 노출하는 것으로 관리한다.

```java
public class MainActivity extends DaggerAppCompatActivity {
    ...
    @Inject
    @Named("errorEvent")
    SingleLiveEvent<Throwable> errorEvent;

    @Override
    protected void onCreate(Bundle savedInstanceState) {
        super.onCreate(savedInstanceState);
        ...
        errorEvent.observe(this, this::showErrorToast);
    }

    private void showErrorToast(Throwable throwable) {
        throwable.printStackTrace();
        showToast(throwable.getMessage());
    }

    private void showToast(String message) {
        Toast.makeText(this, message, Toast.LENGTH_SHORT).show();
    }
}
```

게시 글 아이템에 대한 이벤트 처리하기

사용자는 글 목록에 대한 클릭 등의 상호 작용을 통해 더 많은 정보를 알고 싶어 할 것이다. 그러므로 각 뷰 홀더에 대한 이벤트를 따로 처리할 필요가 있다. 현재 Post Fragment에서 각 뷰 홀더의 뷰 모델은 PostItem이므로 이를 이용해 이벤트를 처리한다.

```java
public class PostItem {
    ...
    @NonNull
```

```java
    private final EventListener eventListener;

    public PostItem(@NonNull Post post, EventListener eventListener) {
        this.post = post;
        this.eventListener = eventListener;
    }
    ...
    @NonNull
    public EventListener getEventListener() {
        return eventListener;
    }

    public interface EventListener {
        void onPostClick(PostItem postItem);
    }
}
```

PostItem에서는 화면 전환, Dialog 노출 등 안드로이드 시스템과 관련된 작업을 할 수 없는 레이어이므로, 다음 레이어로 이벤트를 위임하도록 EventListener를 정의하였다. 정의한 EventListener를 통해 데이터 바인딩 표현식으로부터 onPostClick() 메서드를 다음과 같이 호출한다.

▼ /res/layout/view_post.xml

```xml
<?xml version="1.0" encoding="utf-8"?>
<layout ...>

    <data>
        ...
    </data>

    <LinearLayout
            android:layout_width="match_parent"
            android:layout_height="wrap_content">

        <androidx.cardview.widget.CardView
```

```xml
            android:layout_width="match_parent"
            android:layout_height="wrap_content"
            android:layout_marginStart="16dp"
            android:layout_marginTop="10dp"
            android:layout_marginEnd="16dp"
            android:onClick="@{v->item.eventListener.
            onPostClick(item)}"
            app:cardCornerRadius="8dp"
            app:cardUseCompatPadding="true">
            ...
    </LinearLayout>
</layout>
```

수신받은 이벤트는 그 이벤트를 처리할 수 있는 객체에게 위임하는 것이 좋다. 앞의 예제에서는 하나의 게시 글을 선택했을 때 게시 글 상세 화면으로 이동하는 부분을 NavController가 담당하고 있다. 그러므로 NavController를 참조할 수 있는 Fragment에서 해당 이벤트를 처리하는 것이 바람직하다. 다음 예제 코드를 참조하여 View로부터 Fragment까지 이벤트가 전달되는 과정을 살펴본다.

```java
public class PostViewModel extends AndroidViewModel
    implements PostItem.EventListener {
    ...
    private final SingleLiveEvent<PostItem> postClickEvent = new
    SingleLiveEvent<>();

    public void loadPosts() {
        compositeDisposable.add(postService.getPosts()
                .flatMapObservable(Observable::fromIterable)
                .map(post -> new PostItem(post, this))
                .toList()
                .subscribeOn(Schedulers.io())
                .observeOn(AndroidSchedulers.mainThread())
                .doOnSuccess(item -> loading.postValue(false))
                .subscribe(livePosts::setValue, errorEvent::setValue));
    }
```

```
...

/**
 * PostItem 클릭 이벤트 구현
 */
@Override
public void onPostClick(PostItem postItem) {
    //Fragment로 이벤트를 전달하도록
    //SingleLiveEvent의 값을 변경한다.
    postClickEvent.setValue(postItem);
}

//PostFragment로 postClickEvent 변수를 노출
public SingleLiveEvent<PostItem> getPostClickEvent() {
    return postClickEvent;
}

}
```

PostViewModel에 PostItem.EventListener를 구현하고, PostItem 두 번째 생성자 매개 변수로 PostViewModel을 참조하여, 클릭 이벤트를 PostViewModel이 받을 수 있도록 한다.

PostViewModel이 이벤트를 수신하지만, 이에 대한 처리는 프래그먼트만 할 수 있다. 그러므로 다시 Fragment로 이벤트를 전달해야 한다. 인터페이스를 통해 이벤트를 전달할 수도 있지만, AAC ViewModel을 사용하면 Fragment가 재생성되었을 때 ViewModel 인스턴스가 유지된다는 특징 때문에 LiveData를 사용하는 편이 안전하다. getPostClickEvent() 메서드를 통해 SingleLiveEvent(LiveData)를 노출하여 Fragment가 이를 구독하도록 구현한다.

```
public class PostFragment extends DaggerFragment {
    ...
```

```java
@Inject
Lazy<NavController> navController;
...
@Override
public void onViewCreated(@NonNull View view, @Nullable Bundle
savedInstanceState) {
    super.onViewCreated(view, savedInstanceState);
    ...
    //게시 글이 클릭되었을 때 게시 글 상세 화면 목적지로 이동
    viewModel.getPostClickEvent()
            .observe(getViewLifecycleOwner(), postItem ->
                    navController.get().navigate(...));
}
}
```

NavController의 멤버 인젝션을 위해 PostModule에 프로바이드 메서드를 추가하는 것을 잊지 않도록 한다.

```java
@Module
public class PostModule {
    ...
    //Navigation 컴포넌트에서 목적지 간 이동을 담당하는 NavController
    @Provides
    @FragmentScope
    NavController provideNavController(PostFragment fragment){
        return NavHostFragment.findNavController(fragment);
    }
}
```

7 게시 글 상세 화면 구성하기

[그림 6-4] 게시 글 상세 화면

게시 글 목록에서 하나의 글을 클릭했을 때 상세 화면으로 이동해야 한다. 기본적인 화면 구성 방법은 게시 글 화면 구성 방법과 동일하므로, 앞에서 다루지 않는 내용만 살펴본다.

다양한 뷰 타입 구현하기

게시 글 상세 화면 또한 RecyclerView를 통해 구현한다. 다양한 뷰 타입의 조합으로 화면이 구성된다. 앞의 그림은 다음과 같이 사용자 정보, 게시 글, 댓글 3가지 타입의 뷰와 뷰 모델로 구분할 수 있다.

▼ /ui/detail/PostDetailItem

```java
//공통 Base 아이템
public abstract class PostDetailItem {

    public abstract Type getType();

    public enum Type {
        USER,    //사용자 정보
        POST,    //게시 글
        COMMENT  //댓글
    }
}
```

사용자 정보 뷰와 뷰 모델

[그림 6-5] 게시 글 상세 화면에서 사용자 정보를 나타내는 뷰 홀더

▼ /res/layout/view_post_detail_user.xml

```xml
<?xml version="1.0" encoding="utf-8"?>
<layout xmlns:android="http://schemas.android.com/apk/res/android"
    xmlns:app="http://schemas.android.com/apk/res-auto"
    xmlns:tools="http://schemas.android.com/tools">

    <data>

        <variable
            name="item"
            type="com.charlezz.arch.ui.detail.PostDetailUserItem" />
    </data>

    <androidx.constraintlayout.widget.ConstraintLayout
```

```xml
        android:layout_width="match_parent"
        android:layout_height="wrap_content"
        android:onClick="@{v->item.eventListener.onUserClick(item.
            userId)}"
        android:padding="16dp">

    <ImageView
            android:id="@+id/user_icon"
            android:layout_width="36dp"
            android:layout_height="36dp"
            android:src="@drawable/baseline_account_circle_black_18dp"
            app:layout_constraintBottom_toBottomOf="parent"
            app:layout_constraintStart_toStartOf="parent"
            app:layout_constraintTop_toTopOf="parent" />

    <TextView
            android:layout_width="wrap_content"
            android:layout_height="wrap_content"
            android:layout_marginLeft="5dp"
            android:text="@{item.name}"
            android:textSize="20dp"
            app:layout_constrainedWidth="true"
            app:layout_constraintBottom_toBottomOf="parent"
            app:layout_constraintEnd_toEndOf="parent"
            app:layout_constraintHorizontal_bias="0"
            app:layout_constraintStart_toEndOf="@id/user_icon"
            app:layout_constraintTop_toTopOf="parent"
            tools:text="Bret" />

    </androidx.constraintlayout.widget.ConstraintLayout>
</layout>
```

res/layout/drawlable/baseline_account_circle_black_18dp 리소스는 https://material.io/resources/icons에서 다운로드할 수 있다.

▼ /ui/detail/PostDetailUserItem.java

```java
public class PostDetailUserItem extends PostDetailItem {
    private User user;
    private EventListener eventListener;

    public PostDetailUserItem(User user, EventListener eventListener) {
        this.user = user;
        this.eventListener = eventListener;
    }

    @Override
    public Type getType() {
        return Type.USER;
    }

    public String getName() {
        return user.getName();
    }

    public long getUserId() {
        return user.getId();
    }

    public EventListener getEventListener() {
        return eventListener;
    }

    public interface EventListener {
        void onUserClick(long userId);
    }
}
```

게시 글 뷰와 뷰 모델

> sunt aut facere repellat
> provident occaecati excepturi
> optio reprehenderit
> quia et suscipit
> suscipit recusandae consequuntur
> expedita et cum
> reprehenderit molestiae ut ut quas
> totam
> nostrum rerum est autem sunt rem
> eveniet architecto

[그림 6-6] 게시 글 상세 화면에서 게시 글을 나타내는 뷰 홀더

▼ /res/layout/view_post_detail_post.xml

```xml
<?xml version="1.0" encoding="utf-8"?>
<layout xmlns:android="http://schemas.android.com/apk/res/android"
    xmlns:app="http://schemas.android.com/apk/res-auto"
    xmlns:tools="http://schemas.android.com/tools">

    <data>

        <variable
            name="item"
            type="com.charlezz.arch.ui.detail.PostDetailPostItem" />
    </data>

    <androidx.constraintlayout.widget.ConstraintLayout
        android:layout_width="match_parent"
        android:layout_height="wrap_content"
        android:paddingStart="16dp"
        android:paddingBottom="16dp"
        android:paddingEnd="16dp">

        <TextView
            android:id="@+id/title"
            android:layout_width="wrap_content"
```

```xml
                android:layout_height="wrap_content"
                android:ellipsize="end"
                android:text="@{item.title}"
                android:textColor="#000000"
                android:textSize="28dp"
                android:textStyle="bold"
                app:layout_constrainedWidth="true"
                app:layout_constraintEnd_toEndOf="parent"
                app:layout_constraintHorizontal_bias="0"
                app:layout_constraintStart_toStartOf="parent"
                app:layout_constraintTop_toTopOf="parent"
                tools:text="sunt aut facere repellat provident occaecati
                excepturi optio reprehenderit" />

            <TextView
                android:id="@+id/body"
                android:layout_width="wrap_content"
                android:layout_height="wrap_content"
                android:text="@{item.body}"
                android:textSize="22dp"
                app:layout_constrainedWidth="true"
                app:layout_constraintBottom_toBottomOf="parent"
                app:layout_constraintEnd_toEndOf="parent"
                app:layout_constraintHorizontal_bias="0"
                app:layout_constraintStart_toStartOf="parent"
                app:layout_constraintTop_toBottomOf="@id/title"
                tools:text="quia et suscipit\nsuscipit recusandae
                consequuntur expedita et cum\nreprehenderit molestiae ut
                ut quas totam\nnostrum rerum est autem sunt rem eveniet
                architecto" />

    </androidx.constraintlayout.widget.ConstraintLayout>
</layout>
```

▼ /ui/detail/PostDetailPostItem.java

```java
public class PostDetailPostItem extends PostDetailItem {
    private Post post;
```

```java
    public PostDetailPostItem(Post post) {
        this.post = post;
    }

    @Override
    public Type getType() {
        return Type.POST;
    }

    public String getTitle(){
        return post.getTitle();
    }

    public String getBody(){
        return post.getBody();
    }
}
```

댓글 뷰와 뷰 모델

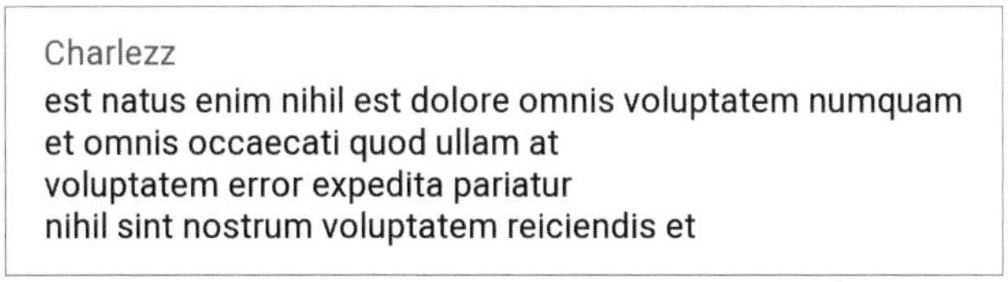

> Charlezz
> est natus enim nihil est dolore omnis voluptatem numquam
> et omnis occaecati quod ullam at
> voluptatem error expedita pariatur
> nihil sint nostrum voluptatem reiciendis et

[그림 6-7] 게시 글 상세 화면에서 댓글 정보를 나타내는 뷰 홀더

▼ /res/layout/view_post_detail_comment.xml

```xml
<?xml version="1.0" encoding="utf-8"?>
<layout xmlns:android="http://schemas.android.com/apk/res/android"
    xmlns:app="http://schemas.android.com/apk/res-auto"
    xmlns:tools="http://schemas.android.com/tools">

    <data>
```

```xml
        <variable
            name="item"
            type="com.charlezz.arch.ui.detail.PostDetailCommentItem" />
    </data>

    <androidx.constraintlayout.widget.ConstraintLayout
        android:layout_width="match_parent"
        android:layout_height="wrap_content"
        android:paddingBottom="10dp"
        android:paddingLeft="16dp"
        android:paddingRight="16dp">

        <View
            android:id="@+id/divider"
            android:layout_width="0dp"
            android:layout_height="0.5dp"
            android:background="#88000000"
            app:layout_constraintEnd_toEndOf="parent"
            app:layout_constraintStart_toStartOf="parent"
            app:layout_constraintTop_toTopOf="parent" />

        <TextView
            android:id="@+id/name"
            android:layout_width="wrap_content"
            android:layout_height="wrap_content"
            android:layout_marginTop="10dp"
            android:singleLine="true"
            android:text="@{item.name}"
            app:layout_constraintEnd_toEndOf="parent"
            app:layout_constraintHorizontal_bias="0"
            app:layout_constraintStart_toStartOf="parent"
            app:layout_constraintTop_toBottomOf="@id/divider"
            tools:text="Charlezz" />

        <TextView
            android:id="@+id/body"
            android:layout_width="wrap_content"
            android:layout_height="wrap_content"
            android:text="@{item.body}"
```

```xml
                android:textColor="#000000"
                app:layout_constrainedWidth="true"
                app:layout_constraintEnd_toEndOf="parent"
                app:layout_constraintHorizontal_bias="0"
                app:layout_constraintStart_toStartOf="parent"
                app:layout_constraintTop_toBottomOf="@id/name"
                tools:text="est natus enim nihil est dolore omnis
                voluptatem numquam\net omnis occaecati quod ullam
                at\nvoluptatem error expedita pariatur\nnihil sint nostrum
                voluptatem reiciendis et" />

    </androidx.constraintlayout.widget.ConstraintLayout>
</layout>
```

▼ /ui/detail/PostDetailCommentItem.java

```java
public class PostDetailCommentItem extends PostDetailItem {
    private Comment comment;

    public PostDetailCommentItem(Comment comment) {
        this.comment = comment;
    }

    @Override
    public Type getType() {
        return Type.COMMENT;
    }

    public String getName() {
        return comment.getName();
    }

    public String getBody() {
        return comment.getBody();
    }

}
```

뷰 타입이 여러 개이므로 데이터에 따라 이를 분리할 필요가 있다. PostDetail Adapter를 만들고 getItemViewType() 메서드를 다음과 같이 구현한다.

▼ ui/detail/PostDetailAdapter.java

```java
public class PostDetailAdapter extends RecyclerView.
Adapter<ViewBindingHolder> {

    private final List<PostDetailItem> items = new ArrayList<>();

    @Inject
    public PostDetailAdapter() {
    }

    @Override
    public int getItemViewType(int position) {
        switch (PostDetailItem.Type.values()[items.get(position).
        getType().ordinal()]){
            case USER:
                return R.layout.view_post_detail_user;
            case POST:
                return R.layout.view_post_detail_post;
            case COMMENT:
                return R.layout.view_post_detail_comment;
            default :
                throw new IllegalArgumentException();

        }
    }

    @NonNull
    @Override
    public ViewBindingHolder onCreateViewHolder(@NonNull ViewGroup parent,
    int viewType) {
        return new ViewBindingHolder(parent.getContext(), viewType);
    }

    @Override
    public void onBindViewHolder(@NonNull ViewBindingHolder holder, int
```

```java
        position) {
            holder.getBinding().setVariable(BR.item, items.get(position));
            holder.getBinding().executePendingBindings();
        }

        @Override
        public int getItemCount() {
            return items.size();
        }

        public void setItems(List<PostDetailItem> items) {
            this.items.clear();
            this.items.addAll(items);
            this.notifyDataSetChanged();
        }
    }
```

PostDetailFragment 구현하기

의존성을 주입할 PostDetailModule과 서버로부터 데이터를 불러와 PostDetail Adapter에 제공하는 PostDetailViewModel을 구현하여 PostDetailFragment를 완성한다.

▼ /res/layout/fragment_post_detail.xml

```xml
<?xml version="1.0" encoding="utf-8"?>
<layout xmlns:android="http://schemas.android.com/apk/res/android"
    xmlns:app="http://schemas.android.com/apk/res-auto">

    <data>
        <import type="android.view.View"/>

        <variable
            name="viewModel"
            type="com.charlezz.arch.ui.detail.PostDetailViewModel" />
```

```xml
    </data>

    <androidx.constraintlayout.widget.ConstraintLayout
            android:layout_width="match_parent"
            android:layout_height="match_parent">

        <androidx.recyclerview.widget.RecyclerView
                android:id="@+id/recycler_view"
                android:layout_width="0dp"
                android:layout_height="0dp"
                app:layout_constraintBottom_toBottomOf="parent"
                app:layout_constraintEnd_toEndOf="parent"
                app:layout_constraintStart_toStartOf="parent"
                app:layout_constraintTop_toTopOf="parent" />

        <ProgressBar
                android:layout_width="wrap_content"
                android:layout_height="wrap_content"
                android:visibility="@{viewModel.loading ? View.VISIBLE : View.GONE}"
                app:layout_constraintBottom_toBottomOf="parent"
                app:layout_constraintEnd_toEndOf="parent"
                app:layout_constraintStart_toStartOf="parent"
                app:layout_constraintTop_toTopOf="parent" />

    </androidx.constraintlayout.widget.ConstraintLayout>
</layout>
```

PostDetailFragment는 Post 객체가 있어야 초기화할 수 있는 프래그먼트다. Navigation 컴포넌트는 목적지 간 이동 시 Bundle을 안전하게 전달할 수 있는 Safe Args 플러그인을 제공한다. 이를 이용하여 onCreate() 메서드에서 Post 객체를 전달받고 뷰 모델을 초기화할 수 있도록 한다.

▼ /ui/detail/PostDetailFragment.java

```java
/**
 * 게시 글 상세 화면
```

```java
*/
public class PostDetailFragment extends DaggerFragment {

    @Inject
    FragmentPostDetailBinding binding;
    @Inject
    PostDetailAdapter adapter;
    @Inject
    LinearLayoutManager layoutManager;
    @Inject
    AppViewModelFactory viewModelFactory;
    @Inject
    Lazy<NavController> navController;

    PostDetailViewModel viewModel;

    @Override
    public void onCreate(@Nullable Bundle savedInstanceState) {
        super.onCreate(savedInstanceState);
        viewModel = new ViewModelProvider(this, viewModelFactory).
        get(PostDetailViewModel.class);
        if (savedInstanceState == null) {
            //Post 객체를 전달받는다.
            PostDetailFragmentArgs args = PostDetailFragmentArgs.
            fromBundle(getArguments());
            viewModel.load(args.getPost());
        }
    }

    @Nullable
    @Override
    public View onCreateView(@NonNull LayoutInflater inflater, @Nullable
    ViewGroup container, @Nullable Bundle savedInstanceState) {
        return binding.getRoot();
    }

    @Override
    public void onViewCreated(@NonNull View view, @Nullable Bundle
    savedInstanceState) {
```

```java
        super.onViewCreated(view, savedInstanceState);
        binding.setLifecycleOwner(getViewLifecycleOwner());
        binding.recyclerView.setAdapter(adapter);
        binding.recyclerView.setLayoutManager(layoutManager);
        binding.setViewModel(viewModel);
        viewModel.getLiveItems().observe(getViewLifecycleOwner(), items ->
        adapter.setItems(items));
        viewModel.getUserClickEvent().observe(getViewLifecycleOwner(),
        userId -> {
            navController.get().navigate(...);
        });
    }
}
```

PostDetailFragment를 정의하였으므로, nav_graph.xml에 이 프래그먼트를 추가한다. PostDetailFragment가 안전하게 Post 객체를 인자로 받을 수 있게 하는 <argument> 설정과 PostFragment로부터 PostDetailFragment로 이동할 수 있게 하는 <action>을 중점적으로 확인한다.

▼ /res/navigation/nav_graph.xml

```xml
<?xml version="1.0" encoding="utf-8"?>
<navigation xmlns:android="http://schemas.android.com/apk/res/android"
    xmlns:app="http://schemas.android.com/apk/res-auto"
    xmlns:tools="http://schemas.android.com/tools"
    android:id="@+id/nav_graph"
    app:startDestination="@id/post_fragment">

    <fragment
        android:id="@+id/post_fragment"
        android:name="com.charlezz.arch.ui.post.PostFragment"
        android:label="fragment_post"
        tools:layout="@layout/fragment_post">
        <!--PostFragment에서 PostDetailFragment로 이동-->
        <!--화면 전환 시 사용할 애니메이션도 적용한다.-->
        <action
```

```xml
        android:id="@+id/action_post_fragment_to_post_detail_
        fragment"
        app:destination="@id/post_detail_fragment"
        app:enterAnim="@anim/nav_default_enter_anim"
        app:exitAnim="@anim/nav_default_exit_anim" />
    </fragment>
    <fragment
        android:id="@+id/post_detail_fragment"
        android:name="com.charlezz.arch.ui.detail.PostDetailFragment"
        android:label="fragment_post_detail"
        tools:layout="@layout/fragment_post_detail">
        <!--PostDetailFragment가 요구하는 인자로 Post를 설정한다.-->
        <argument
            android:name="post"
            app:argType="com.charlezz.arch.data.entity.Post" />
    </fragment>
</navigation>
```

이제 PostFragment에서 게시 글 하나를 클릭하면 컴파일 타임에 생성된 PostFragmentDirections를 통해 PostDetailFragment로 이동할 수 있다. 다음 코드를 확인한다.

```java
public class PostFragment extends DaggerFragment {
    ...
    @Override
    public void onViewCreated(@NonNull View view, @Nullable Bundle savedInstanceState) {
        super.onViewCreated(view, savedInstanceState);
        ...
        viewModel.getPostClickEvent()
                .observe(getViewLifecycleOwner(), postItem ->
                        navController.get().navigate(PostFragmentDirections
                                .actionPostFragmentToPostDetailFragment
                                (postItem.getPost())));
    }
}
```

▼ /ui/detail/PostDetailModule.java

```java
@Module
public class PostDetailModule {

    @Provides
    @FragmentScope
    public FragmentPostDetailBinding provideBinding(@ApplicationContext
    Context context) {
        return FragmentPostDetailBinding.inflate(LayoutInflater.
        from(context), null, false);
    }

    @Provides
    @FragmentScope
    public LinearLayoutManager provideLayoutManager(@ApplicationContext
    Context context) {
        return new LinearLayoutManager(context) {
            @Override
            public RecyclerView.LayoutParams generateDefaultLayoutParams() {
                return new RecyclerView.LayoutParams(
                        ViewGroup.LayoutParams.MATCH_PARENT,
                        ViewGroup.LayoutParams.WRAP_CONTENT
                );
            }
        };
    }

    @Provides
    @FragmentScope
    public NavController provideNavController(PostDetailFragment fragment) {
        return NavHostFragment.findNavController(fragment);
    }
}
```

PostDetailModule에서는 게시 글 상세 화면을 표현하기 위한 View를 표현하는 바인딩 클래스와 RecyclerView를 위한 LinearLayoutManager 그리고 화면 전환을 위한 NavController 객체를 제공한다.

PostDetailModule까지 정의했다면, PostDetailFragment에 멤버 인젝션을 위한 서브 컴포넌트 정의를 위해 MainModule에 다음과 같은 코드를 삽입하자.

▼ /ui/MainModule.java

```
@Module
public abstract class MainModule {
    ...
    @FragmentScope
    @ContributesAndroidInjector(modules = PostDetailModule.class)
    abstract PostDetailFragment getPostDetailFragment();


}
```

PostDetailFragment를 위한 뷰 모델도 추가한다. 사용자 정보, 게시 글, 댓글을 모두 표현해야 하므로 해당 데이터를 서버에 요청할 때 RxJava의 zip 연산자를 사용하여, 응답을 묶어서 처리하는 것을 확인할 수 있다.

▼ /ui/detail/PostDetailViewModel.java

```
public class PostDetailViewModel
        extends AndroidViewModel
        implements PostDetailUserItem.EventListener{


    private final MutableLiveData<List<PostDetailItem>> liveItems = new MutableLiveData<>();
    private final UserService userService;
    private final CommentService commentService;
    @NonNull
    private final SingleLiveEvent<Throwable> errorEvent;
    private final CompositeDisposable compositeDisposable = new CompositeDisposable();

    private final MutableLiveData<Boolean> loading = new
```

```java
        MutableLiveData<>(true);

    private final SingleLiveEvent<Long> userClickEvent = new
    SingleLiveEvent<>();

    @Inject
    public PostDetailViewModel(@NonNull Application application,
                               UserService userService,
                               CommentService commentService,
                               @Named("errorEvent")
                               SingleLiveEvent<Throwable> errorEvent) {
        super(application);
        Timber.d("PostDetailViewModel created");
        this.userService = userService;
        this.commentService = commentService;
        this.errorEvent = errorEvent;

    }

    public void load(Post post) {
        compositeDisposable.add(Single.zip(userService.getUser(post.
        getUserId()),
                Single.just(post),
                commentService.getComments(post.getId()),
                (user, p, comments) -> {
                    List<PostDetailItem> list = new ArrayList<>();
                    list.add(new PostDetailUserItem(user, this));
                    list.add(new PostDetailPostItem(p));
                    for (Comment comment : comments) {
                        list.add(new PostDetailCommentItem(comment));
                    }
                    return list;
                })
                .retry(1)
                .subscribeOn(Schedulers.io())
                .observeOn(AndroidSchedulers.mainThread())
                .doOnSuccess(postDetailItems -> loading.postValue(false))
                .subscribe(liveItems::setValue, errorEvent::setValue)
```

```java
        );
    }

    public MutableLiveData<List<PostDetailItem>> getLiveItems() {
        return liveItems;
    }

    @Override
    protected void onCleared() {
        super.onCleared();
        Timber.d("onCleared");
        this.compositeDisposable.dispose();
    }

    public MutableLiveData<Boolean> getLoading() {
        return loading;
    }

    public SingleLiveEvent<Long> getUserClickEvent() {
        return userClickEvent;
    }

    @Override
    public void onUserClick(long userId) {
        userClickEvent.setValue(userId);
    }
}
```

ViewModel의 서브 클래스인 PostDetailViewModel을 추가하여 ViewModel Module에도 해당 클래스가 멀티 바인딩될 수 있도록 한다.

```java
@Module
public abstract class ViewModelModule {
    ...
    @Binds
```

```
    @IntoMap
    @ViewModelKey(PostDetailViewModel.class)
    abstract ViewModel bindsPostDetailViewModel(PostDetailViewModel
        viewModel);

}
```

8 사용자 정보 화면 구성하기

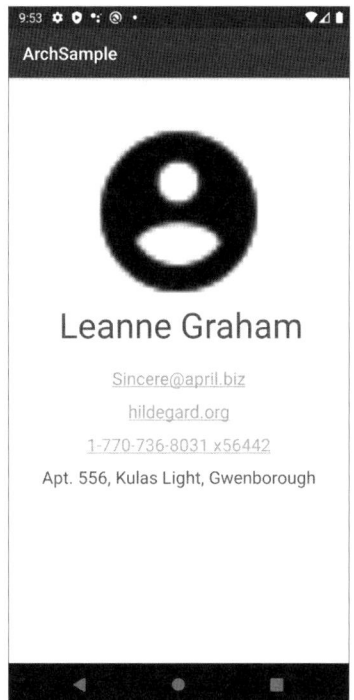

[그림 6-8] 사용자 정보 화면

마지막으로 사용자 정보 화면을 구성해 본다. UserFragment는 RecyclerView를 사용하지 않는 단순한 구성이다.

프래그먼트의 생명 주기 메서드 호출 순서대로 살펴보자. onCreate에서는 UserView
Model을 초기화하고, 사용자 아이디를 통해 사용자 정보를 불러온다. onCreateView
에서는 주입받은 FragmentUserBinding으로부터 rootView를 반환한다. 마지막으로
onViewCreated에서는 바인딩 클래스에 LifecycleOwner와 UserViewModel을 제
공한다.

▼ /ui/user/UserFragment.java

```java
public class UserFragment extends DaggerFragment {

    @Inject
    AppViewModelFactory viewModelFactory;

    @Inject
    FragmentUserBinding binding;

    UserViewModel viewModel;

    @Override
    public void onCreate(@Nullable Bundle savedInstanceState) {
        super.onCreate(savedInstanceState);
        viewModel = new ViewModelProvider(this, viewModelFactory).
        get(UserViewModel.class);
        if(savedInstanceState==null){
            UserFragmentArgs args = UserFragmentArgs.
            fromBundle(getArguments());
            viewModel.loadUser(args.getUserId());
        }
    }

    @Nullable
    @Override
    public View onCreateView(@NonNull LayoutInflater inflater, @Nullable
    ViewGroup container, @Nullable Bundle savedInstanceState) {
        return binding.getRoot();
    }
```

```java
    @Override
    public void onViewCreated(@NonNull View view, @Nullable Bundle savedInstanceState) {
        super.onViewCreated(view, savedInstanceState);
        binding.setLifecycleOwner(getViewLifecycleOwner());
        binding.setViewModel(viewModel);
    }
}
```

▼ /res/layout/fragment_user.xml

```xml
<?xml version="1.0" encoding="utf-8"?>
<layout xmlns:android="http://schemas.android.com/apk/res/android"
    xmlns:app="http://schemas.android.com/apk/res-auto"
    xmlns:tools="http://schemas.android.com/tools">

    <data>

        <import type="android.view.View" />

        <variable
            name="viewModel"
            type="com.charlezz.arch.ui.user.UserViewModel" />
    </data>

    <androidx.constraintlayout.widget.ConstraintLayout
        android:layout_width="match_parent"
        android:layout_height="match_parent">

        <ImageView
            android:id="@+id/user_icon"
            android:layout_width="200dp"
            android:layout_height="200dp"
            android:layout_marginTop="50dp"
            android:src="@drawable/baseline_account_circle_black_18dp"
            app:layout_constraintEnd_toEndOf="parent"
            app:layout_constraintStart_toStartOf="parent"
            app:layout_constraintTop_toTopOf="parent" />
```

```xml
<TextView
    android:id="@+id/name"
    android:layout_width="wrap_content"
    android:layout_height="wrap_content"
    android:layout_marginLeft="5dp"
    android:text="@{viewModel.name}"
    android:textSize="40dp"
    app:layout_constrainedWidth="true"
    app:layout_constraintEnd_toEndOf="parent"
    app:layout_constraintStart_toStartOf="parent"
    app:layout_constraintTop_toBottomOf="@id/user_icon"
    tools:text="Bret" />

<TextView
    android:id="@+id/email"
    android:layout_width="wrap_content"
    android:layout_height="wrap_content"
    android:layout_marginTop="20dp"
    android:autoLink="email"
    android:text="@{viewModel.email}"
    android:textSize="20dp"
    app:layout_constraintEnd_toEndOf="parent"
    app:layout_constraintStart_toStartOf="parent"
    app:layout_constraintTop_toBottomOf="@id/name"
    tools:text="charlezz@charlezz.com" />

<TextView
    android:id="@+id/homepage"
    android:layout_width="wrap_content"
    android:layout_height="wrap_content"
    android:layout_marginTop="10dp"
    android:autoLink="web"
    android:text="@{viewModel.homepage}"
    android:textSize="20dp"
    app:layout_constraintEnd_toEndOf="parent"
    app:layout_constraintStart_toStartOf="parent"
    app:layout_constraintTop_toBottomOf="@id/email"
    tools:text="https://www.charlezz.com" />
```

```xml
<TextView
    android:id="@+id/phone"
    android:layout_width="wrap_content"
    android:layout_height="wrap_content"
    android:layout_marginTop="10dp"
    android:autoLink="phone"
    android:text="@{viewModel.phone}"
    android:textSize="20dp"
    app:layout_constraintEnd_toEndOf="parent"
    app:layout_constraintStart_toStartOf="parent"
    app:layout_constraintTop_toBottomOf="@id/homepage"
    tools:text="010-1234-5678" />

<TextView
    android:id="@+id/textView"
    android:layout_width="wrap_content"
    android:layout_height="wrap_content"
    android:layout_marginTop="10dp"
    android:autoLink="map"
    android:text="@{viewModel.location}"
    android:textSize="20dp"
    app:layout_constraintEnd_toEndOf="parent"
    app:layout_constraintStart_toStartOf="parent"
    app:layout_constraintTop_toBottomOf="@id/phone"
    tools:text="Korea" />

<ProgressBar
    android:id="@+id/progress_bar"
    android:layout_width="wrap_content"
    android:layout_height="wrap_content"
    android:visibility="@{viewModel.loading? View.VISIBLE : View.GONE}"
    app:layout_constraintBottom_toBottomOf="parent"
    app:layout_constraintEnd_toEndOf="parent"
    app:layout_constraintStart_toStartOf="parent"
    app:layout_constraintTop_toTopOf="parent" />
```

```xml
        </androidx.constraintlayout.widget.ConstraintLayout>
</layout>
```

UserFragment를 추가했으므로 내비게이션 그래프(/res/navigation/nav_graph. xml)도 다음과 같이 수정한다. UserFragment도 내비게이션 그래프에 포함되었으므로 NavController를 통해 화면 전환이 가능하다.

```xml
<?xml version="1.0" encoding="utf-8"?>
<navigation xmlns:android="http://schemas.android.com/apk/res/android"
        xmlns:app="http://schemas.android.com/apk/res-auto"
        xmlns:tools="http://schemas.android.com/tools"
        android:id="@+id/nav_graph"
        app:startDestination="@id/post_fragment"><!--시작 목적지-->

    <fragment
            android:id="@+id/post_fragment"
            android:name="com.charlezz.arch.ui.post.PostFragment"
            android:label="fragment_post"
            tools:layout="@layout/fragment_post">
        <!--PostFragment에서 PostDetailFragment로 이동-->
        <!--화면 전환 시 사용할 애니메이션도 적용한다.-->
        <action
                android:id="@+id/action_post_fragment_to_post_detail_fragment"
                app:destination="@id/post_detail_fragment"
                app:enterAnim="@anim/nav_default_enter_anim"
                app:exitAnim="@anim/nav_default_exit_anim" />
    </fragment>
    <fragment
            android:id="@+id/post_detail_fragment"
            android:name="com.charlezz.arch.ui.detail.PostDetailFragment"
            android:label="fragment_post_detail"
            tools:layout="@layout/fragment_post_detail">
        <!--PostDetailFragment가 요구하는 인자로 Post를 설정한다.-->
        <argument
                android:name="post"
```

```xml
                app:argType="com.charlezz.arch.data.entity.Post" />
        <action
                android:id="@+id/action_post_detail_fragment_to_
                userFragment"
                app:destination="@id/userFragment"
                app:enterAnim="@anim/nav_default_enter_anim"
                app:exitAnim="@anim/nav_default_exit_anim" />
    </fragment>
    <fragment
            android:id="@+id/userFragment"
            android:name="com.charlezz.arch.ui.user.UserFragment"
            android:label="UserFragment">
        <argument
                android:name="userId"
                app:argType="long" />
    </fragment>
</navigation>
```

▼ /ui/user/UserModule.java

```java
@Module
public class UserModule {
    @Provides
    @FragmentScope
    FragmentUserBinding provideBinding(@ActivityContext Context context){
        return FragmentUserBinding.inflate(LayoutInflater.from(context));
    }
}
```

UserModule에서는 UserFragment를 위한 바인딩 클래스를 제공한다. UserModule을 서브컴포넌트로 정의하기 위해 MainModule에 다음과 같은 코드를 추가하자.

▼ /ui/MainModule.java

```java
@Module
public abstract class MainModule {
    ...
```

```
    @FragmentScope
    @ContributesAndroidInjector(modules = UserModule.class)
    abstract UserFragment getUserFragment();

}
```

▼ /ui/user/UserViewModel.java

```
public class UserViewModel extends AndroidViewModel {
    @NonNull
    private final UserService userService;
    @NonNull
    private final SingleLiveEvent<Throwable> errorEvent;
    private final CompositeDisposable compositeDisposable = new
CompositeDisposable();
    private final MutableLiveData<User> liveItem = new MutableLiveData<>();
    private final LiveData<String> name = Transformations.map(liveItem,
input -> input.getName());
    private final LiveData<String> email = Transformations.map(liveItem,
input -> input.getEmail());
    private final LiveData<String> homepage = Transformations.
map(liveItem, input -> input.getWebsite());
    private final LiveData<String> phone = Transformations.map(liveItem,
input -> input.getPhone());
    private final LiveData<String> location = Transformations.
map(liveItem, input -> input.getAddress().toString());


    private final MutableLiveData<Boolean> loading = new
MutableLiveData<>(true);

    @Inject
    public UserViewModel(@NonNull Application application,
                         @NonNull UserService userService,
                         @Named("errorEvent") SingleLiveEvent<Throwable>
                         errorEvent) {
        super(application);
        Timber.d("UserViewModel created");
```

```
        this.userService = userService;
        this.errorEvent = errorEvent;
    }

    public void loadUser(long userId) {
        compositeDisposable.add(userService.getUser(userId)
                .subscribeOn(Schedulers.io())
                .observeOn(AndroidSchedulers.mainThread())
                .doOnSuccess((item) -> loading.postValue(false))
                .subscribe(liveItem::setValue, errorEvent::setValue));
    }

    public MutableLiveData<Boolean> getLoading() {
        return loading;
    }

    public LiveData<String> getName() {
        return name;
    }

    public LiveData<String> getEmail() {
        return email;
    }

    public LiveData<String> getHomepage() {
        return homepage;
    }

    public LiveData<String> getPhone() {
        return phone;
    }

    public LiveData<String> getLocation() {
        return location;
    }

    @Override
    protected void onCleared() {
```

```
        super.onCleared();
        compositeDisposable.dispose();
    }

}
```

UserViewModel을 추가했으므로, ViewModelModule에 해당 ViewModel 클래스를 멀티 바인딩하여 오브젝트 그래프에 포함시킨다.

UserViewModel에서는 UserFragment의 뷰에 필요한 데이터들을 제공한다. 예를 들면, 사용자 이름, 이메일, 홈페이지, 전화번호, 주소가 이에 포함된다.

```
@Module
public abstract class ViewModelModule {
    ...
    @Binds
    @IntoMap
    @ViewModelKey(UserViewModel.class)
    abstract ViewModel bindsUserViewModel(UserViewModel viewModel);

}
```

사용자 정보 화면 구성이 끝났다면, PostDetailFragment에서 사용자 정보 영역을 클릭했을 때 UserFragment로 이동할 수 있어야 한다.

PostDetailFragment에서 UserFragment로 이동할 수 있도록 목적지를 설정한 뒤 NavController를 통해 화면 전환을 할 수 있는 코드를 다음과 같이 추가한다.

```
public class PostDetailFragment extends DaggerFragment {

    @Override
    public void onViewCreated(@NonNull View view, @Nullable Bundle savedInstanceState) {
```

```
        super.onViewCreated(view, savedInstanceState);
        ...
        viewModel.getUserClickEvent().observe(getViewLifecycleOwner(),
            userId -> {
                navController.get().navigate(PostDetailFragmentDirections.acti
                    onPostDetailFragmentToUserFragment(userId));
            });

    }
}
```

프로젝트를 빌드 후 정상적으로 앱이 실행되는지 확인해보자.

예제 프로젝트를 통해 앞장들에서 다루었던 내용을 응용하는 방법을 알아보았다. 모든 유스 케이스를 다룰 수는 없었지만, 가장 많이 사용하는 MVVM 패턴, Dagger2, RxJava와 같은 기술의 사용을 함축적으로 담아내고자 했다.

부족한 부분이 많겠지만 이 책을 통해 안드로이드 앱 개발에 조금이라도 도움이 되길 바란다.

찾아보기

ㄴ ~ ㄷ

내비게이션 그래프	355
데이터 바인딩	199
도즈 모드	337

ㄹ ~ ㅁ

룸 컴파일러	281
리스너 바인딩	218
리플렉션	368
마블 다이어그램	113
메서드 참조	217
멤버-인젝션	44
명령형 프로그래밍	110

ㅂ ~ ㅅ

바인딩 표현식	208
반응형 프로그래밍	111
배압	175
변경의 전이	30
보일러 플레이트 코드	94
서브 컴포넌트	78
스케줄러	171

ㅇ ~ ㅈ

안드로이드 특징	12
양방향 데이터 바인딩	239
엔터티	10
오브젝트 그래프	43
유스 케이스	11
의존성 주입	28
작업 상태	346
작업 체이닝	347

ㅋ ~ ㅍ

컴포넌트	43
컴포넌트 빌더	51
컴포넌트 팩토리	52
클린 아키텍처	9
프락시 인스턴스	383

A ~ B

AndroidInjectionModule	95
AndroidInjector	95
androidx	198
Annotation	386
Annotation Processor	390
autoConnect()	127
Backoff	343
BindingAdapter	227
BindingMethods	228
Binds	63
BindsInstance	66

BindsOptionalOf	63

C ~ D

Cold&Hot Observable	125
combineLatest()	151
Completable	124
Component	43
ContributesAndroidInjector	101
Dagger	33
DaggerApplication	105
DAO	279
data	203
Database	279
DatabaseView	292
DataBindingComponent	234
DataBindingUtil	202
DataSource	320
Delete	295
Detector	405
DIP	7
DispatchingAndroidInjector	99
Disposable	128
doOn 연산자	161
Dynamic proxy	379

E ~ F

Embedded	289
executePendingBinding ()	226
flatMap()	137
Flowable	178
ForeignKey	288
Frameworks	12
from연산자	118
FTS	285

H ~ I

HasAndroidInjector	104
import	213
include	215
Input Merger	348
Insert	294
instanceOf	371
Interface Adapters	11
IntoMap	69
IntoSet	67
InverseBindingAdapter	240
InverseBindingMethod	240
InverseMethod	243
InvocationHandler	380
IoC	31
ISP	6
Issue	404
ItemKeyedDataSource	325

J~L

Java 8	109
JavaPoet	398
Jetpack	198
layout	201
Lazy	53
LifecycleOwner	256
Lifecycles	250
Lint	401
LiveData	259
LSP	4

M~N

map()	136
Maybe	123
MediatorLiveData	266
Module	39
Multibinds	76
MutableLiveData	261
MVC	17
MVP	19
MVVM	23
Named	56
NavController	364
NavHostFragment	359
Navigation Component	354

O~P

Observable	114
Observable 필드	222
observeOn	174
OCP	4
PagedList	321
PageKeyedDataSource	328
Paging	317
POJO	206
PositionalDataSource	322
PrimaryKey	283
Provider	55
publish	126

Q~R

Qualifier	59
Query	296
Repository	14
Retention	389
retry()	160
Reusable	62
Room	278
RxAndroid	109
RxJava	108

S~T

Safe Args	364
Scope	60
setVariable()	227
Single	122
Singleton	61
SOLID	3
SRP	3
Subject	187
subscribeOn	172
Target	390
Transaction	302
Transformations	267
TypeConverter	306

U~V

UniqueWork	352

variable	205
ViewDataBinding	201
ViewModel	272
ViewModelProviders	277
ViewStub	244

W ~ Z

WorkManager	336
WorkRequest	341
XmlScanner	408
zip()	153

아키텍처를 알아야 앱 개발이 보인다

Dagger2, Jetpack, RxJava를 통한 안드로이드 클린 코드 설계

초판 1쇄 발행 | 2020년 4월 17일

지은이 | 옥수환
펴낸이 | 김범준
기획·책임편집 | 이동원
교정교열 | 이혜원
편집디자인 | 한지혜
표지디자인 | 김환, 김민정

발행처 | 비제이퍼블릭
출판신고 | 2009년 05월 01일 제300-2009-38호
주소 | 서울시 중구 청계천로 100 시그니처타워 서관 10층 1011호
주문/문의 | 02-739-0739   **팩스** | 02-6442-0739
홈페이지 | http://bjpublic.co.kr   **이메일** | bjpublic@bjpublic.co.kr

가격 | 30,000원
ISBN | 979-11-90014-87-8
한국어판 © 2020 비제이퍼블릭

이 책은 저작권법에 따라 보호받는 저작물이므로 무단 전재와 무단 복제를 금지하며,
전부 또는 일부를 이용하려면 반드시 저작권자와 비제이퍼블릭의 서면 동의를 받아야 합니다.

잘못된 책은 구입하신 서점에서 교환해드립니다.

소스코드 다운로드 | https://github.com/bjpublic/iseeapp